交通可达性与制造业空间分布：基于中国地级市的实证分析

曹佳斌 著

中国财经出版传媒集团

经济科学出版社
Economic Science Press

图书在版编目（CIP）数据

交通可达性与制造业空间分布：基于中国地级市的实证分析/曹佳斌著．—北京：经济科学出版社，2019.6

ISBN 978－7－5218－0520－8

Ⅰ.①交…　Ⅱ.①曹…　Ⅲ.①交通网－关系－制造工业－研究－中国　Ⅳ.①U491.1②F426.4

中国版本图书馆CIP数据核字（2019）第084624号

责任编辑：刘　莎
责任校对：刘　昕
责任印制：邱　天

交通可达性与制造业空间分布：基于中国地级市的实证分析
曹佳斌　著
经济科学出版社出版、发行　新华书店经销
社址：北京市海淀区阜成路甲28号　邮编：100142
总编部电话：010－88191217　发行部电话：010－88191522
网址：www.esp.com.cn
电子邮箱：esp@esp.com.cn
天猫网店：经济科学出版社旗舰店
网址：http://jjkxcbs.tmall.com
北京时捷印刷有限公司印装
710×1000　16开　13.75印张　230000字
2019年6月第1版　2019年6月第1次印刷
ISBN 978－7－5218－0520－8　定价：48.00元
（图书出现印装问题，本社负责调换。电话：010－88191510）

目录
CONTENTS

第 1 章
绪　论

1.1　研究背景和问题

1.1.1　研究背景

在地理空间上，经济活动的不断集中是真实世界中普遍存在的现象，不仅表现在全球层面，也体现在各个国家或地区内部。经历 40 年的伟大变革，我国产业（制造业）活动的空间分布发生了显著的变化，其中一个较为明显的特征是以地区专业化表征的产业集聚不断加深与扩展。大量研究采用各类理论工具测算了我国改革开放后不同行业，尤其是制造业中不同行业的地理集中现象（梁琦，2004；范剑勇，2008；刘修岩，2014）。以 2007 年中国制造业企业就业人数的省区分布情况为例，就业人数排在前四名的省份为广东、江苏、浙江与山东，全部位于东部沿海地区，这四个省制造业总就业人数占全国比重接近 50%；排名后四位的省份（除海南外），都属于西部地区，就业人数占比不到 1%。人口与经济资源向东部地区的集聚，尤其是向长三角、珠三角以及京津冀三大城市群的集聚已是最为人熟知且令人印象深刻的空间资源分布形态。

集聚有助于提升整体制造业的生产率和国际竞争力，有助于深化和增强地区专业化程度，但与经济活动空间集聚相伴随的是区域以及城乡之间差距的不断扩大。在学术层面上，如何解决产业集聚引致的地区间差距与区域协调发展是个热门并引发诸多争议的话题（范剑勇，2008；魏后凯，2008；陈钊和陆铭，2009；刘修岩，2014）。国内制造业的非均衡发展对“新古典增长经济学”的收敛假说（Barro & Xala-i – Martin，1995）构成巨大挑战，并对新古典增长理论提出了严峻的课题。20 世纪 90 年代，新经济地理学引入空间维度，在解释工业集聚与地区间收入差距方面显得更具说服力。因此，地区制造业经济活动空间分布问题再次引起广泛的关注。近些年，关于产业空间分布演化的研究主要集中在美国和欧洲，对新贸易理论（NTT）和新经济地理学（NEG）的理论预测进行检验（Krugman，1991；Kim，1995；Ellison & Glaeser，1997）。由于数据约束，关于国内产业部门地理格局演化的研究比较晚，从杨（Young，2000）开始才有些许零星的研究；2004 年后，由于工业统计数据的质量和可获得性得到迅速改善，关于中国制造业空间演变历程及内在机理的研究才陆续涌现（文玫，2004；白重恩等，2004；路江涌等，2006；吴意云等，2015）。2007 年中国制造业企业的空间分布，如表 1 – 1 所示。

表 1 – 1　　2007 年中国制造业企业的空间分布

排名	省份	就业人数（人）	份额	排名	省份	就业人数（人）	份额
1	广东	785202	0.1681	12	重庆	109404	0.0234
2	江苏	539601	0.1155	13	湖北	105225	0.0225
3	浙江	510988	0.1094	14	湖南	103079	0.0221
4	山东	435059	0.0931	15	安徽	70884	0.0152
5	山西	407653	0.0873	16	黑龙江	69336	0.0148
6	河南	193248	0.0414	17	江西	63964	0.0137
7	福建	180557	0.0386	18	吉林	59647	0.0128
8	上海	157646	0.0337	19	天津	58627	0.0125
9	辽宁	147836	0.0316	20	北京	56946	0.0122
10	河北	137685	0.0295	21	陕西	55720	0.0119
11	四川	121978	0.0261	22	内蒙古	55404	0.0119

续表

排名	省份	就业人数（人）	份额	排名	省份	就业人数（人）	份额
23	广西	52408	0.0112	28	宁夏	17039	0.0036
24	贵州	51586	0.0110	29	青海	9459	0.0020
25	云南	47351	0.0101	30	海南	7483	0.0016
26	甘肃	32804	0.0070	31	西藏	1982	0.0004
27	新疆	25906	0.0055				

资料来源：笔者根据中国工业企业数据库计算整理而得。

影响经济活动空间分布的因素众多，传统产业区位理论以及新经济地理学都将运输成本视为影响工业区位和要素跨区域流动的关键因素，尤其是新经济地理学从理论机制上讨论并强调运输成本对于产业空间分布的重要影响。新经济地理学认为，随着运输成本不断降低，制造业集聚一般会呈现倒“U”形的长期趋势。高运输成本会阻碍着地区间的贸易往来，各地区为满足自身对产品多样化的市场需求，会出现分散化的产业布局；当运输成本下降时，地区间贸易相对自由化，不同地区的企业可以发挥各自的规模报酬递增优势，并选择在市场潜能较大的地区规模化生产，与此同时，降低的运输费用或物流成本可以增加地区对外供应的市场可达性，由此可能形成“中心—外围”的产业分布结构。此时，伴生集聚引起的拥挤效应也开始出现，拥挤成本和要素成本都因竞争而不断提高，离心力不断增加。但只要向心力和离心力的合力仍然为正，集聚趋势就会继续出现；当运输成本足够低时，企业会对由竞争推高的生产成本和运输费用之间进行权衡，制造业可能会出现新一次的产业扩散（Krugman & Venables，1995；Fujita，Krugman & Venables，1999；Aiginger & Rossi - Hansberg，2006；Chan，Henderson & Tsui，2008）。因此，从理论层面看，运输成本对于产业活动空间分布的地位重要性不言而喻。但从全球经济发展现实来看，伴随着大型运输工具的出现与革新（如集装箱），公路网质量的不断提升，以及通讯及信息技术的不断革新，显性的交通运输成本下降非常明显。尤其是非物质性物品流动（如知识、信息、技术）重要性逐步增加，部分国外研究甚至都开始认为交通运输成本已经不再是影响企业及产业空间分布的重要因素（Fujita & Thisse，2013）。

新经济地理学强调了运输成本对于产业分布变化的影响，如果要准确完整地描绘和理解我国制造业空间分布格局的全面图景，需要把这一发展实践放在新经济地理学的框架中，通过运输成本这一关键性因素解释地区产业分布的变化，但这并不能概括出我国目前产业空间分布的全貌。与美国或者欧洲“亲市场”的产业发展路径不同，中国的经济地理分布不仅受经济地理因素的驱动（文玫，2004；金煜等，2006），还受中国体制和制度性因素的干预或牵制（Young，2000），地区间行业专业化呈现出“非市场化”特征（吴意云等，2015）。比如，我国20世纪80年代提出的率先发展东部、实行对外开放的非均衡发展战略；21世纪初相继提出的西部大开发战略、振兴东北老工业发展战略以及中部崛起等地域性大战略，对我国经济地理和产业分布产生持续性影响。再如，由于财政分权体制下，各级地方政府分割和地方保护主义不利于地区产业分工和专业化发展。因此，在经济转轨和制度转型期，不考虑体制和制度政策性因素就不能全面准确地理解宏微观主体经济活动。

描述产业活动的地理分布一般有行业和地区两个维度，刻画某一分行业在各地区的分布状况属于行业的地理集中问题；刻画某一地区的行业构成状况属于行业专业化问题。结合上述两维度刻画地区间行业构成及其差异状况，则属于地区专业化问题。要完整刻画我国目前制造业空间分布图景，最好将两者结合起来，但这却是现有研究经常忽视的。此外，经典的新经济地理学理论模型往往忽略工业部门内部的异质性。产业在集聚或扩散的过程中，行业集散次序并不太相同，这就是导致区域化分工的重要原因（Puga & Venables，1996）。在实践中，我们无法忽视部门之间的巨大差异性，不同产业部门在要素使用密集度、产业关联强度上有着天壤之别。如中国的汽车产业和陶瓷业，前者属于典型的资本技术密集型产业，对自然资源禀赋依赖度较低，产业关联强度大，产业链长。除了规模经济、市场需求等因素外，国际产业转移、对外开放、市场化改革以及政府干预也是推动中国汽车产业空间布局变化的重要原因。1998年，汽车产业规模排在前三位的上海属于沿海地区，吉林和湖北属于内陆省份；到2007年，广东、浙江、山东和江苏汽车产业发展迅猛，再加上原先的上海、吉林和湖北，这七个汽车产业相对集中的地区占到全国汽车产业总份额的44.5%，其中五个省份位于沿海地区。相比之下，陶瓷产业对特定资源的依赖度更高，对陶土、煤炭、水等众多自然资源供给因素要求较高，因此资源禀赋是影响陶瓷产业布局的第一大成因。陶瓷产业的集聚特征非常明显，1998 年广东陶瓷产业规模占全国陶瓷产业规模的 51%，到了 2007 年广东依旧占全国陶瓷产业规模的 42.4%。综上所述，要完整地理解我国产业经济地理的演变格局及趋势，需要区分不同的产业。在研究交通运输对制造业空间分布的影响时也不应忽视这些部门异质性。

在研究运输成本与产业空间分布关系这一问题上，遇到的首要问题就是概念的辨析与度量。在新经济地理理论框架下的运输成本概念反映的是所有与贸易和物流相关的障碍，内涵丰富广泛，既包括显性的运输成本，也涵盖隐性无形的运输成本，以至于我们经常将运输费用和运输部门视为黑箱（Fujita & Thisse，2013）。在国内，目前研究中通常使用的交通基础设施存量（如公路长度或铁路密度等）或静态地理距离数据显然无法准确地刻画运输成本及其动态变化。交通设施存量（如公路长度或铁路密度）仅反映该地区交通基础设施的相对发展水平，但并不能较好地反映该地区的交通运输成本：其一，路网长度和密度仅仅从总量上度量交通发展状况，并没有考虑路网空间分布的真实情况，忽略了实际交通网络节点及线路分布，要精确刻画交通运输成本并不容易；其二，路网密度忽略了不同道路等级的差异性以及大量“断头路”的情况，即使简单地采用路网密度也可能无法准确地度量运输成本。但囿于数据获取困难，以及缺乏相应的地理数据处理技术，目前国内外大多数研究仍较多采用这一指标度量运输成本。

产业活动的空间分布对应着微观企业的区位选址。对于某地区而言，一个地区的产业空间变化分为两个部分：企业数量的存量变化和增量变化。现有企业的产业规模变化刻画的是地区产业的存量变化；而新建企业的数量和产出刻画的是地区产业空间分布的增量变化。需要指出的是，改善地区交通可达性对新建企业和现有企业的选址决策影响差异明显。现有企业在生产过程中投入大量的物质及人力资源用于固定成本和新增投入，以及本地营销网络和社会关系网络的构建，这些由于流动性和本土根植性引致的高成本可能会高于企业由于运输成本下降所节省的成本，导致企业迁移并不大容易。而对于新建企业而言，无须面对这些已经投入的成本，因此，新建企业对地区交通可达性改善带来的各类效应更为敏感。换句话说，与现存企业迁出决策相比，地区交通可达性对新企业迁入决策的影响更为明显。

1.1.2 研究的问题

鉴于上述政策背景、理论分歧、现有研究不足以及中国发展实践，本书认为，研究者需要回答的一个基本现实问题是，我国现阶段制造业活动空间分布的事实是怎样的，是否存在过度集聚或过早出现大范围的产业扩散。本书将以地级及以上城市为空间分析尺度，分别从地区层面以及行业层面双重视角对中国制造业集聚情况作深入细致的考察。

前面已提到，有西方学者开始认为伴随运输成本不断下降，运输成本或许已不再是影响企业或产业分布的重要因素。那对于仍处于工业化发展阶段的中国而言，交通基础设施或显性运输成本是否仍为影响制造业空间分布的重要因素呢？如果这种影响存在，按照经典新经济地理模型，我们就可进一步追问：在研究期间，地区运输成本对制造业产业集聚的影响是否存在非线性关系，即越过理论上讨论的倒“U”形的顶点并出现转折迹象。

鉴于产业异质性的存在，伴随外部因素的变化，不同制造业部门的空间集聚或扩散也会存在先后顺序，改善地区交通基础设施条件对制造业空间分布以及制造业增长效应应该也存在行业性差异。本书将对其重点讨论，并结合我国的制度政策背景给出合理的解释。另外，交通基础设施具有网络性和外部性特征，但现有研究缺乏相应的实证分析，为此，本书也将重点考察地区交通可达性对产业分布影响的空间溢出效应。

交通基础设施作用于制造业集聚或扩散的微观渠道在于如何影响企业的区位选址决策，对某地区而言，就是企业存量和增量的变化。本书还关心的一个重要问题是，如果交通可达性可以显著影响中国制造业活动的空间这一结论成立，那么作为影响产业活动空间分布的一大微观渠道，改善某地区的交通可达性能否促进新建企业数量的增加，如果这一微观渠道被有效识别的话，前面的研究结论将更加稳健。

1.2 结构安排

全书分为7章，具体内容摘要如下：

第 1 章，绪论。主要阐述文章的研究背景和问题，内容结构安排和研究创新等。

第 2 章，文献回顾和评述。首先分析产业集聚现象以及集聚效应，然后梳理产业集聚的相关理论及实证文献，最后从交通基础设施与经济活动空间分布等几个与本书研究主题密切相关的文献进行回顾。在梳理并评述上述文献后，提出本书的研究问题及其意义。

第 3 章，对主要关键变量进行测量以及统计性描述，重点分析本书利用全国公路交通网络地图以及 GIS 技术测算出来的城市交通可达性，同时也对我国城市交通可达性的空间分布格局作进一步特征性的描绘。

第 4 章，本章实证考察城市交通可达性与制造业地理集中以及地区专业化之间的关系。首先，该章在构建理论模型后，进行实证分析，以验证理论模型的有效性。其次，考察交通可达性对制造业地理集中度的空间溢出效应。

第 5 章，本章实证考察城市交通可达性与制造业结构变动间的关系。同时，本书还拓展分析了交通可达性对制造业增长的影响，以及考察这种增长效应是否存在行业差异化。

第 6 章，本书的第三个实证部分，重点分析城市交通可达性如何影响新建企业的区位选址。该章重点考察交通基础设施对新建企业的区位决策是否以及如何产生影响，在实证分析中，主要采用泊松估计以及负二项回归的估计方法。

第 7 章，总结与未来研究展望。对全书的研究结果进行总结，并指出进一步的研究方向。

1.3 可能的创新点

与现有关于制造业空间分布以及关于交通基础设施的研究相比，本书的创新或边际贡献体现在以下四个方面。

第一，尽管在新经济地理学以及集聚外部性理论看来，关于运输成本对产业集聚或扩散的理论分析由来已久，得出的概述性结论也基本类似。但囿于数据可获性的约束，真正量化分析运输成本与产业空间分布的研究仍不多见。本书将交通基础设施放在新经济地理以及集聚外部性理论框架中，考察交通基础设施对制造业空间分布的影响。以往关于交通基础设施的研究主要遵循传统或新经济增长理论的思路，过度关注交通基础设施的总经济效应问题，缺乏空间维度的分析。本书并不直接考察这一关乎总量的问题，而是切换至空间视角探讨交通基础设施与制造业空间分布的关系。这一方面更新了交通基础设施的研究视角，同时也丰富了新经济地理学在发展中国家的经验文献。

第二，经典的新经济地理理论模型往往忽略工业部门内部的异质性。以往研究假设通常将制造业作为一个整体，分析其与农业以及（或者）服务业之间的分布格局。现实中，制造业在集聚或扩散的过程中，行业空间分布的演变并不是同时瞬时完成的，而是有先后的梯度次序，这也是导致区域化分工的重要原因。考虑到我国工业化发展实践和阶段性特征，我们不应忽视由交通运输成本变化导致制造业空间变化的产业梯度性。在实证分析层面，应根据各制造业部门的特点，突出不同部门在要素使用密集度、产业关联强度、行业交通依赖度等方面的差异性。

第三，在实证分析中，关于运输成本与产业集聚关系的研究遇到的棘手问题是运输成本的测度问题。新经济地理理论中的运输成本概念过于丰富且复杂，现实中很难准确度量。此外，囿于数据质量和获取性的限制，国内外大部分研究仅基于交通基础设施存量或静态空间距离度量运输成本。与以往研究不同，本书基于 1998 年、2003 年以及 2007 年全国公路交通网络以及地理学中的 Arcgis 分析技术，相对精确地度量各地级市的对外交通运输成本，本书采用交通可达性这一变量进行定义。本书认为，交通可达性这一指标在度量城市对外交通运输成本方面会更加科学精确。

第四，以往关于产业集聚机制或者产业集聚影响因素的研究仅仅集中在行业层面或地区层面，缺乏对微观企业的关注。事实上，产业集聚或扩散现象从根本上说就是微观企业的区位决策的过程，无论是新建企业还是现存企业，其空间区位选择都能对产业活动的空间分布产生直接影响。本书进一步从这一微观视角出发，深入分析交通基础设施对微观企业区位决策行为的影响，这在国内以往研究中并不多见。

第2章
文献回顾与评述

2.1 产业集聚现象及效应

人口、资源和财富的空间集聚是一种世界范围内的常态。克鲁格曼（1990）在其著作《地理与贸易》中提到“经济活动最突出的地理特征是什么？一个简单的答案肯定是集中。”这种集聚状态基本呈现出以下三种空间尺度层面：全世界国家之间；一个国家内部各区域及城市之间；单个城市内部邻里之间①。在最低层次上，地理集聚通常表现为某一特定行业的区位集中。从世界经济的发展历史可以看出，各国具有国际竞争力的产业基本都倾向于在某些特定的地区集聚。如位于美国加州的硅谷，也成为世界最著名的电子产业集中区，苹果、思科、英特尔、惠普等巨头总部都设于此。在中等层次上最常见的便是城市本身的存在，根据美国人口普查局的数据，大约75%的美国人居住在城市，而城市的面积仅占陆地面积的2%（Rosenthal & Strange，2004）。根据中国国家统计局的数据，2014年长三角城市群的16个城市地区生产总值总量达10.6万亿元，占全国总量的15%；珠三角城市群（共9个城市）尽管面积仅占全国0.57%，但却以7.8万亿元的经济总量创造出全国12%的地区生产总值。全球及国家间的发展也不均衡。2000年，北

① 在本书中，主要关注中间层次的解释，即关注国家内部各区域及城市间的空间不平衡现象及其解释。

美自由贸易区的地区生产总值占全世界地区生产总值的35%、欧盟占25%、东亚占23%，这三个区域加总占83%，因此，世界上绝大多数的经济活动集中在这三个区域（Fujita & Mori，2005）。在中国，随着改革及对外开放进程不断加深，中国的经济发展也逐渐呈现出越来越明显的地理集聚现象。长三角地区、珠三角地区、京津地区等在经济增长中起到了“发动机”的作用；全国各类专业化产业集群遍布于全国各地，如佛山的陶瓷产业集群、昆山的电子产业集群、宁波的服装产业集群、温州的鞋业集群等。

集聚现象一直存在，经济学家很早就对地理集聚现象进行了关注。英国经济学家马歇尔（1920）被认为是最早研究集聚现象且最具深远影响的经济学家之一，他在著作《经济学原理》中强调了经济活动的地理集聚现象，提出了“地方性工业”的概念，认为很多相似的中小企业集中在特定地区所带来的外部经济对地区经济增长极为重要。但是20世纪80年代之前，现实生活中如此重要的集聚现象反而被经济学家们所忽视了。20世纪七八十年代产业组织理论快速发展，不完全竞争模型逐渐出现，经济学家对地理集聚与规模经济的研究逐渐成为可能。此后，经济学家们对地理集聚的研究越来越多，并一度成为主流经济学的热点问题之一。产业集聚的结果是带来集聚经济或集聚优势。马歇尔（1920）很早就强调集聚的经济效应，认为集聚能够产生外部经济，集中于某些地区的地方性工业可以带来三种收益：一是共享专业化的劳动力市场；二是共享中间品投入；三是共享知识溢出，这会决定某些产业的产量。

韦伯在《工业区位论：区位的纯理论》中首次把集聚的经济效应纳入区位理论，奠定了现代区位理论的基础，他把地理集聚与运输成本和劳动力成本共同视为影响工厂区位选择的三个因素，企业之所以放弃分散而选择集中的根本原因是地理集聚能节省企业的成本或为企业带来更多的收益，是因为集聚能够为企业提供大规模的劳动市场或其他投入品市场、完善的公共设施、临近的中间品供应商和专业化的机械修理厂等，这都有助于节省企业的各种生产支出和成本，所以韦伯的区位理论也被称为“成本节约理论”。

还有研究对地理集聚的经济效应进行了区分。按照胡佛（Hoover）划分，可以分为地方化经济（localization economies）和城市化经济（urbanization economies）两种类型。地方化经济是特定产业内的企业通过共享劳动力市场、上下游的关联和技术外溢等方式来获得规模报酬递增的形式，这种集聚优势并不是在单个企业内发生，而是在行业内企业之间相互临近带来的。城市化经济是一种多样化的外部经济，是指不同行业企业之间空间的临近通过共享、匹配、学习等方式来获得规模报酬递增的形式。地方化经济和城市化经济虽然在对集聚机制的解释上稍有差异，但是两者的区别并不是绝对的，并且往往同时存在于一个区域或城市中。

2.2 产业集聚形成因素研究

2.2.1 基本因素

该节概述影响产业集聚的基本因素，因为产业集聚是生产要素和生产活动在地理空间的集中。除了禀赋优势外，运输成本、规模经济和马歇尔外部性这几个因素都与空间距离密切相关。产业集聚会引起因距离而产生的各类成本不断下降。

（1）禀赋优势。

地区之间要素禀赋的非均衡性和劳动生产率的差异性是地区比较优势存在的原因，进而决定了各地区不同的产业结构和产业布局。其中，在产业区位选择中，考虑自然优势的实证研究由来已久。马歇尔（1920）是该研究的发端者，他注意到：

许多不同的原因引起了工业的地区分布，但主要原因是自然条件，如气候和土壤的性质，在附近地方的矿山和石坑，或是水陆交通的便利。

根据新古典贸易理论，自然资源或工业资源利用的强度是产业能够实现地理集中的重要原因。金（Kim，1995）依据美国 1860 ~ 1987 年长期历史数据，深入探讨自然资源利用强度与产业地理集中之间的关系，以及产业地理集中趋势，结果发现它们之间存在显著的正相关关系。埃利森和格莱泽（Ellison & Glaeser，1999）采用多重指标来解释美国四位数制造业各州的就业份额，发现6个反映资源投入成本的变量（如耗电、天然气、耗煤、农业投入以及木材投入等）与制造业地理集中度显著正相关，他们认为聚集中自然优势变量所能解释的部分应该大于20%。

（2）运输成本。

在韦伯的工业区位论中，其认为工业的最优位置是由三个区位因子共同决定，这三个因子分别是运输成本、劳动力成本和集聚经济。韦伯工业区位论的中心思想是如何组合这三个区位因子，使企业成本最低。与各自分散相对比，如果多个企业集中在一起可以带来更多的收益或节省更多的成本，企业就有集聚的意愿。韦伯非常强调工业区位选择的成本最小化，他把一般性区位因素分为两类：第一类为区域因素，包括运输成本和劳动力成本，它们是引起工业区域分布的初始原因，这其中运输成本对工业区位起决定性作用，劳动力成本相对于运输成本仅发挥间接作用；第二类称为集聚和分散因素，它们是区域因素引起的结果。艾萨德（Isard，1956）将杜能、韦伯、克里斯泰勒、寥什等人的模型整合成为一个逻辑统一的分析框架，把区位问题重新表述为一个标准的替代问题：厂商可以被看作是在权衡运输成本与生产成本，这是一种开创性的贡献。这种在运输成本与生产成本之间进行权衡的思想后来为克鲁格曼开创新经济地理学提供重要的思想来源。

克鲁格曼（Krugman，1991）的《经济地理与收益递增》是开辟新经济地理学的奠基之作，他建立了具有里程碑意义的CP模型，实现了立足于消费者（同时也是生产者）和企业区位选择的一般均衡分析，奠定了对经济活动进行区位或空间分析的微观基础。CP模型问世后，不断得到其他学者也包括克鲁格曼本人的进一步补充、完善和创新。以CP模型为基础的其他类似模型也先后被开发，拓展并丰富了新经济地理模型的发展。更系统性的总结参见鲍德温等（Baldwin et al.，2003）的《经济地理与公共政策》。新经济地理学基本模型分析认为即使不存在外生性差异，经济空间也会发生内生性演化分异，产业集聚不可避免，甚至形成极端的核心—边缘结构。由于核心区的市场需求远大于边缘区，并成为其进一步吸纳产业与人口进入、促进资本积累和知识创造的重要来源。除了规模生产带来的经济性外，由于节省运输成本，核心区比边缘区拥有更低的生产和消费成本优势，这会对产业和人口形成巨大吸引力。核心区需求规模大和生产生活成本低的优势通过循环累积效应，不断强化并增加其优势。核心区的巨大优势往往由最初微弱的优势在演化中不断累积而成，这一初始优势可能来自于先天自然地理条件、偶然的历史事件或随机的微小扰动。但是，经济活动空间中并非仅存在集聚力量，也存在分散力，这类分散力表现为土地等生产要素的不可移动性、土地租金、运输成本、拥挤导致的负面效应或不经济等因素，分散力与集聚力之间复杂的相互制衡形成了真实世界经济地理的复杂多样性，随着“向心力”和“离心力”的此消彼长，经济空间格局也随之改变。

经济空间格局改变的关键在于运输成本的变化，一个基本的规律是在运输成本很高时，人口和产业呈分散布局，在中等水平的运输成本条件下，人口和产业在空间上迅速集聚，当运输成本很低时，人口和产业又倾向于分散布局。当然，具体的前提条件不同，集聚和分散的规律将十分复杂。总之，新经济地理学的众多模型深刻揭示了运输成本与规模经济以及要素流动等的相互作用如何导致经济空间格局的复杂演化。循环累积因果机制是导致经济集聚的关键，运输成本的变化对循环累积因果机制起决定性的影响作用。

（3）规模经济。

蒂伯·西托夫斯基（Tibor Scitovsky，1954）从平均成本下降的原因方面区分了内部规模经济和外部规模经济。内部规模经济指平均成本的下降由单个企业本身产出水平的增加引起。外部规模经济简称“外部经济”，指平均成本的下降由整个行业的产出水平增加引起，企业的平均成本是行业范围的产出水平的函数。蒂伯·西托夫斯基（1954）进一步把外部规模经济区分为纯外部经济和金钱外部经济。尽管规模收益递减和规模收益不变在现实中不乏存在的例子，但规模经济导致的收益递增是更普遍的常态，内部规模经济意味着市场力量，它使市场结构不可能是完全竞争的，产出规模的扩大意味着企业平均成本的下降，外部经济的溢出效应同样导致企业生产成本的下降。

产业组织理论、新贸易理论与新经济地理学理论以垄断竞争的市场结构和规模收益递增为基本前提，这些理论的发展及其对现实的解释力已经充分证明了规模经济的普遍存在性。区位理论、城市经济学等同样认识到了规模经济的作用。显然，规模经济必然要求产业集聚。内部规模经济导致的收益递增要求单个企业集聚生产要素、扩大生产规模；外部规模经济的溢出效应及其导致的收益递增则要求企业尽可能在空间上彼此邻近，这两方面的结合共同促进产业集聚。究其根源，技术进步是规模经济的重要来源，是影响产业集聚与分散的基本因素，但其根源仍在于专业化和分工（杨小凯，1998）。

（4）马歇尔外部性。

自马歇尔外部性理论问世以后，已经吸引大量学者关注马歇尔外部性和产业集聚的关系，普遍认同的观点是马歇尔外部性是导致经济活动发生空间集聚的根本原因，如亨德森（Henderson，1974）和克鲁格曼（1991）等。外部规模经济主要源于劳动力市场共享、投入产出关联和知识外溢等，从而促进产业集聚。奥德斯和费尔德曼（Audretsch & Feldman，1996）研究行业集聚是否会对创新产生显著影响，结果发现它们之间存在正相关关系，那些集聚程度较高的行业一般存在更多的创新活动，这一结论验证了行业集聚带来的知识溢出效应；罗森塔尔和斯特兰奇（Rosenthal & Strange，2004）对聚集经济和行业集聚的微观基础展开了更为全面综合的理论探讨和经验分析，结论表明资源投入使用强度、劳动力专业化、运输成本、产业创新性等要素都在影响美国产业在不同空间尺度上的地理集聚。具体说来，劳动力外部性促进产业在各个不同级别空间区域的集聚，知识外溢局限于小范围的空间区域内发生作用，而与运输成本相关的要素，如制造业产品投入、自然资源投入、产品的保鲜性则在大空间范围上促进了产业集聚。

外部经济对制造业区位选择和集聚的作用主要基于三个机制：专业化劳动力、中间投入规模经济和厂商间的技术外溢。赫德等（Head et al.，1995）根据以上三个机制分析了自 1980 年起 751 个日本制造企业在美国的区位分布。研究结论发现，自然资源禀赋和专业化劳动力不是影响日本制造业企业空间选址决策的关键要素，中间投入和技术溢出效应具有更显著的影响。马丁和奥塔维诺（Martin & Ottaviano，1999）将内生增长模型引入产业区位分析中，探讨技术外溢与厂商区位选择之间的关系，研究结果也发现企业更倾向集聚在技术外溢效应较强、科技创新速度较快的地区。艾米特和比萨瑞斯（Amiti & Pissarides，2002）通过将劳动技能匹配纳入新经济地理模型，研究劳动技能匹配作为集聚动力对产业布局的影响。研究结果显示工作岗位与劳动力技能之间的匹配是提高劳动生产率的重要因素，在劳动力市场异质条件下，区域劳动力技能异质性越强就越能吸引更多厂商和劳动力，从而宁可承受贸易成本而向大型市场区域集聚。

2.2.2 市场因素

(1) 市场需求。

从亚当·斯密开始，先驱们早就指出，市场范围的大小决定社会分工的精细程度，社会分工越精细，规模经济就越显著、生产效率也就越高。格鲁贝尔（Grubel，1967）认为一个国家的中间市场或终端消费市场对产品的旺盛需求是某特定产业能够得以发展的基础。克鲁格曼（1991）认为，在运输成本一定（不能过高或过低）的情况下，工业部门往往会被吸引进入更大的市场。企业进行选址决策时将密切关注与周边市场的紧密程度，具有更大的市场潜力意味着企业拥有更多的客户和供应商，在规模报酬递增的条件下会吸引更多生产差异化产品的企业在此选址。

(2) 消费者多样化偏好。

人类对物品和劳务的无限需要既表现在量的方面，又表现在种类方面，即所谓的多样化偏好。在新经济地理模型中，尽管单个厂商只有专注于一种产品的生产才能有效地利用规模经济与消费者希望产品的种类越多越好之间存在冲突，但是，无论是单个厂商尽可能扩大生产规模以充分利用内部规模经济，还是众多厂商彼此接近以充分利用外部规模经济，都表现为产业集聚。因此，如果说规模经济从供给方面提供了产业集聚的动力，那么人类的无限需要和多样化偏好则从需求方面提供了产业集聚的动力。如果人类没有了消费的偏好，没有了对消费品的量和种类的无限需要，规模经济将变得毫无意义。

(3) 市场关联。

从关联角度看，一个工业过程的产品进入到另一个工业过程作为原材料或者半成品使用时，两个原本独立的工业过程就发生了联系，这种联系是出于技术上和成本上的原因，称之为技术联系和经济联系。若上游产业的产品是下游产业的中间投入品，出于对市场邻近性的考虑，上游产业会被吸引到那些已有大量下游产业的地区。除了这种需求联系外，还有一种成本联系。下游产业的公司如果定位在已经有大量上游产业企业所在地，它们也会由于中间投入品的易获取性，降低成本。这种需求联系和成本联系结合在一起就形成了向心力，它们创造出了一种使经济活动定位在一个地点的集聚力。这种集聚力源自市场关联效应。

（4）贸易成本。

这里主要指的是国际贸易成本，贸易自由化的一个直接效果就是降低贸易成本，一般而言，如果国家贸易成本高，使得出口变得格外昂贵，那么企业宁愿接近消费市场，即消费需求决定着企业的定位，产业集中度较低。相反，如果国际贸易成本低，中间品和最终消费品的贸易是便宜的，此时，企业的区位决策会将要素市场的考虑放在首要位置，企业宁愿选择在相对密集使用的生产要素成本更为低廉的地区生产，这也会引发集聚。但是，规模报酬递增部门的大量集中有可能抬高这些生产要素的价格，进而出现分散力，生产集中度会降低。

在全球一体化的大背景下，各国或地区之间的国际贸易进程有了质的提升，部分实证文献探讨了对外开放水平对本国国内产业布局的影响。克鲁格曼等（1996）讲述了墨西哥国内产业地理兴衰的故事，在贸易自由化以前，墨西哥城是国家产业集聚核心地带，北美贸易自由化后，墨西哥城的地位开始逐渐相对衰落，产业开始迁移至北部的墨西哥与美国邻近的地方。阿朗索·维勒（Alonso Villar，1999）、曼福特等（Monfort et al.，2000）以及波林（Paluzie，2001）等学者分别构建三类不同结构框架（“三个国家”“两国四地区”“两国三地区”）以论证贸易自由化将会逐渐提升而非减低经济活动的集聚程度。还有部分学者认为贸易自由化和国内产业集中度之间并不是单向线性的关系，它还依赖于国内区域间运输成本的高低（Behrens，2003）。克罗泽和苏贝朗（Crozet & Soubeyran，2004）指出，如果外来企业对国内企业的冲击力仍不够强大，贸易自由化将使得集聚力量超过分散力量，产业将会在靠近国外市场的边界地区形成集聚。

2.3 中国产业集聚的经验研究

伴随新经济地理学的兴起，国内很多学者对中国产业集聚问题进行了大量有益的探索。从已有的研究成果看，大多数学者将大量笔墨用于测度我国产业聚集程度及其变化趋势。另一方面，许多学者从不同角度阐述并验证以往理论关于影响产业集聚的因素。

2.3.1 制造业集聚现状及其趋势

国内学者对中国产业集聚问题的研究最早主要集中在对国内产业集聚程度的测度，这是探讨与产业集聚其他问题的基础。在关于中国改革开放之后产业空间分布的研究中，测算和衡量产业集聚程度及变动趋势一直是国内学术界的研究热点。此外，研究不断兴起的产业集群也是学术界观察和理解我国集聚经济的一个重要途径（王缉慈等，2001；王珺，2004）。梁琦（2004）比较分析了我国 24 个二位数制造业部门在 1994 ~ 2000 年的工业基尼系数，结果发现中国工业集聚水平在不断提升，其中，知识密集型和劳动密集型企业的集聚程度增速最快。梁琦还将中国三位数制造业的基尼系数与克鲁格曼（1991）测度的美国制造业集聚水平展开比较，认为美国工业集聚水平整体上高于中国的产业集聚水平。路江涌和陶志刚（2006）得出了类似的结论，他们计算 EG 指数，并考察 1998 ~ 2003 年中国制造业的地理集聚程度，结果发现中国制造业的地理集聚程度目前正处于上升阶段，但与美国相比，行业集聚水平仍有待提升。范剑勇（2004）综合计算 1980 年和 2001 年中国各省的相对专业化指数、地区间专业化指数、地区产业平均集中率以及制造业中心值等多类指标，推断中国整体上正处于地区间专业化演变过程中的倒“U”形曲线的上升段，地区间专业化程度仍在不断增加。文玫（2004）、吴学花等（2004）、杨洪焦等（2008）展开了类似的研究，得出的结论大同小异。白重恩（2004）利用 1985 ~ 1997 年各省区市 32 个行业的数据，也进一步验证了中国区域专业化程度不断提升这一事实，但不同行业（包括制造业内部）的区域专业化程度存在巨大差异。

伴随交通基础设施建设以及市场化进程的进一步加快，中国制造业产业空间分布是否出现新的特征与趋势？最近的一些研究表明，自 2004 ~ 2005 年后，制造业空间格局正悄然发生一些新的变动趋势，制造业发展向中西部扩散的迹象逐渐显现（蔡昉等，2009；吴三忙等，2010；贺灿飞等，2011；毛琦梁等，2014）。石敏俊等（2013）分析了 2001～2008 年来中国制造业分布格局变化，认为 2004～2005 年为转折点，此后我国制造业分布发生逆转性变化，呈现出“西进北上”的特点。大多数制造业部门开始从产业基础较好的沿海地市向原先发展相对滞后的沿海欠发达地市和具有一定产业基础的中西部地市转移。罗胤晨等（2014）利用 1980～2011 年 19 类两位数制造业数据，分析省级空间尺度上的产业集聚格局及其演变趋势。从空间维度看，集聚趋势（特别是东部沿海地区的集中趋势）是明显的，在 2004 年达到最高，此后集中度出现持续下降；从分行业看，资本和技术密集型产业的集聚度相对较高，资源依赖型产业相对较低。

2.3.2 制造业集聚影响因素

大量研究从不同角度探讨了我国产业集聚的决定性因素。除了关注外部性理论、（新古典）贸易理论、区位理论及新经济地理学的相关因素外，近期一些学者还关注制度和政策性因素。

（1）禀赋优势。

区域之间非均衡的要素禀赋及劳动生产率导致地区比较优势长期存在，进而影响各地区的产业结构及产业空间分布。黄玖立等（2006a）认为由于存在天然地理优势以及由此获得的政策优势，我国制造业产业 1985～1995 年越来越集中在东部地区。蔡昉等（2009）测算和比较分析了 2000～2007 年中国各地区的劳动力成本以及全要素生产率，结果表明我国中西部地区已经拥有（潜在）劳动力成本优势，中西部地区具备承接东部地区转移或发展劳动密集型产业的可能性。曲玥等（2013）通过利用全国县级水平的产业数据，发现要素成本的重要性因集聚程度而异。在产业集聚初期，要素成本并不是促进各地产业形成和集聚的重要因素，但当产业集聚水平发展到一定程度时，由于要素成本上涨可能会阻碍产业集聚进而诱致产业向相对落后地区转移。

（2）运输成本。

贸易成本、规模报酬递增与市场需求是新经济地理理论解释制造业集聚机制的三个核心要素。市场邻近和供给邻近作为表征企业贸易成本的两大因素具有重要的理论基础，但目前仍缺乏足够的证据支撑。赵曌等（2012）利用我国省区两位码分类制造业数据和部门省区间投入产出模型，采用市场邻近与供给邻近这两个指标度量贸易成本，并验证了贸易成本对我国制造业企业区位选择和产业空间分布的重要影响。林理升等（2006）在探讨运输成本和劳动力流动这两个因素对中国制造业空间分布产生的影响时，认为东部沿海地区与其他地区在运输成本上的优势导致制造业在沿海地区形成天然优势，这一优势与高劳动力流动成本一起，阻碍着我国产业集聚的进一步发展，形成了沿海与内地失衡的产业发展格局。赵伟等（2009）从理论和实证两个层面考察国内市场一体化对中国制造业空间分布模式的影响，通过选取 1987 年、2000 年和 2005 年三个时间节点，实证检验表明国内市场一体化具有显著的制造业区域集聚效应，尚未产生理论模型推断的倒“U”形效应。在有关行业集聚的分析中，由于我国缺乏行业运输成本的数据，度量行业层面的运输成本面临诸多困难，这在一定程度上制约着相关研究的开展。路江涌等（2007）采用我国 1998 ~ 2003 年制造业行业数据，研究并验证了运输成本在促进行业集聚中发挥的重要作用。其中，关于行业运输成本的度量中，他们使用行业完工产品占销售的比例这一指标间接度量各行业中产品的易腐蚀性，而产品的易腐蚀性往往与产品单位距离的运输成本呈现一定程度的正相关关系。

（3）集聚外部性。

专业化劳动力、中间投入共享以及企业或行业间技术外溢是外部经济作用于制造业区位选择和产业集聚的三大机制。路江涌等（2007）验证了知识溢出、信息外溢、劳动力蓄水池和投入要素共享等集聚外部性因素对我国产业集聚产生的积极影响。刘修岩等（2010）研究发现地区专业化、产业多样性等因素对期望进入该区的企业数量有显著的正向效应。吴建峰等（2012）通过考察 1980 ~ 2005 年中国省级制造业数据识别并证实马歇尔外部性影响经济活动空间分布的决定性因素。何玉梅等（2012）运用改进的集聚测度方法（DO 指数和 M 函数）测度 2003 ~ 2007 年 84 个制造业细分行业的空间集聚演变特征，并分析促进产业集聚背后的驱动力量，结果再一次验证了马歇尔外部性的重要性。她们发现在较小地理空间和较细的行业层次上，中间投入共享是促成制造业集聚的关键性因素，同时劳动力成熟度和知识溢出也起重要作用。毛琦梁等（2014）发现近些年我国制造业已出现从东部向中西部扩散的趋势，但深入分析其原因发现，生产要素成本增加并不是促使产业扩散的重要原因。引起多数产业发生空间扩散的主要原因是同行业间的激烈竞争以及拥挤效应，因此集聚外部性的变化才是主因。

（4）市场需求。

尽管在新经济地理理论上，已经反复探讨了市场潜能对促成产业集聚或扩散的重要意义，但国内关于地区市场潜能与产业集聚之间关系的实证分析直到近些年才被关注（刘修岩等，2007；黄玖立等，2008；孙军，2009；周伟林等，2011；赵增耀等，2012）。刘修岩等（2007）根据 1999 ~ 2004 年中国地级市数据，在利用新经济地理相关模型的基础上，实证分析并验证了市场潜能对制造业空间集聚产生显著的正向影响。黄玖立等（2008）将市场潜能区分成三类：本地市场、周边市场以及国外市场，结论证实了地区产业增长与地区市场规模间的密切联系，而且本地和地区市场潜能正向影响国内市场依赖型产业，国外需求依赖型产业在国外市场潜能较大的省区增长更为明显。但孙军（2009）得出的结论与黄玖立等（2008）存在一定差异。他运用 2002 ~ 2007 年省级面板数据检验市场潜能的产业集聚效应，结果发现就全国而言，市场规模对于工业集聚的作用并不太明显；但区分东部地区和中西部地区两类子样本后，地区市场和国外市场对地区工业集聚均能产生显著影响，而且它们之间可以相互替代。赵增耀等（2012）还发现国内外市场潜能与工业集聚存在非线性关系，其中国内市场潜能与产业集聚间存在“U”形关系，国外市场潜能存在双门槛效应。

（5）制度政策性因素。

我国产业集聚演进过程中的独特现象吸引着不少学者将研究注意力转移到制度和政策因素，毕竟制度政策因素在增长理论和区域经济理论的相关研究中已反复被证明过其重要性。

对外开放水平。中国的经验研究表明对外贸易确实对中国制造业区域集聚产生显著的正向效应，这得到诸多实证研究的支持（黄玖立等，2006b；金煜等，2006；赵伟等，2007）。胡（Hu，2002）建立中国的产业空间集聚模型，通过数值模拟分析发现，伴随对外开放以及由此带来的对外贸易成本下降，东部地区作为产业集聚中心的地位不断得到强化。赵伟和张萃

(2007) 利用 20 个制造行业 1999 ~2003 年的数据，找到了外商直接投资渗透率与制造业区域集聚间的肯定联系。他们进一步发现，高集聚行业的 FDI 集聚效应明显，低集聚行业的 FDI 行业集聚效应微弱。张宇和蒋殿春（2008）选择省级层面的行业数据，利用 HHI 指标和 CR 指标研究跨国公司的进入对国内产业集聚的影响，结果发现它们存在明显的正相关关系，FDI 流入较多的行业通常是工业集聚程度较高的行业。黄玖立（2011）进一步寻找对外贸易作用于产业集聚的机制，他发现对外贸易会通过影响产业空间转移和结构转换效应，进而推动中国的地区专业化和产业集聚，并认为这也是造成中国沿海和内陆地区之间经济差距的重要原因。

对外贸易自由化。高（Gao，2004）的实证检验显示，对外贸易规模的扩大对 1985 ~1998 年期间工业部门向东南沿海地区产业转移发挥了助推作用。葛（Ge，2009）发现在 1998 ~2005 年，高度依赖外贸外资的产业主要集聚在地缘优势明显的东部沿海地区，对外贸易更加强化了这一优势。邵军等（2014）基于加入世贸组织后我国大幅度减让关税的经验事实，考察贸易自由化对制造业区位分布的空间影响，研究结论发现：贸易自由化促进了制造业向东部沿海地区的集聚；关税减让仅显著影响东部地区的制造业，对中西部地区影响并不明显。

地方保护及政策制度。政策制度环境是研究中国产业经济地理问题不可忽视的因素，而且研究成果已开始涌现。白重恩等（2004）认为地方保护会阻碍产业的空间集聚，因为他们发现那些利税率较高或者国有化程度较高的产业，其地区集中度一般都较低。但是，黄玖立和李坤望（2006a）却认为东部沿海各级地方政府的税收等优惠政策才是促使该区成为中国经济活动及产业集聚核心的关键因素，并不是所谓的对外贸易等因素。另外，梁琦和吴俊（2008）关注了地方政府的财政政策对驱动产业空间分布的影响，他们认为财政转移会吸引产业集聚到上级行政区。金煜等（2006）利用 1987 ~2001 年省级面板数据探讨多种（新）经济地理变量及政策因素对工业集聚的影响，研究发现政策也是导致工业集聚的重要因素，弱化政府作用有利于工业集聚。贺灿飞等（2010）更为明确地指出，各地政府设立的开发区和产业园区等并不利于国家重点产业的集聚和规模经济的实现。曲玥等（2013）的研究也表明政府干预及地方保护会在一定程度上干扰和阻碍劳动密集型产业的集聚发展。赵浚竹等（2014）根据2001～2009年汽车制造业企业微观数据，采用地理集中度指数和EG指数这两个指标，研究表明地方保护及市场规模可以显著地影响着汽车制造新建企业的区位选择。近年国内关于产业集聚的测量和影响因素的代表性研究如表2－1所示。

表2－1　近年国内关于产业集聚的测量和影响因素的代表性研究

作者（年份）	空间尺度	样本时间	产业集聚度量指标	主要影响因素
文玫（2004）	省级两位数制造业	1980年，1985年，1995年	基尼系数	市场规模、交通成本
罗勇、曹丽莉（2005）	省级两位数制造业	1993年，1997年，2002年，2003年	EG指数	—
路江涌、陶志刚（2006）	省、地级市和县级企业数据	1998～2003年	EG指数 Hoover指数	—
贺灿飞、谢秀珍（2006）	省级两位数制造业	1980～2003年	基尼系数	经济全球化、比较优势和规模经济
黄玖立、李坤望（2006）	省级两位数制造业	1980年，1985年，1990年，1997年	基尼系数	地区特征、产业特征以及两者交互项
金煜、陈钊、陆铭（2006）	省级，工业	1987～2001年	工业份额	经济地理，新经济地理，经济政策
贺灿飞、潘峰华、孙蕾（2007）	省、地级市、县两位数、三位数和四位数制造业	2004年	基尼系数	比较优势、全球化和制度、集聚经济
王业强、魏后凯（2007）	省区，两位数制造业	1980～2003年	基尼系数、SP指数、MHHI指数	劳动密集度、技术密集度、规模经济、市场规模、产业关联
路江涌、陶志刚（2007）	省、地级市和县企业数据	1998～2003年	EG指数	地方保护主义、溢出效应、运输成本和自然禀赋
刘修岩、殷醒民、贺小海（2007）	地级市	1999～2004年	制造业区位熵	市场潜能

续表

作者（年份）	空间尺度	样本时间	产业集聚度量指标	主要影响因素
贺灿飞、谢秀珍、潘峰华（2008）	省级两位数制造业	1980～2004 年	基尼系数	政策和制度因素、劳动力素质和成本、规模经济、自然资源和区位通达性
杨洪焦、孙林岩、吴安波（2008）	省级 18 个制造业	1988～2005 年（除 1991 年、1995 年、1996 年、1998 年）	EG 指数	交通运输、平均企业规模、地方保护主义以及经济开放度
葛（Ge，2009）	省级两位数制造业企业数据	1985 年，1990 年，1994 年，1999 年，1998～2005 年	基尼系数 EG 指数	市场潜力、全球化因素、资源投入
赵伟、张翠（2009）	省级面板	1987 年、2000 年及 2005 年	各省制造业产值占全国比重	对外开放、国内市场一体化（区际开放）
孙军（2009）	省级面板	2002～2007 年	各地工业产值占全国工业地区生产总值的比重	地区市场潜能、出口开放度
贺灿飞、朱彦刚和朱晟君（2010）	省级两位数制造业	1980～2004 年	基尼系数	区位特征、产业特征、比较优势、新经济地理学因素
张文武、梁琦（2011）	31 个省区市	1990 年、2000 年和 2007 年	EG 指数	人力资本
何玉梅、刘修岩、李锐（2012）	84 个三位代码行业	2003～2007 年	基于距离的集聚度测量方法	马歇尔外部性（中间投入共享、劳动力成熟度和知识溢出）、对外开放等
赵增耀、夏斌（2012）	省际面板数据	2004～2010 年	制造业区位熵	本地市场潜能、国内周边地区市场潜能和国外市场潜能
赵婴、石敏俊、杨晶（2012）	省级面板	2002 年	某省某产业占全国该产业产出的份额	贸易成本（市场邻近、供给邻近）、人力资本

续表

作者（年份）	空间尺度	样本时间	产业集聚度量指标	主要影响因素
韩峰、柯善咨（2012，2013）	地级及以上城市	2003～2009 年	1. 2012 年的文献—城市制造业就业密度与全国制造业总就业的比值；2. 2013 年的文献—制造业区位熵	1. 2012 年的文献—专业化劳动力、中间投入可得性、技术外溢与国内外市场潜能；2. 2013 年的文献—传统比较优势、供给与需求的空间外部性等
颜银根（2014）	省份截面数据	2005 年	各省工业产值份额与各省面积份额之比	FDI 和劳动力的流动
邵军、吴晓怡（2014）	地级市截面数据	2001 年和 2006 年	地区某行业的就业占全行业就业的份额；EG 指数	贸易自由化
高云虹、符迪贤（2015）	省级面板数据	2002～2012 年	地区产业产值占全国比重	高低技能劳动力流动、市场潜能、FDI、贸易自由度

资料来源：笔者整理。

2.4 交通与经济活动空间分布的经验分析

2.4.1 交通的经济增长效应

在以往关于交通基础设施的研究文献中，大多数学者基于传统经济增长理论的视角，将交通基础设施作为资本存量这一独立变量纳入生产函数中，来分析其对生产率以及经济增长方面的影响，这类文献大体出现在 20 世纪 80 年代末至 90 年代初。最早一批的文献集中在估计整体生产函数，并发现公共资本投资具有不可置信的过高生产率弹性。早期研究主要存在两大缺陷：一是模型设定与计量分析方法存在局限性，传统的计量方法不能有效地处理经济变量间的空间依赖性，这与客观现实不相符；二是可获得的数据层级不够精细，加总的空间分析单元有可能会掩盖更细区域层次的地区异质性，可能出现不可靠的研究结论。

2.4.2 交通与产业分布

影响企业及产业经济活动区位的因素错综复杂，但无论运输成本如何衡量，由于运输成本下降使物流对于企业应对市场变化变得更加敏感，运输成本依然是影响贸易活动和经济活动区位选择的核心问题（Venables，2007；Fujiata & Thisse，2013）。从微观层面上看，改善交通基础设施对要素流动以及企业区位选择的作用仍具有不确定性，其产生的正负效应需依赖于地区与新建交通基础设施的距离。改善地区对外通达性能促使企业更易实现远距离市场供给，使其在成本和需求连接中获得更多益处，进而吸引更多企业进入该区并最终导致经济集聚；但由集聚带来的好处也使市场中现有企业间的竞争加剧，诱致部分企业迁移，导致交通基础设施投资的利益分配并不明确，不少研究得出以上类似的结论（Venables，1996；Puga，1999；Fujita et al.，1999；Holl，2004a，2004b，2004c）。霍尔茨－埃金和施瓦茨（Holtz－Eakin & Schwartz，1995）证实了美国交通基础设施投资具有在州内的城乡间重新布局产业的效应，没有发现交通基础设施影响临近州的生产水平，表明公路的作用空间主要体现在区域内而不是区域之间。奥塔维亚诺等（Ottaviano et al.，2002）研究交通基础设施对新企业诞生以及产业空间布局的影响时发现，改善某区域的交通条件会调节区域离心力和向心力之间的力量平衡，但对不同区域的新增企业数会产生相反的影响。部分研究进一步发现交通基础设施的边际效应递减的规律，当交通基础设施投资达到一定限度时，运输成本在产业分布中的作用越来越小，甚至可能不再显著（Patricia et al.，2008）。弗赖伊（Frye，2014）使用1962～1996年美国县级层面的面板数据，验证交通基础设施与产业增长和产业集中度的关系。作者发现有高速公路经过的县郡（与无高速公路的县相比）就业增长集中度更高，但只体现在一些特定行业。通过进一步比较分析有无高速公路通过的县郡之间大企业数量的份额变化，作者发现高速公路会吸引更大的制造业企业。

近期有一批学者关注美国交通基础设施对城市内不同部门的增长以及分

布的影响，并逐渐成为研究热门之一（Baum Snow，2007，2014；Rothenberg，2013）。杜兰顿、莫罗和特纳（Duranton，Morrow & Turner，2014）检验了几个主要城市间的贸易联系，并发现拥有更多高速公路里程数的城市更专业化于重工业产品生产，但对产值并无影响。迈克尔斯（2008）发现在美国县区，州际高速公路会增加零售业和货车运输业这两个行业的收益，同时会增加熟练劳动力的需求。钱德拉和汤普森（Chandra & Thompson，2000）检验了州际高速公路对部分边远县区的行业收益的影响，并发现高速公路确实会增加几类行业的收益；邻近高速公路的县区会影响经济活动的重新配置，而非增长。其他更详细的文献综述散见后文实证部分。

2.4.3 交通与企业区位选址

产业的空间分布投射到企业，就是企业的区位选址决策问题。大量企业的空间布局（包括进入、退出甚至消亡）最终会影响到地区之间的产业布局。囿于微观企业数据匮乏，尤其是获取企业地理位置等敏感信息比较困难，现有研究中关于交通设施（如公路、铁路等）对企业区位选址的影响很少引起注意，尽管仍有一部分研究先驱取得了不少成就（Haughwout，1999；Holl，2004a，2004c）。霍尔（Holl，2004c）以葡萄牙为例，使用1986～1997年市级层面数据，分析13个工业行业及9个服务业的新企业诞生的区位影响因素。研究结论发现，对于大多数行业而言，高速公路增加了公路邻近地区的区位吸引力。但运输条件改善对新生企业地理集中度的影响存在显著的行业性差异。吉本斯等（Gibbons et al.，2012）使用英国1997～2008年面板数据，估计公路改善对企业就业和企业生产率的影响。研究结果发现：改善公路网络显著影响区域（如选区）层面的就业水平和企业数量，但是对企业层面的就业没有影响。这表明公路建设通过影响企业进入或退出来影响本地就业变化，而对现存企业的就业没有影响。另外，改善公路设施能促进企业层面的劳动生产率、增加值及工资增加，却对地区层面没有影响。本杰明·费伯（Benjamin Faber，2014）使用国道主干线系统（NTHS）作为自然实验，分析由交通基础设施改善引致的贸易一体化对非对称市场（尤其是地区工业化）产生的影响，估计结果表明NTHS导致位于连接大城市间公路线上的县区的地区生产总值增长水平低于其他并没有连通的周边县，而且主要是由于工业产出增长显著下降引起。另外，交通网络连接对县区人口没有显著影响。

国内方面，张华等（2007）将北京邮政编码区作为空间分析单元，对制造业和服务业外资企业区位选择进行比较研究，表明区位的通达性对外资企业区位选择具有显著的影响，企业都明显地向城市中心聚集，分布密度从中心向外递减。相对于制造业，服务业外资企业更加集中在城市中心区，制造业外资企业的分布则相对分散，沿交通干线放射状分布的特点更加明显。与张华等（2007）类似，林善浪等（2011）选择上海辖区 265 个邮编区为样本单位，研究城市内部交通可达性对信息服务业集聚的影响，实证检验发现企业更倾向于选址在通达性较好的地理位置，特别是选择城市轨道交通沿线的区位。陈松林等（2012）利用福建 28 个制造业行业数据计算行业平均集中率，并发现集公路、铁路、港口及机场于一体的加权综合交通可达性除了与资源密集型制造业相关性较低外，与其他各类制造业空间集聚的相关性非常紧密。王俊松（2014）分析 2000 年以来长三角制造业的空间格局演变特征及影响因素。通过研究他发现整个长三角制造业呈现以上海为核心，沿重要交通轴线集聚的空间格局；同时作者进一步发现在控空间溢出效应后，区位条件仍是影响该区制造业集聚的关键性因素，如企业选址时非常看重与上海市区以及机场的距离等。

2.4.4 交通基础设施研究的估计方法

早期部分文献在处理交通等公共基础设施的经济效应问题时普遍将其作为生产要素投入进而对加总生产函数进行估计。阿绍尔（Ashauer，1989）采用美国第二次世界大战后时间序列数据估计 C－D 生产函数，并发现公共资本投资获得过高的产出弹性（超过了私人资本投资的产出弹性）。阿绍尔（1989）的结论受到塔托姆（Tatom，1991）的质疑。质疑者认为，出现不大可信的结论是由经济产出和公共资本投资共同趋势产生的虚假相关所引起的，当把时间序列修正为非平稳性时，估计结果可能并不会呈现出显著关系。

从 20 世纪 90 年代中期开始，新的计量估计方法得到广泛运用，这些新工具可以提供一套更可信的方法来处理样本选择和内生性问题。但在估计公共基础设施的经济效应这一问题上，由于影响经济环境的因素复杂多样，满足严格外生的控制条件非常困难，而纯粹严格的随机实验方法并不能轻松的应用。基于以上原因，估计方法开始转向自然或准实验的方法。但现有文献更多的还是采用工具变量或匹配法进行估计。

（1）第一类工具变量：历史规划但未实施的交通路线。

部分学者寻找工具变量来研究交通基础设施的经济效应问题，这也是经济学者处理内生性惯常使用的方法。杜兰顿和特纳（Duranton & Turner，2012）曾对工具变量有效性作过更详细的讨论。杜弗洛和潘德（Duflo & Pande，2007）在分析印度大规模的灌溉水坝建设对生产率影响这一问题时，认为河面坡度能作为水坝建设一个合适的工具变量，因为河面坡度可以从水文地质等地理学角度考察修筑一座水坝的可行性，但是不直接影响生产率。他们的研究发现灌溉水坝建设对灌溉区和水坝下游的农业生产有大幅度的提升。在研究美国高速公路建设的经济效应的文献中，1947 年该国州际高速公路计划（National Interstate Highway Plans）是学者们采用较多的工具变量，包括杜兰顿和特纳（2012）、迈克尔斯（2008）以及薄姆 - 斯诺（Baum - Snow，2007）等都曾使用过该公路计划作为工具变量。基本理由是 1947 年美国政府提出州际高速公路计划是出于国防建设的考虑，服务于军事目的，而并不是用于促进高速公路沿线地区的经济发展。

薄姆 - 斯诺（2007）是第一个使用美国 1947 年州际高速公路计划作为目前高速公路系统的工具变量的学者。他将 1947 年州际高速公路计划用于计算进入一个大都市地区的计划中的公路数量，并使用这个变量来预测州际公路射线的实际数量。迈克尔斯（2008）分析高速公路建设（进而降低贸易壁垒）对职业技能需求的影响。他认为，政治或经济条件可能会影响到公路具体位置。他提出两种工具变量来处理该问题：一个是设定一个指标，判断该地区是否有公路出现在 1947 年高速公路规划中；另一个是确定每个郡县地理位置相对于最近最大城市的空间方位。研究结论发现：高速公路促进了大货运汽车的使用，降低了郡县间的贸易壁垒。另外，迈克尔斯等（2012）曾使用 1890 年美国高速公路网络计划——潘兴计划作为工具变量。

（2）第二类工具变量：历史性的工具变量。

杜兰顿和特纳（2012）是较早采用历史线路作为工具变量的方法。他们在用回归预测大都会区（MSA）层面的经济效应时利用历史交通网络图——包括大约1898年的美国铁路网络以及1535～1850年的美国探险远征路线作为20世纪末美国州际公路网准随机变异的来源。

杜兰顿和特纳（2011，2012）在分析都市汽车旅行总里程数、大城市就业变化以及城市间贸易流动与州际公路网络关系时，使用了多种不同来源的工具变量，包括两条历史公路和1947年的公路计划作为工具变量。当工具变量多于内生变量时，模型设定可用全部工具变量或工具变量的子集来估计，并且过度识别检验可以被用来作为识别工具变量的有效性。

除美国外，还有学者采用其他国家或地区的历史交通网络作为现代交通网络的工具变量。薄姆－斯诺（2015a）将1962年的中国公路和铁路网络作为2000年后公路和铁路网变化的来源。徐和张（Hsu & Zhang，2014）采用了日本1890年的历史铁路网络计划以及曾经计划中的国家高速公路扩张作为日本高速公路区位变化的外生来源。加西亚－洛佩兹等（Garcia－Lopez′et al.，2015）使用罗马的道路和1760年邮政路线作为西班牙高速公路发展的工具变量。

当然，还有部分学者选择其他工具变量。弗赖伊（Frye，2014）在分析美国郡县的公路建设对产业增长和产业集中度的影响时，指出州际公路建设方案可能存在内生性，并认为其内生性产生于以下两个方面：一方面，是州际公路的非随机配置，即关于州际公路建设的选址问题；另一方面，是州际公路建设资金安排及进度计划（各路段建设顺序）。为此，弗赖伊采用两类工具变量进行估计：一个是两幅政府审议过的地图，另一个是采取计算程序预测各公路路段的建设时间，该计算程序是根据网络连接重要程度来预测各路段先后建设计划。

（3）自然实验。

马耶尔和特勒维安（Mayer & Trevien，2013）评估了1975～1990年巴黎地区快铁（Regional Express Rail）对市级层面的企业就业、企业数量以及都市人口的影响。他们利用由于预算和技术因素与初始投资计划发生偏离这一识别策略，通过倍差法的自然实验发现巴黎地区设立快铁站会显著促进市级层面的就业增长，但对人口增长没有影响。

龙小宁等（2014）在分析中国高速公路建设影响微观企业生产率关系时，也注意到可能存在的内生性问题：①企业所在县的生产率正向冲击一方面提高了企业生产率，同时又使该县更有可能有高速公路通过，如该县获得上级政府的优惠政策或出台了吸引外资政策，这既有利于企业生产经营，又可能促使上级追加投资建设高速公路。②逆向因果。尽管国家级高速公路由国家统一规划，但仍有可能对经济发达地区有所侧重，省级公路更可能会优先考虑本省的经济重心。为此，他们使用了1587年明朝驿站作为当代高速公路的工具变量。由于明朝驿站与当代高速公路有一定相关性，都是连接大城市、首都和重要港口城市，并且驿站经过的地区一般都是地形较为平坦的地区；其次，明朝驿站在当时主要是出于政治和军事服务的目的。

周浩等（2012，2013）将国家在1997~2007年实施的六次全国大范围铁路提速这一事实，视为改善交通基础设施质量的一次自然实验。文章选择京广线和京沪线作为铁路提速的典型代表，考察改善交通基础设施对城市可达性以及区域经济增长的重要影响。同样地，王洋等（2014）选取青藏铁路建设作为改善交通基础设施的一次自然实验，分析建设青藏铁路对促进沿线地区经济与各产业增长的重要意义。由于青藏铁路的建设并不是当地经济发展的驱动，因此能较好地避免反向因果关系。

近几年国内外学者关于交通基础设施的工具变量如表2-2所示。

表2-2　　近几年国内外学者关于交通基础设施的工具变量

作者/发表年份/发表杂志	文献名	所用工具变量
Duflo E. & Pande R.（2007），*The Quarterly Journal of Economics*《经济学季刊》	Dams	河流的平均坡度
Michaels，G.，Rauch，F.，Redding，S. J.（2012），*The Quarterly Journal of Economics*《经济学季刊》	Urbanization and structural transformation	US highway network，the "Pershing plan"

续表

作者/发表年份/发表杂志	文献名	所用工具变量
Duranton & Turner (2012), *Review of Economic Studies*《经济研究评论》	Urban growth and transportation	1947 年的国家州际高速公路计划 (National Interstate Highway Plans)
Michaels, G. (2008), *Review of Economics and Statistics*《经济与统计评论》	The effect of trade on the demand for skill evidence from the Interstate Highway System	1947 年的国家州际高速公路计划 (National Interstate Highway Plans)
Baum - Snow, N. (2007), *The Quarterly Journal of Economics*《经济学季刊》	Did highways cause suburbanization?	1947 年的国家州际高速公路计划 (National Interstate Highway Plans)
Faber, B. (2014), *Review of Economic Studies*《经济研究评论》	Trade integration, market size, and industrialization: Evidence from China's National Trunk Highway System	1947 年的国家州际高速公路计划 (National Interstate Highway Plans)
Hsu, W. - T. & Zhang, H. (2014), *Journal of Urban Economics*《城市经济学杂志》	The fundamental law of highway congestion revisited: Evidence from national expressways in Japan	日本 1890 年的历史铁路网络计划
Garcia - López, M. - A., Holl, A., & Viladecans - Marsal, E. (2015), *Journal of Urban Economics*《城市经济学杂志》	Suburbanization and highways in Spain when the Romans and the Bourbons still shape its cities.	罗马道路和 1760 年邮政路线
Baum - Snow, N, Brandt, L., Henderson, J. V., Turner, M. A., and Zhang Qinghua. (2015), *Working Paper*《工作论文》	Roads, Railroads and Decentralization of Chinese Cities	1962 年的中国公路和铁路网络
Baum - Snow, N., Brandt, L. (2015), *Working Paper*《工作论文》	Transport Infrastructure, Urban Growth and Market Access in China	1962 年的中国公路和铁路网络
刘冲、周黎安 (2014),《经济科学》	高速公路建设与区域经济发展：来自中国县级水平的证据	每个县的地形平均坡度
龙小宁、高翔 (2014),《华中师范大学学报》	交通基础设施与制造业企业生产率——来自县级高速公路和中国工业企业数据库的证据	1587 年明朝驿站

资料来源：笔者搜集整理。

正如前文所述，要评估交通基础设施对经济活动空间组织的因果影响，研究者必须克服的一大关键问题就是交通基础设施的区位选择可能并不是随机的，而是基于许多不可观测的影响经济活动的其他区位特征。概括起来，最近的实证文献采用了以上几种主要的处理方法尽管仍然会受到批评，有诸多可改善之处，但是要做到如同实验室的环境一样完美几乎不大可能（Redding & Turner，2014）。

2.5 文献评述

基于以上研究，我们可以看出，探究中国产业集聚或产业空间分布状况、趋势及成因目前已成为经济学界的一大热点。纵观现有研究成果，本书提出以下值得共同探讨的问题。

（1）从20世纪初开始，国内学者对产业集聚研究进行过大量有价值的探索。他们遵循经典的新经济地理学分析框架，探析我国产业集聚现状及形成机制，并结合我国国情及改革实践，提出许多有价值的洞见。他们的工作是开拓性的，为进一步深化国内产业集聚研究留下重要线索。然后，在西方较为成熟的市场经济中诞生的新经济地理学理论是否完全适用于中国情境，这是一个值得深入探讨的问题。目前，中国仍然处于社会经济体制转型过程中，经济资源的自由流动与有效配置，受到来自制度层面的种种约束与限制。因此，我们应当审慎运用新经济地理学的理论分析框架，尤其要结合中国的制度背景与体制特征、经济社会发展战略以及工业化与城市化的阶段性特征。

（2）目前，关于中国的产业集聚经验研究比较多，成果颇为丰硕。但许多研究结论往往是在较高空间尺度以及较粗略的行业分类基础上得出的。随着微观企业数据资料的可获性增强，未来此方面的研究除测度方法会呈现多样化外，研究层次将会深入到微观层面，探究企业生产率、企业规模等企业异质性因素与产业空间分布的理论关联与经验分析。国内最新研究已经细化到企业层面，地理空间尺度及行业划分也分别细化至县级区域和三四位数行业代码。国外关于经济活动分布的研究逐步与地理学以及城市规划等学科相互融合，涉及诸如企业区位选址、城市内部交通与产业布局等问题，相比之下，国内的研究还相对缓慢。

（3）需要注意，研究中应注意区别研究层次或空间尺度所相应的不同理论框架，因为理论框架（如新贸易理论或者新经济地理学）在不同空间尺度下解释产业集聚形成因素时存在巨大差异（Davis & Weinstein，2004；何玉梅等，2012）。戴维斯和温斯坦（Davis & Weinstein，2004）对比日本国内产业空间结构与 DECD 国家的产业空间结构，研究发现一国之内的地区产业分工主要源于外部集聚性因素，但在国际区际分工中，比较优势起主导作用。对于这种差异，可能的解释是一国内贸易成本要远远低于国际贸易成本，而且一国内的要素流动性显然要强于国家与国家间的流动性，国内地区间相对畅通的要素流动可在一定程度上减弱先天比较优势的影响，同时以市场规模、集聚经济等新经济地理学因素的影响可能更甚。

（4）运输成本在工业区位理论、国际贸易理论以及新经济地理学中发挥着重要的不可替代的作用。特别在新经济地理理论框架中，运输成本的高低已经成为影响产业空间分布的关键性变量。尽管伴随交通运输工具革新、新通信技术以及交通网络的不断完善，显性运输成本已经出现大幅度的下降。但正如藤田昌久和蒂斯（Fujita & Thisse，2013）所强调的，作为异地交换所必需的活动，运输成本仍然是贸易流形成和经济活动区位选择的核心问题。不幸的是，度量运输成本这一概念是困难的，这也是困扰以往学者研究的一大重要问题，寻找到相对合理的度量工具也是我们研究者一直在不断努力的原因。

第3章 主要变量测度及统计分析

3.1 相关变量测量方法评述

3.1.1 相关概念辨析：集中、集聚与专业化

在考察产业活动的空间分布时，集中、集聚和专业化是使用最为广泛的三个概念。这三个概念既有联系又存在一定的区别。布兰克曼等（Brackman et al.，2004）对这三个概念的含义及其区别与联系进行了研究。他们指出，集中和集聚两者指的都是经济活动的某个部分，如制造业作为一个整体在空间上是如何分布的。尽管集中和集聚都与经济活动的区位相关，但它们关注的焦点却不完全相同。集中是考察一个国家（或地区）相对于其他国家（或地区）而言的相对集聚水平，而集聚考察一个国家（或地区）内部的绝对的产业集中程度，因此两者含义并非完全一致。从理论上讲，专业化是指某一地区专门生产某一产业或产品。当然，这是一种比较理想的情况。在实证分析中，专业化主要考察的是一个地区在特定行业中所占的份额与其他地区相比是否相对大一些的问题。在一些情况下，产业集中和专业化是重合的，但是如果多数产业集中于某一地区，则该地区的产业集中度很高，但专业化水平却未必较高。此时，集中和专业化出现了不重叠的情况。从某种程度上讲，

集中是考察产业的空间分布，而专业化则是考察各地区产业部门的构成，两者既有区别又有联系。在实证分析中，由于受到统计数据的限制，学术界一般更多的探讨地理集中和专业化问题。而事实上，如果能把集中、集聚和专业化分析结合起来使用会得到更加稳健的研究结论。如单纯的专业化分析并没有反应专业化部门的重要性，不同特征的部门的专业化所带来的影响可能是迥异的。某些地区尽管有些部门的专业指数较高，但这些产业在全国并非很重要，其在全国所占的比重可能微不足道。因此，在对产业活动的空间分布研究中，最好将地理集中与地区专业化结合起来同时分析。

3.1.2 产业集聚测度方法

产业集聚程度的测度方法一般划分为三代：第一代主要包括 Hoover 地方化系数、空间基尼系数、区位熵等传统的测度方法；第二代为 EG 指数及其改进后的其他指数，如 MS 指数；第三代主要包括 DO 指数和 M 指数。以下具体阐述这些度量方法。

3.1.2.1 第一代：产业地理集中度

第一代方法主要是 20 世纪末之前普遍采用的一些测度方法，包括集中率、赫芬达尔系数、空间基尼系数等。事实上，这一代方法还不能称为真正意义上的产业集聚测度方法，只能说是一种产业集中的测度方法。而产业地理分布不均衡并不意味着产业区域集聚的存在，而上述指标仅仅只能测度产业地理分布的不均衡即产业在空间上的地理集中。

（1）集中率。

产业集中度反映的是某一产业中规模最大的几个企业的相关指标（如总产值、工业增加值、就业人数等）占整个产业的份额。其计算公式如下：

$$CR_n = \sum_{i=1}^{n} X_i / \sum_{i=1}^{N} X_i \qquad (3-1)$$

其中，CR_n 为 X 产业中规模最大的前 n 个企业的相关指标的占比，X 为产业中规模最大的第 i 个企业的相关指标，N 为 X 产业中企业的总数。在实践应用中，产业集中度常常被延展以反映产业区域分布的不均衡程度。CR_n 值越高，集中程度就越大。该方法的优点是计算便捷，含义也很直观，并且把产业的集中度指向具体的地区。但是，该方法仅能粗略显示规模较大的企业/地区的产业集中情况，而不能反映产业集中程度的全貌，因此常被用于产业集聚水平的辅助分析。

（2）区位熵。

区位熵是由哈戈特（P. Haggett）提出的、用于测度区域专业化水平及主导产业构成的一种方法。

其计算公式为：

$$LQ_{ij} = \frac{q_{ij}/q_j}{q_i/q} \tag{3-2}$$

其中，LQ_{ij}为地区 j 中的产业 i 在整体区域的区位熵，q_{ij}为地区 j 的产业 i 的相关指标（如工业总产值、就业人数等），q_j 为地区 j 所有产业的相应指标，q_i 为全国产业 i 的相应指标，q 为全国所有产业的相应指标。LQ_{ij}值越高，代表该地区产业集聚水平越高。区位熵方法简便易行，而且可以反映地区层面的产业集聚水平。但是，区位熵受到很多因素的影响，如产业 i 在全国的规模、地区 j 的经济发展水平等，导致其值与地区实际产业集聚水平存在偏差，例如，尽管地区 j 的产业 i 的区位熵较高，但从全国来看，产业 i 在地区 j 的比重却并不高。

（3）赫芬达尔系数。

HHI 指数（赫芬达尔系数）也是产业经济学中衡量市场结构的一个主要指标，是行业内所有企业的市场份额的平方和。HHI 也可以用来衡量产业集中程度。计算公式为：

$$HHI = \sum_{i=1}^{N} S_i^2 = \sum_{i=1}^{N} (X_i/X)^2 \tag{3-3}$$

其中，HHI 为赫芬达尔系数，X_i 为某产业中企业 i 的相关指标（产值、就业人数、销售额、资产总额等），x 为整个产业的相关指标（产值、就业人数、销售额、资产总额等），N 为产业内企业总数，S_i 为企业 i 的相关指标占整个产业相关指标的比重。一般来看，HHI 的值在 0 和 1 之间变动，HHI 值越小，产业集聚程度越小，HHI 值越大，则产业集聚程度越大。赫芬达尔指数使用了企业的相关指标和企业数目两个变量，能够较为准确地反映产业集中程度和市场垄断情况。而且，赫芬达尔指数的倒数常被用来测度产业的市场多样化程度。但是，由于赫芬达尔指数主要衡量的是绝对水平而非相对集中水平，在将其用于比较不同产业集聚程度方面效果不佳。

（4）产业空间基尼系数。

不论是集中度还是赫芬达尔系数，两个指标都只是测度产业的空间分布，没有与其他经济活动相对比，衡量的是产业地理集中的绝对水平。空间基尼系数是由经济学家克鲁格曼在洛伦茨曲线和基尼系数的基础之上提出的、用来度量产业空间分布均衡程度的一种方法。该方法应用较为广泛，公式如下：

$$G = \sum_{i}^{N} (S_i - X_i)^2 \tag{3-4}$$

其中，G 表示空间基尼系数，S_i 为地区 i 某产业的相关指标（工业产值、就业人数、销售额、资产总额等）占全国该产业的比重，X_i 为地区 i 的相应指标占全国的比重，N 为全国的地区数。G 取值在 0 和 1 之间，G 值越接近 0，表示产业分布越均衡，G 值越接近 1，表示产业集聚程度越强。由于空间基尼系数的原理来自洛伦茨曲线，空间基尼系数的测算结果可以较为直观地用图形来描述。由于空间基尼系数将地区经济规模考虑在内，因而反映的是相对集聚程度，使得不同产业之间的集聚程度具有可比性。因此，空间基尼系数在用于比较产业集聚程度方面要优于赫芬达尔系数。但是，空间基尼系数也存在一些不足，例如，空间基尼系数并未将企业规模纳入测算公式，如果某地区存在一个规模较大的企业，该地区的空间基尼系数可能较大，但实际上产业集聚程度却并不高。

总之，不论是集中度、赫芬达尔系数、基尼系数等都可以测度产业的地理集中程度，且计算方法简单，但仍存在缺陷：①上述指标缺乏考虑区域内企业规模分布对产业地理集中的影响。如某地区有一家巨型规模的企业，可能会造成该地区在该产业上有较高的指标值，但事实上可能并没有明显的集聚现象产生。霍姆斯和史蒂文斯（Holmes & Stevens，2002）更是通过研究发现，企业规模与产业地理集中这两者显著正相关。换言之，产业的组织集中很大程度上可以解释产业的地理集中。②不能有效区分产业地理集中形成的原因，如无法识别产业地理集中是源于内部经济还是外部经济。

3.1.2.2 第二代：EG[①] 指数

为使我们能够进行跨产业和时空来比较产业集聚程度，也为能够辨识产业地理集中背后隐藏的机制，埃利森和格莱泽（Ellison & Glaeser，1997）基于企业区位模型，优化了衡量产业空间分布的指标体系，构建 EG 系数，即第二代的产业集聚程度的测度方法。埃利森和格莱泽（1997）的指标体系不仅控制了区域规模对产业集聚程度的影响，也剔除了产业的市场集中度对产业集聚程度的影响，并且使得计算结果在行业间、地区间和时间上更加可比。EG 系数已被更多的经济学家开始使用（Rosenihal & Strange，2001）。

产业 i 的 EG 指数 γ_i[②] 为：

$$\gamma_i = EG_i = \frac{\sum_{r=1}^{R}(s_{ir} - s_r)^2 / 1 - \sum_{r=1}^{R} s_r^2 - \sum_{i=1}^{N} S_i^2}{1 - \sum_{i=1}^{N} S_i^2}$$

$$\gamma_i = EG_i = \frac{G_i - H_i}{1 - H_i} \tag{3-5}$$

EG 指数将企业规模、产业属性及地区属性对集聚的影响考虑在内，不仅可以在一定程度上弥补空间基尼系数和赫芬达尔系数的不足，而且为比较不同国家、产业以及时间的产业集聚程度创造了可能。但 EG 指数并非完美，仍然存在一些不足，如 EG 指数的地区划分以行政单元为主而忽视经济活动的空间相关性；此外，EG 指数对数据的要求较高。不过随着研究不断推进，企业微观数据（包括经济财务指标）可获得性不断增加，国内采用 EG 指数进行产业集聚相关研究的文献不断涌现。

3.1.2.3 第三代：基于距离的测量

前两代指标主要以行政区划来界定地域范围，只能衡量人为划定的地理空间上的集聚问题，容易割裂客观集聚现象与集聚原因的内在联系，产

---

①② 关于 EG 指数更具体的介绍详见文献 Ellision，G. and Glaeser et al. "Geographic Concentration in U. S. Manufacturong Industries：A Darboard Approach". Journal of Political Economy，1997，Vol. 105，No. 5.

生“可更改地理单元问题（MAUP）”（Cressie，1993）。另外，上述指标没有考虑企业间相对位置对集聚程度的影响，还可能丢失某些宝贵的空间经济信息。针对上述缺陷，人们提出了更为严格的集聚指数测算方法——基于距离的计算指标，我们将其划为第三类集聚指标。杜兰顿和奥弗曼（2005）提出的 DO 指数及马考尔和普埃奇（Marcon & Puech，2010）提出的 M 函数就是这样的指标。这类指标没有“可更改地理单元问题（MAUP）”的困扰，将离散空间转化为连续的距离，使产业集聚的测度更加精确化。

杜兰顿和奥弗曼（2005）提出，度量产业集聚的系数应该满足：一是产业间可比；二是能够控制整体经济的集聚程度；三是地理空间的差异与产业分类的差异不会影响系数的估计值；四是能够控制产业的集中程度；五是能够进行估计结果的显著性检验。基于此，他们提出了一种测度方法。这一方法具体做法是：

（1）选择观察对象。确定相对阈值，然后按照企业的就业人数规模对企业进行排序，确保 90% 的就业人数在被考察的范围内。

（2）估计 Kernel 密度。i 产业中有 n 个企业，计算每两个企业的欧几里得距离，共有$\frac{n(n-1)}{2}$个距离，在任意一点 d，双边距离密度估计是：

$$\widehat{K}(d) = \frac{1}{n(n-1)h}\sum_{i=1}^{n-1}\sum_{j=i+1}^{n} f\left(\frac{d-d_{i,j}}{h}\right) \tag{3-6}$$

其中，$d_{i,j}$表示企业 i 和 j 的欧几里得距离；h 是窗宽；f 是 Kernel 密度函数。

（3）构造虚拟 i 产业和企业，从所有地区中随机选择区位，构造虚拟企业，再计算双边距离集。

（4）构造产业内集中和分散系数。

与 EG 指数相比，该方法能够评价偏离随机性的统计显著性，避免了与规模和边界有关的问题。此外，基于距离的产业集聚的测量方法可衡量一个工业企业的集聚范围有多大，可以更真实地反映产业集聚程度。杜兰顿和奥弗曼（2005）利用英国四位数产业数据，计算发现产业集聚通常在 0 ~ 50 公里范围内。但是该类测量方法对于数据和测算工具的要求更高，可操作性较差。首先，必须能够获取企业精确的地理位置，并能在地图上标注，此类数据很显然难以获取。其次，该指标计算繁重，因为需要计算每一个企业在不同半径的其他所有企业数目等，尤其在企业数量比较多的情况下。

3.1.2.4 度量指标评述

产业空间分布涉及两个紧密相关的维度，一个是产业地理集中度，主要描述产业整体在地区层面的分布情况，回答的是“产业更集中在哪个地区”的问题，在度量指标方面，除了 HHI 指数、Hoover 系数外，采用较多的指标是产业空间基尼系数（GINI 系数）、EG 指数和熵指数等；另一个层面是关于行业层面，主要探讨某一行业在全国地理范围内的不均衡分布情况，集中回答“哪些行业更加集聚”的问题，分析产业集聚程度及其演变趋势。如果再要回答“什么产业在哪个地区更加集中”的问题，那就是地区专业化，即描述某行业在某地区的相对集中程度。

大多数关于中国产业空间分布研究的文献一般都是借鉴已有的测度方法，或者作出微小的修改和改进。由于产业集聚的测度问题比较复杂，虽然国内外学者所用产业集聚的测度方法比较多，但目前尚没有一个公认的科学方法，而且各类测度方法都有其自身优劣势，在很大程度上还受制于研究者的研究重点以及所获得的数据。

需要特别强调的是，本书实证部分将主要采用区位熵这一指标，但是区位熵也可以根据研究问题与对象的不同构建两类指标：第一种是整个制造业层面，考察不同地级市整体制造业的相对集中程度，数据来源主要为《中国城市统计年鉴》；第二种是度量地区专业化（location quotients），主要根据各地级市内二位数制造业的数据计算而得，计算该指标需要用到细分的制造业行业数据，本书采用的数据集为《中国工业企业数据库（1999 ~ 2008）》。该指标能够测度某地区的生产结构与全国平均水平相比的差异，借此评价一个地区的专业化水平。

地区专业化指数和区位基尼系数的性质类似，只不过前者更强调地区角度，后者从行业角度入手，用以理解行业在不同地区的分布均衡程度。某地区某产业在全国市场占有率较小，但可能该产业在该地区制造业中所占的份额很大，或者说该地区制造业在全国制造业中所占份额较小，因此该产业在这个地区还是有比较优势的，这种比较优势成为“地方化优势”；反之，如果某地区制造业在全国制造业所占份额较大，但某产业在该地区制造业中所占份额很小，那么即使该地区该产业在全国同行业的份额较大，也未必是该地区的地方化产业。如广东金属家具制造业的市场占有率为 29.74%，金属家具在广东制造业中仅占 0.27%，广东制造业在全国制造业中所占份额为 15.17%；浙江制茶业的市场占有率为 25.34%，但制茶业在浙江制造业中所占份额仅为 0.24%，浙江制造业在全国制造业的比重为 9.89%[①]。因此，尽管广东金属家具制造业和浙江制茶业的市场占有率都较高，但在当地却不具有地方化比较优势。

3.2 运输成本测量

3.2.1 新经济地理学的运输成本与交通基础设施

从本质上讲，交通运输与贸易密切相关。由贸易而产生的货物运输也成为任何社会不可或缺的基本要素。人们参与贸易的原因在于他们想要一些不在身边生产的商品，中国陆上丝绸之路已经表明，高价值货物的长距离运输正是由于这个原因。从动态视角看，由于运输技术的不断革新，包括运输工具、运输装备及通信技术的创新应用，以及交通运输网络的不断完善，运输成本下降幅度非常可观，下降幅度达到 50 倍（Bairoch，1997）。这就不难理解，为什么有学者开始质疑，在经济模型中是否仍然需要重视运输成本。但实际上，我们从理论和实践中都不应否认运输成本仍发挥着不可忽视的作用。

为了使空间这一因素发生作用，运输成本必须为正，但不能因此认为运输成本降低对企业区位选择的影响就变小。恰恰相反，新经济地理学和城市经济学表明，运输成本降低使得企业对区位的细微差异都变得更敏感。而不同区位的细微差异就会对经济活动的空间分布产生显著的影响，如果假设运

① 摘选自梁琦《产业集聚论》，商务印书馆 2006 年版。

输成本为零，那就无法理解真实完整的经济活动。有学者提出，运输成本的概念应该能反映所有与贸易和物流相关的障碍，因此应该赋予更广泛的含义，史普博（Spulber，2007）将运输成本定义为4个T：①运输成本本身（transport costs）。商品运抵消费目的地，这其中就必然会发生成本。许多服务不可贸易，但这种交流也需要面对面的接洽。②时间成本（time costs）。尽管现代互联网及视频技术的应用一定程度上降低了交流成本，但分散在各地的商人以及制造商之间仍会存在沟通障碍，以至于比市场变化慢半拍，物流时间仍十分宝贵。③由于距离而产生的商业活动的交易成本（transaction costs）。例如，由于不同地区的商业行为、消费偏好、风俗习惯，以及政治和法律的差异，带来彼此经济往来交易费用的增加。④关税和非关税成本（tariff and non-tariff costs）。如不同的环境管制标准、产品质量标准、卫生安全标准、反倾销行为，以及限制贸易和外国投资的法律法规等。批发商与零售商带来的流通成本也应考虑在运输成本之中。对于不同行业不同商品而言，4个T的相对重要性也不同，因此要弄清楚运输成本中这四个T的变化。但是，即使我们已经知道决定各种运输成本的不同组成演变的重要性，我们仍经常满足于将运输费用和运输部门视为“黑箱”（Fujita & Thisse，2013）①。另外，需要注意的是，衡量地区间运输成本时还需要考虑地方保护主义的影响，这在中国尤为明显，中国各地人为设定地方保护以及贸易壁垒极大地增加了运输成本。

但比较遗憾，由于运输成本包含的内涵过于丰富且复杂，要准确度量理论模型中泛化意义上的运输成本这一指标几乎不可能，因为一些无形或隐性的运输成本无法量化。在经验分析中，更多的还是采取有形的或显性的交通基础设施数据，或者物流运输的成本数据测度地区运输成本。

---

① 在国际贸易中，双边贸易关系研究中一般采用国家间的距离度量贸易成本，克罗塞特和考伊尼格（Crozet & Koenig，2010）采用地理距离和关税两种指标测量国际贸易成本；德扎考夫等（Djankov et al.，2010）和佩尔森（Persson，2010）衡量国内贸易成本时，采用各国完成每件标准货物出口需要的天数；劳莱斯（Lawless，2010）还采用进口流程中需要填写的文件数量、网络和电话等通讯工具的使用情况以及是否采用英语作为通用语言等来刻画贸易成本。

3.2.2 运输成本的度量

（1）基于传统经济增长理论的测量。

在新经济地理兴起之前，主流经济学界基本没有专门强调交通基础设施的角色，它只是作为影响经济增长的一个因素而已，发展经济学以及内生经济增长理论都将交通基础设施归结为物质资本的一部分，并没有专门对交通基础设施进行专门论述。因此，交通基础设施作为资本形式和投资形成的交通基础设施存量作为考察对象的较多。自阿绍尔（Aschauer，1989）开创性采用货币资本形式度量交通基础设施后，后续很多文献都采用过类似的方法（刘生龙等，2010a，2010b；金戈，2012）。另一种是以实物形态度量交通基础设施存量，这类研究从20世纪90年代末期逐渐增多（Fernald，1999；王任飞等，2007；张学良，2012）。在交通基础设施投资价格指数难以准确衡量的条件下，实物分布状态能够更有效地体现交通基础设施供给状态。如张学良（2012）在考察地区交通基础设施对区域经济增长的影响时，综合运用了两类变量作为交通基础设施的代理变量，其中一个是交通基础设施资本存量，另一个是公路里程数。为了使不同空间分析单元具有可比性，很多学者逐步采用交通密度这一指标。李涵等（2015）在研究我国省级层面的公路基础设施建设对微观企业库存的空间溢出效应时，采用交通基础设施密度（交通线路里程/省份面积）来表示度量交通基础设施存量。蒋冠宏和蒋殿春（2012）在分析基础设施对产业增长的影响时，对交通基础设施的度量采用铁路密度和公路密度这两个指标。刘秉镰等（2010）、张志等（2012）及刘生龙等（2013）也采用了铁路密度和公路密度这些指标。叶昌友等（2013）还将公路密度细分为高速公路、一级公路、二级公路、三级公路、四级公路这5组公路密度。刘冲等（2014）分别使用3种指标衡量每个县的高速公路建设情况：①该县是否有高速公路通过；②该县内高速公路通过里程数，如果没有高速通过，则为零；③该县的高速公路网密度。

（2）基于新经济地理学的测量。

严格来说，以上关于交通基础设施的度量还是在传统经济增长理论的框架下展开的，没有将交通基础设施上升至运输成本这一具有理论概念的层面。

新经济地理学兴起后，关于交通基础设施与产业空间分布之间关系的研究才逐渐多了起来。改善交通基础设施水平在本质上改变了商品生产地与消费目的地之间的地理距离或经济距离，同时，连接供给地与消费地的交通方式可以不同，运输成本随之不同。因此，在国内外关于交通基础设施在产业区位选择中的作用的研究中，大多数是从运输成本的视角展开的，理论模型中的运输成本概念一般都借助物化的可观测的交通基础设施或物流运输费用来度量。大量学者沿袭了以往研究的测量方法，依旧采用地区交通密度或交通长度（刘秉镰等，2010；刘荷等，2014）。黄玖立等（2012）用每个地区中心城市到距离最近的沿海城市的距离度量地区出口的境内运输成本。在双边距离的计算中，考虑到地形、地貌的影响以及汽车、火车等主要交通运输工具，他们利用虚拟地球仪软件（Google Earth）测量得到公路驾驶距离。部分研究还考虑过从行业层面分析运输成本对制造业集聚的影响，但由于我国并没有对细分行业的运输成本进行过相应的调查，因此就无法获得行业层面的运输成本数据。何玉梅等（2012）借鉴了罗森塔尔和斯特兰奇（2001）的方法，用行业存货占工业总产值的比例度量运输成本，选择这一指标是由于存货数量与输成本之间具有较高的相关性，如说一些易腐蚀性的产品更有可能集聚在靠近原材料和产品市场的地方。

（3）交通可达性与运输成本。

从理论上说，企业面临的利润机会取决于不同区位到达产出和供应市场的机会，改善交通基础设施、降低运输成本可改变到达产品市场和投入供应市场的可达性。国外研究中，学者开始将运输成本开始基于交通可达性进行测量（Holl，2004a，2004b）。交通可达性刻画的是交通网络中各个节点城市经济相互作用的机会大小，因此人口规模、经济规模等因素也会直接影响交通可达性。

实际上，真正提出并广泛应用交通可达性指标的是交通经济学和地理学界。在哈里斯（Harris，1954）提出交通可达性后，他们在此基础上不断丰富拓展，并构造多种类型的可达性指标，考察其对企业区位选择和产业分布的影响。由于计算交通可达性需要用到交通路线地图，如铁路或高速公路的交通网络线路；同时，也需要企业的地理位置信息，因此在具体计算和应用中需要更多的地理信息技术，而这又是经济学领域不太擅长的。

霍尔（2004a）采用 GIS 软件，测量并定量分析接近市场可达性，她划分了三类可达性：①需求可达性，包括区域内需求可达性和区域间需求可达性；②供给可达性；③高速公路邻近性（motorway access）。与此相类似，周浩、余壮雄和杨铮（2015）结合地理因素和经济因素构建中国城市一级的可达性指标，借鉴了霍尔（2004a）的分析思路，区分了需求可达性和供给可达性。刘涛、曹广忠（2015）在分析北京市村级外来人口在都市区内部的居住决策和空间分布状况时，对于村庄的交通条件从两个角度进行衡量：一是村庄在市域道路网络中的位置，包括到最近国道的距离、是否有市道和县乡道经过；二是公共交通的可达性，包括是否有地铁站和公交车站两个虚拟变量。陈松林等（2012）在分析福建省交通状况对制造业空间分布的影响时，采用加权平均旅行时间度量交通可达性，并分析公路、铁路、港口、航空等交通方式及区域综合交通网络的可达性空间格局。张华等（2007）在研究外资企业区位选址问题时，选择北京市邮政编码区为空间分析单元，通过计算达到不同交通基础设施或重要节点（如火车站、机场、高速公路、城市商业中心等）的距离来度量一个邮政编码区的通达性。不过国内学者在计算地区间的空间距离时，大多采用传统的球面距离替代两点间的实际距离，这会引起测量偏误，没有考虑到两点之间的实际交通状况。本书构建的交通可达性可以避免这一问题。

（4）对各类交通运输成本度量方式的评述。

如何科学合理地使用测量指标一方面取决于研究问题的理论需要，或者说该由理论模型延伸出来的指标设计；另一方面还取决于指标计算所需数据的可获得性，因此关于运输成本这一概念的指标测量方法也在不断演变。在 20 世纪 80 年代末至 21 世纪初，交通基础设施常常被作为公共基础设施投资的一部分，采用物质资本存量或增量形式进行量化。此时研究目的并不是测量运输成本。此后，新经济地理学开始兴起，大量学者转向采用地区交通基础设施状况度量地区交通运输成本，具体通过交通路网长度（如公路总里程数、铁路总里程数）或路网密度（如公路里程数/平方公里，公路里程数/万人）进行测量。

在研究运输成本与产业空间分布关系这一问题上，采用交通里程数或交通路网密度并不能直接准确地度量运输成本。运输成本内涵丰富，既包括显性的运输成本，也涵盖隐性无形的运输成本，地区交通长度或密度仅反映该地区交通基础设施的相对发展水平，并不能较好地反映该地区的交通运输成本：其一，路网长度和密度仅仅从总量上度量交通发展状况，并没有考虑路网空间分布的真实情况，忽略实际交通网络节点及线路分布而要精确刻画交通运输成本并不容易；其二，路网密度忽略了不同道路等级的差异性以及大量“断头路”的情况，即使简单采用路网密度也可能无法准确地度量运输成本。但囿于数据获取困难，以及缺乏相应的地理数据处理技术，目前国内外大多数研究仍较多采用这一指标度量运输成本。

本书提出的交通可达性这一指标以度量地区之间的交通连接的便捷程度，它是基于各地实际公路网络地图，一方面考虑到路网等级或路网质量的差异性，另一方面也刻画了公路之间的衔接度。因此，在交通网络状况不断优化的情况下，由交通可达性度量各地区间的旅行时间可以更准确地度量某地对外的运输成本。这一度量方法在地理学中较为普遍，但经济学领域并不多见。

3.3 我国交通基础设施发展状况

该部分概要式地陈述我国交通基础设施发展成就及挑战。总体来说，交通基础设施发展呈现以下几个特点：①从历史跨度看，各类交通基础设施基本实现了跨越式发展，不同交通工具（如铁路、各等级公路、民航等）的相对市场份额经历着一定程度的变化；②与发达国家相比，中国物流运输成本仍然相对较高，对于国内商品或劳动力流动而言，运输成本仍然是重要的。

3.3.1 交通运输状况

（1）各类交通基础设施发展迅速，但增长速度存在差异。

各国政府历来把包括交通在内的公共基础设施投资作为能够促进经济增长的重要政策工具来使用，大规模投资包括交通在内的公共基础设施对于恢复和刺激经济增长似乎是一剂百试不爽的良方。在1997年亚洲金融危机以及2008年世界金融危机时，中国都对交通等基础设施项目进行巨量投资，以刺激经济迅速复苏。近几年，包括中国以及其他经济体在内的基础设施建设浪潮也是一浪盖过一浪①。

我国自改革开放以来，交通基础设施建设同样实现了历史性跨越。1979～2009 年，我国交通运输业累计完成投资 11 万亿元，年均增长 20.87%，交通运输业投资占国内生产总值的比重，由 1953 年的不足 1.3% 上升到 2009 年的 6.6% 左右。分区域来看，2009 年东、中、西部交通基础设施投资分别比 1993 年增长了 17.79 倍、26.09 倍和 35.19 倍。尤其从 20 世纪末开始，中国逐渐加快建设并升级各类交通基础设施，从 1990 年开始，交通基础设施投资每年以大约 15% 的增长速度加快推进。1999 年全国公路总里程数仅为 1351691 公里，到 2013 年达 4356218 公里，在 14 年的时间，公路里程数增长了 2.2 倍。至 2012 年底，全国高速公路总通车里程已达 95600 公里，超过美国成为世界上规模最大的高速公路系统（见图 3－1、表 3－1、图 3－2、图 3－3）。

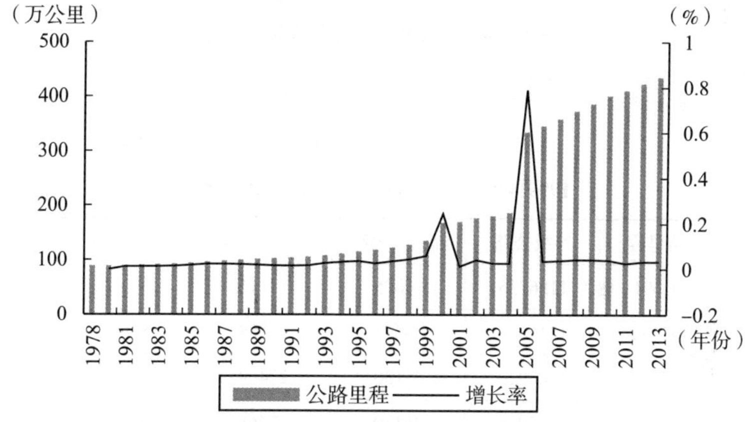

a.1978~2013年全国公路里程数及增长率情况

① 2015 年 12 月 25 日，亚洲基础设施投资银行（Asian Infrastructure Investment Bank，简称亚投行，AIIB）正式成立，作为一个政府间性质的亚洲区域多边开发机构，亚投行的宗旨在于促进亚洲区域的建设互联互通化和经济一体化的进程，并且加强中国及其他亚洲国家和地区的合作。亚投行初期投资的重点领域主要包括五大方向，即能源、交通、农村发展、城市发展和物流。2015 年 9 月，欧盟正式启动被赋予振兴欧盟经济使命的“容克投资计划”，在 2015～2017 年筹集约 3150 亿欧元投资，主要投向交通、能源等领域，以重振欧洲经济。2015 年 12 月，美国总统奥巴马签署了为期 5 年的名为《修复美国地面运输法案》（*Fixing America's Surface Transportation Act*，简称 FAST 法案）的基建法案，将为未来 5 年美国公路、桥梁、轨道交通等基础设施建设提供超过 3000 亿美元资金。这是一项美国 17 年来跨度最长的交通法案，将为美国 2016～2020 财年的交通基础设施建设提供 3050 亿美元融资，其中约 2050 亿美元将用于高速公路建设，约 480 亿美元投资于轨道交通项目。

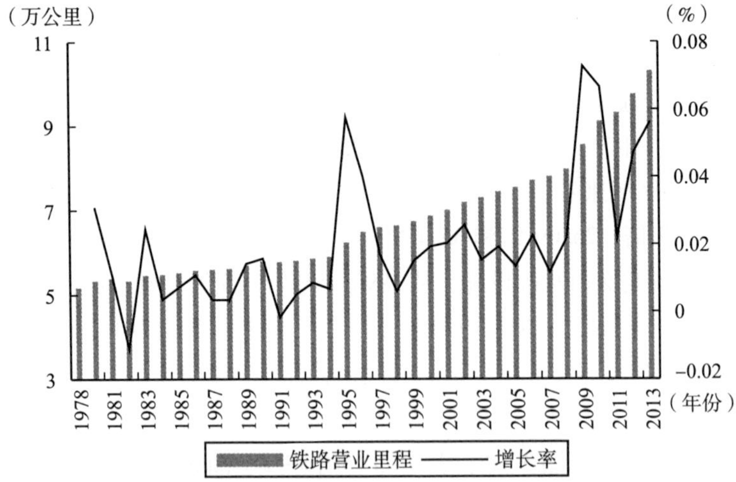

b.1978~2013年全国铁路营业里程数及增长率

图 3－1　全国公路与铁路里程数及增长率

注：2005 年起公路里程包括村道，下表同。

资料来源：笔者根据《中国统计年鉴（2014）》相关数据绘制。

表 3－1　1999～2013 年全国各等级公路里程数　　单位：公里

年份	公路里程	等级公路	高速公路	一级公路	二级公路	等外公路
1999	1351691	1156736	11605	17716	139957	194955
2000	1402698	1216013	16314	20088	152672	186685
2001	1765222	1382926	25130	27468	197143	382296
2002	1765222	1382926	25130	27468	197143	382296
2003	1809828	1438738	29745	29903	211929	371090
2004	1870661	1515826	34288	33522	231715	354835
2005	1930543	1591791	41005	38381	246442	338752
2006	3456999	2282872	45339	45289	262678	1174128
2007	3583715	2535383	53913	50093	276413	1048332
2008	3730164	2778521	60302	54216	285226	951642
2009	3860823	3056265	65055	59462	300686	804558
2010	4008229	3304709	74113	64430	308743	703520
2011	4106387	3453590	84946	68119	320536	652796

续表

年份	公路里程	等级公路	高速公路	一级公路	二级公路	等外公路
2012	4237508	3609600	96200	74271	331455	627908
2013	4356218	3755567	104438	79491	340466	600652

注：我国公路等级有不同划分角度，(1) 功能型等级主要是按交通量划分的，根据公路的使用任务、功能和流量进行划分，中国大陆将公路划分为高速公路、一级公路、二级公路、三级公路、四级公路，共五个等级（数字分级是传统等级体系，高速公路是新来的）。其中，高速公路和一级公路为高等级公路，二级公路居中，三四级公路为低等级。(2) 按行政级别型等级分为国道、省道、县道。(3) 按快慢用词的分级是高速公路、快速公路、普通公路三大档次。(以上资料来源于百度百科)

资料来源：《中国统计年鉴（2000～2014 年)》。

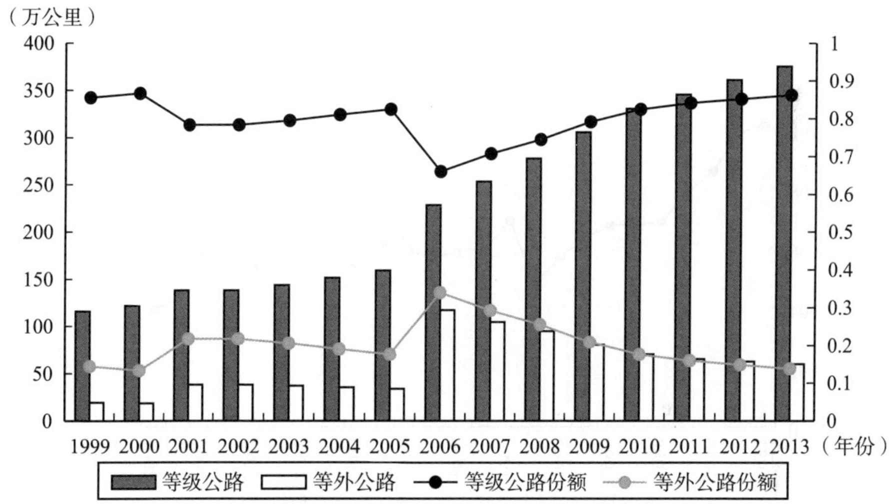

图 3－2　全国 1999～2013 年等级与等外公路里程数及份额

资料来源：根据《中国统计年鉴（2000～2014 年)》笔者自行搜集整理。

另外，公路与铁路这两种主要运输方式所承担的货运与客运份额发生结构性变化。1990～2013 年，我国铁路和公路客运量都出现了前所未有的增长速度，铁路客运量增长近 1 倍，而公路客运量增加了近 4.5 倍。铁路客运量的相对份额正在逐渐萎缩，客运量的比重从最初的 12.39% 下降到 4.98%；与之对应，公路客运量的比重从最初的 83.87% 逐渐上升到 93.51%。但需要注意的是，如果考虑客运周转量①，那么各运输方式或工具的客运变动趋势

① 客运周转量是指在一定时期内运送旅客数量与平均运距的乘积。

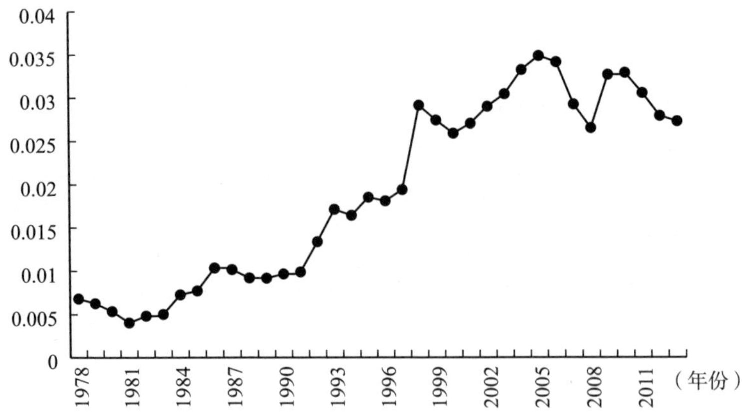

a.交通固定资产投资（不含铁路）占地区生产总值比重

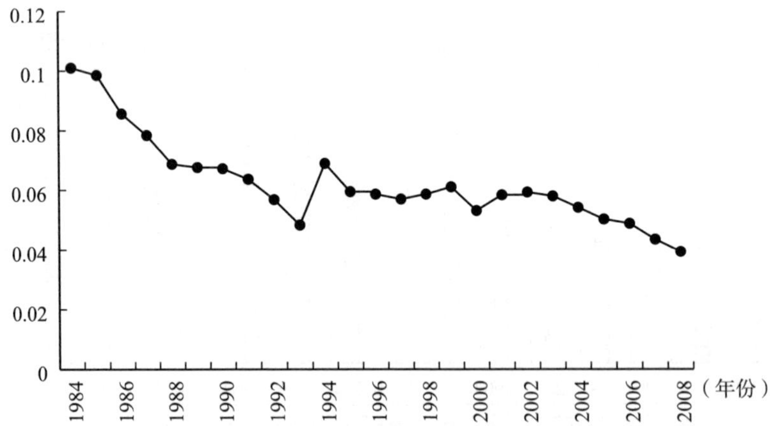

b.铁路运输固定资产投资占地区生产总值比重

图 3－3　交通运输投资所占比重

资料来源：根据《中国统计年鉴》《中国交通运输统计年鉴》整理计算。

会存在某些差异。1978 年，公路客运周转量所占份额（不到 30%）远不及铁路（约为 63%），但自此之后，公路客运周转量所占比重缓慢稳步上升，到 2012 年，比重达 55%，而铁路客运量下降至 29%。另外，民航客运周转量也在不断攀升，其所占份额逐渐增加，从 1978 年的 1.6% 跃升至 2012 年的 15.1%（见表 3－2，图 3－4）。

表 3-2　　全国 1990～2012 年铁路、公路客运量及相对份额　　单位：%

年份	铁路客运份额	公路客运份额	铁路货运份额	公路货运份额
1990	12.39	83.87	15.52	74.60
1991	11.80	84.69	15.51	74.45
1992	11.58	85.01	15.07	74.67
1993	10.58	86.36	14.59	75.30
1994	9.95	87.29	13.83	75.81
1995	8.76	88.76	13.44	76.15
1996	7.61	90.10	13.17	75.77
1997	7.04	90.84	13.47	76.40
1998	6.90	91.20	12.96	77.01
1999	7.18	91.01	12.96	76.60
2000	7.11	91.13	13.14	76.46
2001	6.85	91.44	13.78	75.35
2002	6.57	91.74	13.82	75.25
2003	6.13	92.24	14.33	74.14
2004	6.32	91.91	14.59	72.96
2005	6.26	91.90	14.46	72.06
2006	6.21	91.91	14.15	71.98
2007	6.09	92.05	13.81	72.04
2008	5.10	93.52	12.78	74.12
2009	5.12	93.35	11.80	75.32
2010	5.13	93.37	11.24	75.52
2011	5.28	93.19	10.64	76.28
2012	4.98	93.51	9.52	77.76

资料来源：根据《中国统计年鉴（2013 年）》自行搜集整理。

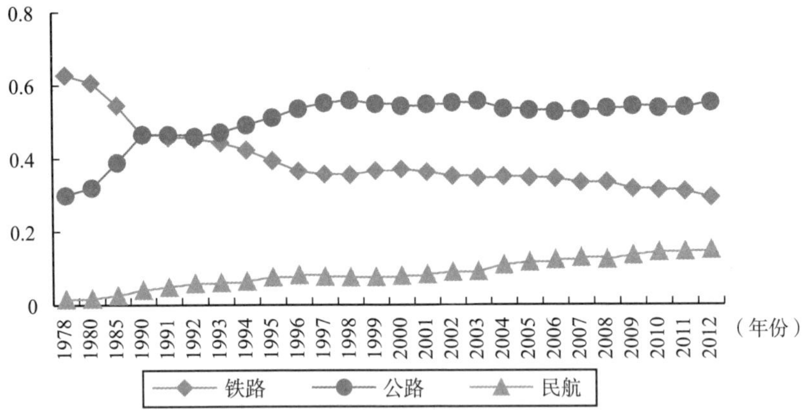

a.全国铁路、公路及民航旅客周转量相对份额

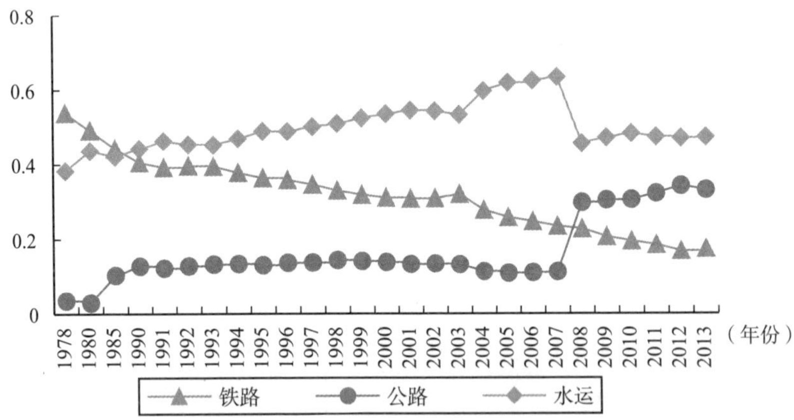

b.全国铁路、公路及水运旅客周转量相对份额

图 3－4　全国交通基础设施周转量相对份额

资料来源：根据《中国统计年鉴》自行搜集整理。

其实对于多数国家而言，公路网络基本主导了交通运输业的发展。2008 年，英国 91% 的客运量和 67% 的货运运输都由公路承担（Transport Statistics Great Britain，2010）；2009 年，欧盟相应的份额分别是 92% 和 47%（EU Transport in Figures Statistical Pocketbook，2011）；而在 2007 年，美国相应的份额分别为 88% 和 40% ～48%（US Bureau of Transportation Statistics National Transport Statistics，2012）①。

① 所有数据都为乘客数量和每吨公里。

（2）交通运输成本下降明显，但依然处于高位。

中国迅速提升的交通运输能力极大地便利了产品在跨地域间的空间运输，一定程度上降低了物流成本。根据《马士基集团在中国影响力报告（2014）》[①]的研究指出，自2007年以来，物流成本占国内生产总值比重从2007年的18.4%降至2011年的17.8%。另外，中国物流与采购联合会发布的中国公路物流运价指数[②]显示，近三年中国公路物流运输的总成本不断下降（见图3－5）。

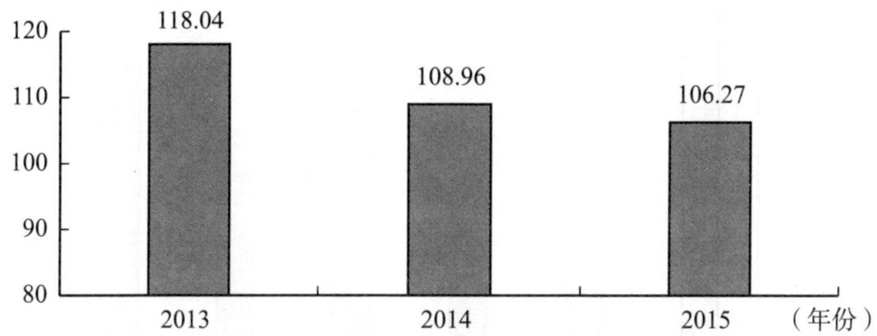

图3－5 中国公路物流运价总指数（2013～2015年）

注：以2012年12月最后一周的平均价格为基期。
资料来源：根据“中国公路物流运价指数”自行搜集整理。

与发达国家或经济体相比，中国物流成本仍相对较高（见图3－6）。2014年底，中国物流与采购联合会发布的《中国采购发展报告（2014）》显示，2013年我国社会物流总费用10.2万亿元，同比增长9.3%，占地区生产总值比重为18.0%，美国为8.5%。在其他金砖国家中，印度为13.0%，巴西为11.6%。《马士基集团在中国影响力报告（2014）》指出，在发达国家，物流成本平均占成品最终成本的10%～15%，在发展中国家，占成品成本的15%～25%甚至更高，中国制造商的物流成本可高达生产成本的30%～

① 马士基集团成立于1904年，总部位于丹麦哥本哈根，在全球135个国家设有办事机构，拥有约89000名员工，在集装箱运输、物流、码头运营、石油和天然气开采与生产，以及与航运和零售行业相关其他活动中，为客户提供了一流的服务。集团旗下的马士基航运是全球最大的集装箱承运输公司，服务网络遍及全球。2014年马士基集团位列世界500强第172名。以上资料来源于马士基集团官网：http://www.maersk.com/en。

② 中国物流与采购联合会于2015年6月正式发布中国公路物流运价指数，该指数是反映我国经济领土范围内，某个时期公路物流运输价格变动程度和变动趋势的主要指标。这一指数采集的数据目前已涵盖了全国9大物流区域、38个重点城市、74个物流节点平台、1406条公路运输线路、200万辆货运车辆。该指数以2012年12月最后一周的平均价格为基期。

40%。分析其原因，其一是交通基础设施不够完善，公路等级不高，路网密度低，跨地区连通度不够；其二是公路收费，即车辆通过收费公路时缴纳的用于支付公路还贷或维护经营时的费用。根据中国交通运输部数据，95%的高速公路、61%的一级公路、42%的二级公路都是收费公路①。

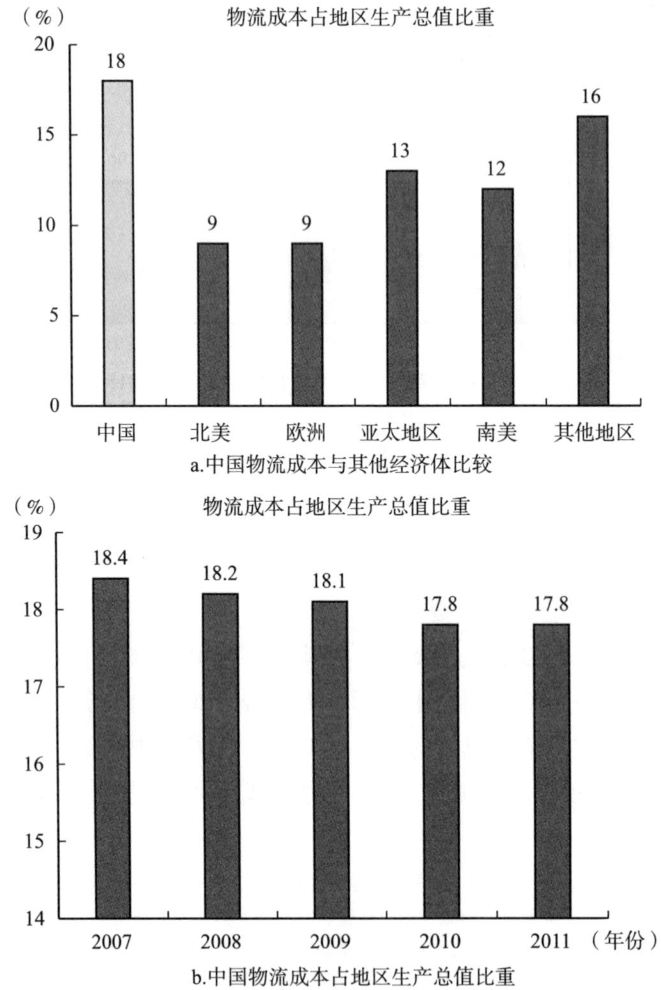

图3-6　中国物流成本与国际比较

资料来源：Armstrong Associates（2012）。

① 转自蔡慎坤《治理公路“三乱”还有什么高招》，摘自2011年《运输经理世界旬刊》。

3.3.2 中国高速公路及铁路规划发展历程

（1）高速公路。

根据国民经济和社会发展战略部署，国家在“八五”计划期间提出了公路建设的发展方针和长远目标规划。计划从 1991 年开始到 2020 年，用 30 年左右的时间，建成 12 条总长 35000 公里“五纵七横”国道主干线，该工程在 2007 年就提前完成。2004 年 12 月，交通运输部出台了新的国家高速公路网规划“7918”网，计划通过 20 ~ 30 年的建设，建成里程达 8.5 万公里国家高速公路主干网。2013 年 6 月，国家重新颁布《国家公路网规划（2013 ~ 2030 年）》，提出在保持原国家高速公路网规划总体框架基本不变的同时，补充连接新增 20 万以上城镇人口城市、地级行政中心、重要港口和重要国际运输通道，在运输繁忙的通道上布设平行路线，增设区际、省际通道和重要城际通道，适当增加有效提高路网运输效率的联络线。调整后的国家高速公路由 7 条首都放射线、11 条南北纵线、18 条东西横线以及地区环线、并行线、联络线等组成，约 11.8 万公里，成为“71118”高速公路网。

（2）铁路及高铁。

国务院 2004 年通过的《中长期路网规划》提出，到 2020 年全国铁路营运里程将达 10 万公里，建设客运专线 1.2 万公里以上；2008 年将目标调整为到 2020 年全国铁路营运里程将达 12 万公里以上，建设客运专线 1.6 万公里以上。截至 2011 年底，我国投入运营的高速铁路营业里程已达到 6552 公里。其中，新建时速 250 ~ 350 公里的高速铁路营业里程有 3676 公里；既有线路提速达到时速 200 ~ 250 公里的高速铁路营业里程有 2876 公里，居世界第一位。到 2012 年底，我国铁路营业里程达到 11 万公里，其中新建高速铁路将达到 1.3 万公里。未来将实现邻近省会城市形成 1 ~ 2 小时交通圈，省会及周边城市形成 0.5 ~ 1 小时交通圈，北京与绝大多数省会城市会形成 8 小时内交通圈。

3.4 城市交通可达性

3.4.1 交通可达性定义及测量

交通可达性反映了经济主体之间通过交通运输系统克服距离障碍进行经济交流的难易程度，时间是最基本的阻抗因素，完善的交通运输方式能够降低区域之间商品流动的成本；同时较好的发挥交通网络效应，以扩大经济活动要素交流的机会和频率。因此，交通可达性分布格局与产业经济活动以及制造业空间分布具有很显然的相关性。

汉森（Hansen，1959）最早将交通可达性定义为交通网络中各节点相互作用的机会大小。经过地理学家和经济学家的进一步拓展延伸，交通可达性加入了非空间的含义，逐渐呈现出一定的经济社会属性。交通可达性已不仅是一个地理节点能够到达其他节点的难易程度，更与地理节点的经济社会要素及其区域间的相互吸引力紧密联系。概括地说，城市交通可达性是空间经济联系及其空间结构形成的“发生器”，它反映了某一城市与其他城市之间发生空间相互作用与联系的难易程度。随着国内外对交通可达性问题研究的逐步深入，交通可达性的测度方法也愈加精确。本书借鉴孟德友、尹鹏等学者的测量方法，采用加权平均旅行时间来衡量某城市交通可达性水平：

$$A_i = \sum_{j=1}^{n} (T_{ij} \times EQ_j) / \sum_{j=1}^{n} EQ_j \quad (3-7)$$

其中，A_i 即某一城市节点到其他所有节点经过加权后最短通行时间的总和。其值越小，说明该节点交通可达性越好。T_{ij} 为节点 i 到节点 j 的最短通行时间距离；EQ_j 为节点 j 的权重，本书用城市经济质量度量，反映该节点对其他节点的吸引程度。城市交通可达性不仅与地理区位以及交通设施的动态变化有关，还与彼此的社会经济发展水平有关。为测算 T_{ij}，构造时间成本矩阵 L，矩阵 L 表述为：$T=[t_{ij}]_n \times n$，t_{ij} 获得的法则如下：当 $i=j$ 时 $t_{ij}=0$，当 i 与 j 为相邻节点时，$t_{ij} = t'_{ji}$，t'_{ji}为两城市之间的最短旅行时间。

其余的 t_{ij}用最短路径方法获得，即：

$$t_{ij} = \min\{(t_{ic} + t_{jc}),\ \text{all } c\},\ (c = 1,\ 2,\ 3,\ \cdots,\ n) \tag{3-8}$$

其中，t_{ij}表示通过各等级公路网络从节点 i 到达 j 所花费的最短时间，n 是全国地级市城市节点数目。另外，本书考虑引入“相对交通可达性系数”概念，将指标 A_i 转化为相对交通可达性系数以便于比较分析，计算公式如下：

$$R_i = \frac{A_i}{\sum A_i / n}\ (i = 1,\ 2,\ \cdots,\ n;\ n = 1,\ 2,\ \cdots,\ 283) \tag{3-9}$$

其中，R 表示相对交通可达性系数，其值越小，说明城市交通可达性越好。其值大于 1 时，说明该城市交通可达性比全国城市交通可达性平均水平低；小于 1 时，表明该城市交通可达性高于全国城市交通可达性平均水平；等于 1 时，说明该城市交通可达性和全国城市交通可达性平均水平相当。

3.4.2 分析数据及方法

考虑到研究对象及数据的可获取性，本书选取全国 283 个地级市作为系统要素。首先建立 283 个城市之间基于国家干线公路的实际里程的矩阵，然后利用 ArcGIS10.0 软件的网络分析模块，借助《全国公路交通里程图》和设定汽车通行速度计算各地市之间的实际旅行时间。各城市节点之间的现状通车里程以及道路等级，主要采用 2003 年、2007 年以及 2012 年出版的有关地图册数据。汽车通行速度的设定主要参考《中华人民共和国公路工程技术标准（JTGB01 - 2003）》《中华人民共和国铁路技术管理规程》，设定 2003 年各等级公路的时速为高速公路 100 公里/小时，国家级道路 80 公里/小时，省级道路 70 公里/小时。考虑到国家多次提高等级公路运行速度的实际，本书将 2007 年和 2012 年各等级公路的行车速度也相应提高 5 公里/小时和 10 公里/小时。

3.4.3 测量结果分析

3.4.3.1 城市交通可达性分析

（1）各省会城市的交通可达性分析。

本节选择省会城市作为分析对象，是由于省会城市一般是各省份的经济核心和省际经济联系的门户，可以视作各省经济的质心节点。从地区层次看，以 2003 年为例，中东部地区的交通可达性水平明显优于东北地区和西部地区[①]。①东部地区由于拥有较好的对外连接优势，济南（15.73 小时，3）[②]、石家庄（15.77 小时，4）和南京（16.13 小时，6）的交通可达性水平处于较高水平。北京（17 小时，8）、上海（17.4 小时，11）的交通可达性也较好。长江以南沿海城市福州（22 小时，15）、广州（23.04 小时，19）、南宁（25.94 小时，25）、海口（28.73 小时，26）的交通可达性系数却高于全国平均水平，这几个城市并不位于东海沿海中心地带。②东北地区的三个省会城市沈阳（22.39 小时，17）、长春（25.39 小时，24）及哈尔滨（28.83 小时，29）的交通可达性水平都较差，排名靠后。从地理位置看，东北地区属于外围地带，连接国内其他地区的畅通度不高。③中部地区作为连接东西部的中间桥梁和枢纽，在全国交通网络中具有先天的区位优势。郑州的通行时间全国最短，仅 14.6 小时，相当于全国平均水平的 67%，这得益于郑州在全国地理中心区位的优势。武汉（15.16 小时，2）、合肥（15.72 小时，5）、南昌（16.45 小时，7）和长沙（17.83 小时，13）的交通可达性也优于全国平均水平。④西部地区的整体交通可达性水平处于明显劣势。西部地区多高原、丘陵、山脉及干旱沙漠等地形地貌，恶劣的地理环境直接构成道路网络体系建设的天然障碍。除西安（17.77 小时，12）外，其余城市相对交通可

---

① 东部地区包括北京、天津、河北、山东、江苏、上海、浙江、福建、广东、广西和海南 11 个省区市（不包括港澳台地区）；东北地区包括辽宁、吉林和黑龙江 3 个省份；中部地区包括内蒙古、山西、河南、安徽、湖北、湖南和江西 7 个省区；西部地区包括新疆、青海、甘肃、宁夏、四川、重庆、贵州、云南和陕西 9 个省区市（不包括西藏）。

② 括号中，前者表示时间，后者表示排序，以下类似。

达性系数都超过 1，乌鲁木齐通行时间甚至高达 54.8 小时，相当于全国平均水平的 2.5 倍。

2012 年以及 2007 年与 2003 年相比，从绝对值看，所有城市交通可达性水平均得到提高。全国 283 个地级市的总通行时间从 2003 年的 6180h 缩短为 2007 年的 4703h 以及 2012 年的 3748h，分别节省了 1477 小时和 2432 小时。但受自然条件、经济及地理区位因素以及城市特征差异的影响，地区间及地区内部各城市的交通可达性提升幅度存在一定差异。①北京、上海、天津、石家庄等东部地区城市交通可达性相对水平下降明显；但南京、杭州的相对排名却上升，南宁和海口的交通可达性系数一直高于全国平均值。②东北地区的沈阳、长春和哈尔滨这几个东北城市在 2003 ~ 2012 年的交通可达性相对排名依然落后。③中部地区的城市交通可达性表现依旧最优，郑州、武汉及合肥三市稳居前三位。④在西部地区，尽管 2007 年及 2012 年城市交通可达性的整体状况得到大幅改观，如乌鲁木齐的加权平均通行时间下降了 13.5 小时。但除西安和重庆外，其他城市交通可达性相对系数排序仍整体靠后。

（2）各省区市的交通可达性比较分析。

从全国四大分区看：东部地区整体通达时间在 2003 ~ 2007 年下降幅度最快，这可能是由于自身经济发展要求及国内外经济贸易迫切需求的结果，如广东和浙江，广东的下降幅度达 28.18%。但 2007 ~ 2012 年交通可达性时间下降幅度相对较低，可能是该区整体交通投资建设水平已达到相当高的程度，趋近饱和状况，后续提升的潜力不足，如上海、京津冀及广东地区，上海的下降幅度仅为 17.78%；东北三省在 2003 ~ 2007 年和 2007 ~ 2012 年这两个时段的下降幅度都处于最低水平，仅为 17.2% 和 18.6%，交通可达性状况没有得到有效缓解。这可能主要归咎于辽宁、吉林和黑龙江三省与全国东南、西北及西南地区衔接的道路干线相对缺乏，造成对外交通连接程度不高；在 2003 ~ 2007 年和 2007 ~ 2012 年这两个时段，中部地区各省份通达时间下降幅度处于一般水平；西部地区在 2003 ~ 2007 年的下降幅度并不大，但是在 2007 ~ 2012 年的下降幅度处于全国最高，达 22.1%，而青海是 2003 ~ 2007 年下降幅度最大的省份，达 28.5%。国家加大对西部地区倾斜性基建投资可能是 2007 年之后西部地区平均公路交通可达性时间迅速下降的重要原因。另外也有可能是西部地区初始交通可达性基础较差，由交通投资带来的边际下降幅度相对较快（见表3－3）。

表3－3　省会城市及各区域交通可达性统计分析

地区	省会	最短加权平均旅行时间							省区市	最短平均旅行时间			下降幅度（%）	
		A03	R03	A07	R07	A12	R12	排名变化		03	07	12	03－07	07－12
东部地区	北京	16.24	0.76	13.06	0.80	10.74	0.83	11－13－13	北京	16.24	13.06	10.74	19.58	17.73
	天津	16.11	0.75	12.57	0.77	10.33	0.79	9－11－11	天津	16.11	12.57	10.33	21.96	17.81
	石家庄	15.20	0.71	11.69	0.72	9.80	0.75	6－6－6	河北	16.60	12.82	10.54	22.76	17.81
	上海	15.57	0.73	12.17	0.75	10.25	0.79	7－9－9	上海	15.57	12.17	10.25	21.84	15.81
	南京	14.60	0.68	10.73	0.66	8.91	0.69	3－3－3	江苏	15.19	11.35	9.32	25.31	17.89
	杭州	16.17	0.75	11.93	0.74	10.00	0.77	10－8－8	浙江	17.58	12.92	10.67	26.51	17.40
	福州	20.89	0.98	15.16	0.93	12.61	0.97	15－15－15	福建	21.28	15.79	12.68	25.78	19.70
	济南	14.54	0.68	11.02	0.68	9.26	0.71	2－4－5	山东	15.94	11.88	9.77	25.51	17.76
	广州	22.91	1.07	16.21	1.00	13.55	1.04	19－16－18	广东	23.89	17.09	14.04	28.47	17.83
	南宁	26.35	1.23	19.76	1.22	15.60	1.20	25－24－24	广西	26.34	19.39	15.39	26.39	20.61
	海口	28.87	1.35	22.25	1.37	18.64	1.43	27－27－28	海南	30.43	23.64	19.83	22.33	16.11
	平均	18.86	0.88	14.23	0.88	11.79	0.91		平均	19.56	14.79	12.14	24.22	17.86
东北地区	沈阳	21.53	1.00	17.97	1.11	14.94	1.15	16－19－22	辽宁	21.88	17.86	14.74	18.38	17.42
	长春	24.50	1.14	20.94	1.29	17.43	1.34	20－25－26	吉林	25.96	22.23	17.67	14.38	20.48
	哈尔滨	27.93	1.30	23.27	1.43	19.49	1.50	26－28－29	黑龙江	32.72	27.03	22.02	17.39	18.53
	平均	24.65	1.15	20.72	1.28	17.29	1.33		平均	26.85	22.37	18.15	16.72	18.81
中部地区	太原	16.79	0.78	12.48	0.77	10.48	0.81	12－10－12	山西	17.45	12.85	10.58	26.33	17.72
	呼和浩特	22.80	1.06	16.42	1.01	13.19	1.01	18－17－16	内蒙古	25.95	20.00	15.48	22.92	22.61
	合肥	14.68	0.69	10.59	0.65	8.71	0.67	5－2－1	安徽	15.35	11.24	8.99	26.73	20.00
	南昌	15.84	0.74	11.88	0.73	9.82	0.76	8－7－7	江西	17.15	12.73	10.27	25.73	19.38
	郑州	14.23	0.66	10.52	0.65	8.90	0.68	1－1－2	河南	14.90	11.02	8.97	26.04	18.58
	武汉	14.68	0.69	11.13	0.69	9.02	0.69	4－5－4	湖北	15.67	11.90	9.36	24.08	21.32
	长沙	17.70	0.83	12.60	0.78	10.30	0.79	13－12－10	湖南	19.18	13.81	11.02	28.03	20.18
	平均	16.68	0.78	12.23	0.75	10.06	0.77		平均	17.95	13.37	10.67	25.69	19.97

续表

地区	省会	最短加权平均旅行时间							省区市	最短平均旅行时间			下降幅度（%）	
		A03	R03	A07	R07	A12	R12	排名变化		03	07	12	03－07	07－12
西部地区	重庆	22.77	1.06	17.89	1.10	13.44	1.03	17－18－17	重庆	22.77	17.89	13.44	21.42	24.90
	成都	24.51	1.14	18.10	1.11	14.51	1.12	21－20－19	四川	24.69	18.73	14.56	24.14	22.28
	贵阳	25.41	1.19	19.02	1.17	14.72	1.13	22－21－20	贵州	26.46	19.85	15.32	24.99	22.80
	昆明	31.18	1.46	24.06	1.48	18.41	1.42	29－29－27	云南	33.66	26.03	19.74	22.67	24.15
	西安	17.98	0.84	13.41	0.83	10.81	0.83	14－14－14	陕西	19.30	14.47	11.42	25.05	21.08
	兰州	25.61	1.20	19.04	1.17	15.14	1.16	24－22－23	甘肃	28.09	20.66	16.29	26.44	21.15
	西宁	29.89	1.40	21.16	1.30	16.89	1.30	28－26－25	青海	29.89	21.16	16.89	29.19	20.20
	银川	25.46	1.19	19.30	1.19	14.75	1.13	23－23－21	宁夏	25.09	19.22	14.56	23.41	24.22
	乌鲁木齐	55.59	2.59	41.68	2.57	31.83	2.45	30－30－30	新疆	58.09	44.14	33.52	24.00	24.06
	平均	28.71	1.34	21.52	1.33	16.72	1.29		平均	29.78	22.46	17.30	24.59	22.76

资料来源：作者计算整理。

3.5 交通可达性的工具变量：明朝驿站

交通基础设施建设与经济活动之间可能存在互为因果关系以及因缺乏控制其他相关变量引起的内生性偏误，诸多学者也关注到这一点（Duranton & Turner，2012），并多采用一些地理指标，如“地理集中度”（Hering & Poncet，2006；刘修岩等，2014）。本书引用了历史性工具变量——明朝驿站，更细致的讨论详见第 4 章，本部分仅对明朝驿站的相关背景进行描述①。

中国古代驿站历史悠久。据史料记载，最早在春秋战国时期就已经设立，先秦之时即有驿传之制，其后两汉、隋唐各代均设置驿站，明代的驿站也是在前代的基础上发展起来的。明代驿递机构，有驿站、递运所、急递铺三种。

① 本节以下资料主要参阅：（1）周振鹤主编，郭红、靳润成著：《中国行政区划通史（明代卷）》，复旦大学出版社 2007 年版；（2）杨正泰撰：《明代驿站考（增订本）》，上海古籍出版社 2006 年版。

明初，递运所主管运送物资和使客，急递铺专司递送公文，驿站则递送使客、飞报军情、转运军需兼而有之。明中叶，急递铺逐渐废弃不用，邮传任务改由驿站承担。同时，不少递运所又改为驿站，或并入驿站，运输任务亦改归驿站承担。于是，驿站担负的任务愈来愈重。纵观整个明代，比较三种驿递机构，当推驿站最为重要。驿站配置和驿路分布，与交通路线的关系最为密切。永乐之后，二京（北京和南京）并建。北京和南京是二大政治中心，又是国内交通的二大枢纽。二京之间、二京至十三布政司的水陆交通都有驿路。明初，北京至开平卫、大宁卫、兴州中屯卫、辽东都司、奴儿干都司、交趾地区的道路，以及九边沿线的主要道路皆是驿路。这些驿路是明代国内水陆路交通的大动脉，它们与各种干线、支线、间道、便道一起，组成全国性的交通网络。研究明代国内交通，必须要分析明代驿站和驿路。然而，研究驿站配置和驿路分布的意义，又不仅仅局限于交通路线。驿站是政府设置的邮传机构。明代，二京设会同馆，各地设置水马驿。会同馆设大使、副使，各地水马驿有驿丞，典邮传递送之事。各地驿站和军站悉归兵驾部管理。因此，边远地区宣达政令的驿站，便成为封建国家进行有效统治的象征。

驿路平坦近直，驿站供给运输工具，传输快速安全。明中叶，商贾贪图节省运费，买通驿丞和使客，贩运商货，使驿路成为商品流通的渠道。因此，驿站配置和驿路分布也与经济发展和地区开发有关。驿站的职能之一，是飞报军情、转运军需。驿站的位置和驿路的范围，标志着双方军队实际控制的地域。军事行动取得胜利，驿路便向前延伸。边境的驿站位置和驿路终端，是考察封建政权实际控制地域界线的重要依据之一。

第 4 章

交通可达性与制造业地理集中

4.1 引言与研究动机

产业空间分布是经济学研究中的一个历久弥新的话题。理论界对产业空间分布的分析可以追溯到亚当·斯密关于劳动分工的阐述。此后，发展轨迹包括马歇尔（1920）将集聚产生的原因分为知识溢出效应、劳动力市场发育和投入共享；俄林（Ohlin，1933）则着重强调自然资源禀赋的重要性；克鲁格曼（1991）从集聚可能带来的规模经济角度来解释产业空间分布的现象。相对于理论研究，这个领域的实证研究发展较为滞后。罗森塔尔和斯特兰奇（Rosenthal & Strange，2004）以及杜兰顿和普加（Duranton & Puga，2004）分别对行业集聚微观基础的实证和理论研究进行过详细的文献评述。尤其前面第 2 章已经对产业空间分布的相关研究进行过回顾与评述，本节不予赘述。

产业集中和地区专业化是描述产业空间分布的两个维度，长期以来，这两者即使不视为同一的概念，也常常被视为是紧密相关的经济现象（Aiginger & Rossi - Hansberg，2006）。在克鲁格曼（1991，1993）的模型中，集聚与专业化是同步进行的，随着运输成本不断降低，产业集聚一般呈现倒“U”形的变化，地区专业化也呈现先上升后下降的趋势（Kim，1995）。此时，产业集聚与专业化即使不是同一的经济现象，也是存在紧密的关联。然而，克鲁格曼（1991，1993）发现欧盟一体化形成中心—外围模型结构后各成员国之间的收入差距并没有出现收敛的趋势，这让他感到担心，认为产业集聚并不能缩小收入差距，如果产业集聚与专业化是同步进行的话，那么各地区间的收入应该是收敛的。很显然的是，在中心—外围模型中，克鲁格曼忽视了集聚与专业化的区别①。本书采用的地区专业化主要是指在一个国家范围内，相对于其他城市而言，某一城市更专注于某些制造业行业的生产；产业集中是指在一个国家范围内，制造业行业（就业、增加值等）在哪个城市或地区的比重更大。当一个城市只拥有一种制造业产业，并且这种产业在别的城市没有生产，这时我们可以说，产业集聚与地区专业化生产是一个概念，但现实中这种情况几乎不会出现。

从理论文献看，关于地区专业化的模型主要源自贸易理论，关于产业集中现象的解释大多是来自区位理论。传统贸易理论认为国家会专业化生产其投入要素较为丰富或具有优势的产品，区位理论则讨论产业集聚或扩散的原因。以上两大理论分歧在新贸易理论和新经济地理理论中得到综合，这两大新理论都强调规模经济以及不完全竞争市场。尤其在新经济地理理论的大量模型中，几乎都预测产业集中与地区专业化会呈现出不同的演变轨迹。随着运输成本不断下降，产业集聚趋势会随之呈先上升后下降的倒“U”形趋势，而地区专业化水平是不断深化的。

部分国内外文献注意到产业集中（集聚）与地区专业化间的关系。艾金格和戴维斯（Aiginger & Davies，2004）发现近15年来，欧盟内部各成员国的专业化程度是不断上升的，但集中度是不断下降的，产业的扩散伴随着专业化程度的加深；艾金格和汉斯伯格（2006）运用美国和欧盟成员国的数据分析发现，随着运输成本不断下降，欧盟成员国内部和美国各州的专业化程度都不断上升，但是产业集聚却呈现出先上升后下降的变动轨迹。与此同时，产业专业化与集聚之间存在经济发展阶段性特征。伊姆斯和瓦齐亚格（Imbs

① 王珺等在《产业集聚与区域经济协调发展研究》（p47）中专门提到：克鲁格曼的中心—外围模型之所以无法说明产业集聚与专业化的差异，受制于该模型的基本假定。模型中，设定存在工业和农业两个部门和两种劳动力（工人和农民），在农民不能跨区域自由流动、工人可以自由流动的假设条件下，要素流动与贸易会同时带来专业化和集聚，这里的集聚是指工业部门的集中，而专业化是指形成中心—外围的经济结构，是工业部门和农业部门在空间区位上的分工，核心区生产工业产品并进口农产品，外围区生产农产品。在这一条件约束下，专业化和集聚总是同一的。

& Wacziarg，2003）基于50多个国家30多年的产业数据，统计研究发现一个国家在工业化初期，随着分工的发展，专业化程度是下降的，经济发展呈现多样化状态；当人均年收入上升到较高水平时，产业集中现象开始呈现，经济活动重新趋于专业化，从而使得产业专业化呈现出一个“U”形变化曲线。他们分析中国数据时，认为中国在1983～1988年处于低收入状态，其产业专业化基尼系数呈现“U”形左端的下降部分。张建华和程文（2012）延续并拓展伊姆斯和瓦齐亚格（2003）的研究思路，结合1988～2008年全国及省区市数据，研究发现，中国各省份及东中西部地区产业专业化的演变均呈现出“U”形规律，验证了伊姆斯和瓦齐亚格（2003）的论断在中国的适用性。笔者还发现，地区原产业专业化水平、劳动力工资、交通基础设施以及对外贸易等的协同作用是形成这一演变形态的关键性因素。范剑勇（2004）集中分析了改革开放后1980年和2001年中国地区间的专业化水平和产业集中率的变动情况，发现专业化水平和市场一体化水平都在不断提高，绝大多数行业已经或正在转移到东部沿海地区，中国现在仍处于“产业高集聚、地区低专业化”的状况。

但已有实证研究仍有一些不足：①大多数研究要么集中在对国家或地区的产业集中度展开分析，要么仅探讨国家或地区的地区专业化状况，很少有文献在统一框架内综合分析这两者的差异性或相互作用。②现有的研究大多属于描述性分析，对同时考察影响产业集聚和地区专业化的重要因素缺乏深层次分析。本章的结构如下：第二部分是描述性分析；第三部分是实证分析交通可达性对制造业地理集中的影响；第四部分是实证分析交通可达性对地区专业化的影响；第五部分是拓展分析，重点考察交通可达性的空间溢出效应；第五部分是小结。

4.2 中国制造业地理集中的基本事实

图4－1较为粗略地展现了我国整体及各地区制造业区位熵的基本格局。

首先看我国1998～2007年制造业整体区位熵变化，本书发现制造业就业比重占全国总就业比重逐步下降，我国服务业比重逐步上升。这说明我国经济结构正在发生重大变化，逐渐由工业主导转向服务业主导，中国产业结构“服务化”正在不断加速。

从图4-1可以看出，制造业区位熵变动具有明显的地域性差异①。东部地区一直保持着较高的区位熵系数，就业份额一直高于全国平均水平，而且差距越来越大，除了2001年略有下降外，这十年几乎处于缓慢上升的阶段，到2007年达到了最高值1.185。与东部地区不同，东北部、中部及西部地区的区位熵处于下降趋势，与东部地区的差距愈加明显。由于国家从20世纪80年代开始推行由沿海向内陆逐步开放的区域发展战略，东部沿海地区在国家对外开放过程中的发展机遇愈加明显，并形成强大“向心力”。在1998~2007年这段历史时期，东部沿海地区对产业和人口的“离心力”表现并不明显，如城乡建设用地和商业用地的供给仍较为充足，房价和地价整体处于相对缓慢增长期。由于东部地区“向心力”大于“离心力”，吸引着大量制造业和就业人口“东南飞”。此时，中西部地区恰好出现过剩农业劳动力，需要进行再择业。伴随着劳动力市场的逐步完善，大量中西部剩余劳动力选择东部沿海地区就业，而且大部分都是走进工厂从事制造业。

从1998~2007年这10年间制造业区位熵变化中②。并发现中国经济活动的空间分布呈现出以下两个特点（见表4-1）：

（1）整体呈现出由产业集聚走向扩散的趋势。1998年，全国制造业区位分布相对分散，四大地区都存在制造业区位熵高于1.5的城市（群），制造业区位熵高于1.5的城市大致包括：①东部地区，从北往南看，环渤海地区的天津和张家口等市，长江三角洲的上海和江苏部分地区（南京、苏州、无

① 根据《中共中央、国务院关于促进中部地区崛起的若干意见》《国务院发布关于西部大开发若干政策措施的实施意见》以及党的十六大报告的精神，将我国的经济区域划分为东部、中部、西部和东北部四大地区，其中：东部地区（10个省区）为北京、天津、河北、上海、江苏、浙江、福建、山东、广东和海南（不包括港澳台地区）；中部地区（6个省区）为山西、安徽、江西、河南、湖北和湖南；西部地区（12个省区）为内蒙古、广西、重庆、四川、贵州、云南、西藏、陕西、甘肃、青海、宁夏和新疆；东北地区（3个省区）为辽宁、吉林和黑龙江。

② 需要说明的是，由于主要变量数据的限制，1998年可实际利用的地级及以上城市样本为222个，2007年的样本为282个。

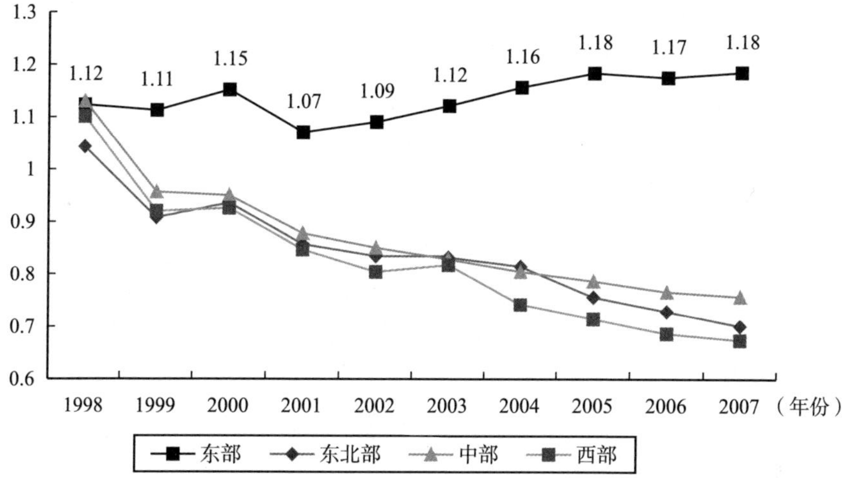

图 4-1　1998～2007 年中国各分地区制造业区位熵变化图

锡、常州、镇江、南通、扬州和泰州等）、福建沿海地区（厦门、泉州和莆田）、珠江三角洲的大部分地级市（广州、深圳、佛山、东莞、中山、江门、珠海等）；②东北地区，包括辽东半岛的大连、鞍山、辽阳、本溪等市；③中部地区，主要包括长（长沙）株（株洲）潭（湘潭）城市圈、武汉城市圈（武汉、黄冈、黄石、鄂州等城市），湖北十堰以及河南的洛阳和宝鸡等地；④西部地区，包括甘肃的白银和金昌，陕西的西安和宝鸡，四川的德阳和攀枝花，以及广西的柳州等市。到 2007 年，我们重新分析全国制造业区位熵分布，发现区位熵值高于 1.5 的区域明显减少，从地级市层面看，东北地区只有辽宁大连的制造业区位熵系数超过 1.5；在长三角地区，包括江苏的无锡、常州、苏州、南通和镇江以及浙江的温州、嘉兴和湖州，而上海区位熵系数已经低于 1.5，仅为 1.286；福建沿海城市厦门、莆田、泉州以及漳州；在珠三角地区，包括深圳、珠海、佛山、江门、惠州、清远、中山；在西部地区，仅有 3 个城市的制造业区位熵达到或超过 1.5，它们分别是四川攀枝花、甘肃嘉峪关和金昌，而关中平原的西安、宝鸡、咸阳则出现了制造业就业分散的趋势；在中部地区，制造业区位熵超过 1.5 的地级及以上城市仅存安徽马鞍山，而原制造业聚集区长株潭城市圈和武汉城市圈的区位熵都出现下降，河南洛阳和南阳的制造业区位熵也出现不同程度的下降。但值得一提的是，东部地区的山东这10年间制造业就业人数反而出现集聚的迹象，1998年仅有青岛和威海两市制造业区位熵超过1，但到2007年，有10个地级市制造业区位熵超过1，其中青岛（1.925）、淄博（1.506）、烟台（1.583）、威海（1.832）和滨州（1.986）这五市甚至超过1.5。

2007年制造业就业呈分散化趋势还可以从表4－1进一步得到验证，该表更直观地考察了全国地级市就业变化的分散化趋势。处于0～0.5这一制造业区位熵低水平的地级市数量由24个上升为63个，处于0.5～1这一制造业区位熵水平的地级市数量由65个陡升到128个，但是处于制造业区位熵值在1～1.5区间和1.5以上区间的地级市绝对数量反而出现了显著的下滑，分别减少了24个和18个。

（2）各地区产业分布分化趋势进一步凸显。尽管上面已经得出一个基本判断是全国整体经济活动呈现了产业分散化趋势，但是就各地区而言，不同地区的产业集聚或扩散程度呈现出明显差异。观察表4－1可以发现：1998～2007年，区位熵高于1.5的城市中，东部地区城市占比从1998年的44%（21个/48个）上升至83%（25个/30个）；区位熵在1～1.5这一区间的城市中，东部地区城市占比依然在上升，从1998年的35%（30个/85个）提高至44%（27个/61个），说明这10年间东部地区产业集聚优势更加明显。在其他三大地区，制造业区位熵高于1.5的城市数量骤降，东北部、中部和西部地区的城市分别由6个、13个和8个下降为1个、1个和3个。与此同时，在区位熵位于1～1.5区间的城市数量中，这三大区同样出现一定的下降趋势，从绝对数量看，东北地区减少了6个，中部地区减少了5个，西部地区减少了10个；从相对比重看，东北地区所占比值由15%（13个/85个）下降至11%（7个/61个），中部地区所占比值略有提升，由27%（23个/85个）上升至30%（18个/61个），西部地区所占比值也出现下降态势，由22%（19个/85个）下降为15%（9个/61个）。

分析总结以上数据，本书发现中国制造业分布在1998～2007年呈现出以下特征：①全国而言，总体制造业比重下降趋势明显，这从侧面反映在我国经济结构中，服务业比重趋势上升，这与我国现阶段经济发展阶段相适应。

但是分地区看，地域分化趋势明显。东部地区由于地缘优势由此伴生的对外贸易优势，雄厚的工业基础以及国家发展战略等众多原因，制造业产业增长迅速，能够吸引大量就业劳动力进入，加快推动工业化进程，进一步吸引剩余农村劳动力，形成良性循环。②存在部分城市越过工业化发展阶段，进入后工业化阶段，此时，尽管仍能吸引大量劳动力流入，但已开始流向服务业领域。如北京的制造业区位熵指数从 1998 年的 0.925 降为 2007 年的 0.626；上海从 1.525 降为 1.286；深圳从 1.710 降为 1.534。对于东北部、中部，还有西部地区，制造业区位熵出现下降态势。尤其是在 2007 年，在 195 个地级市中，有 156 个城市制造业区位熵低于 1。出现该现象的原因一方面是由于这些非东部地区整体而言，制造业基础相对薄弱，民营经济发展速度不快，在吸引就业方面作用不明显；另一方面是东部地区的向心力发挥巨大作用，大量剩余劳动力流向东部沿海地区，从而加剧东部与其他地区的制造业分化趋势。

表 4－1　　1998 年和 2007 年全国地级市制造业区位熵变化趋势

区位熵取值范围	地级市数量														
	1998 年					2007 年					城市数量变化[①]				
	东部	东北	中部	西部	全国	东部	东北	中部	西部	全国	东部	东北	中部	西部	全国
0～0.5	10	5	5	4	24	5	14	21	23	63	－5	+9	+16	+19	+39
0.5～1	22	9	19	15	65	30	12	40	46	128	+8	+3	+21	+31	+63
1～1.5	30	13	23	19	85	27	7	18	9	61	－3	－6	－5	－10	－24
1.5+	21	6	13	8	48	25	1	1	3	30	+4	－5	－12	－5	－18
总数	83	33	60	46	222	87	34	80	81	282	+4	+1	+20	+35	+60

注：需要说明的是，由于城市样本数量的统计差异，1998 年仅有 222 个地级及以上城市纳入本书研究样本，2007 年有 282 个城市样本，其中在这 10 年所增加的 60 个城市样本中，绝大部分属于中西部城市，分别增加了 20 个和 35 个城市。

进一步地，本书将按照城市规模类别进行分类①，分类观察不同规模下的城市制造业区位熵及其变化趋势。从图4－2可以看出，不同规模城市的制造业区位熵都呈现缓慢下降态势，大城市的区位熵指数一直高于中小城市，2001年之后基本趋于平稳，中等城市的区位熵指数也一直高于小城市，而小城市的区位熵指数最小，同时下降幅度也最大，因此这三类不同规模城市的区位熵指数差距呈现出不断扩大的趋势。大城市相比较而言，市场需求能力更强，产业集聚优势更为明显，更有利于吸引制造业向其靠拢，企业也愿意挤进大城市以利用其规模经济优势，并享受集聚经济带来的好处。

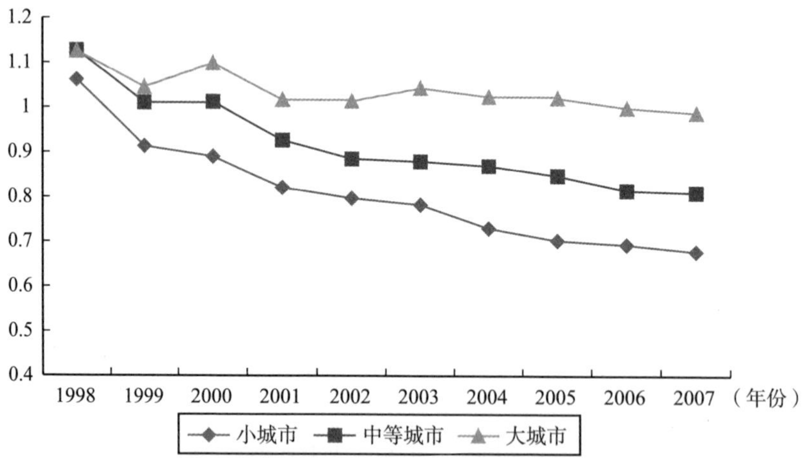

图4－2　1998～2007年中国不同规模的城市制造业区位熵变化

本书还将地级市类型分为港口城市与非港口城市两大类，具体港口城市名单见本书附录1。对比港口城市与非港口城市的制造业区位熵的差异，可以看出港口城市的区位熵普遍高于非港口城市，而且两者差距呈现出不断扩

① 2014年11月21日，国务院颁布了《关于调整城市规模划分标准的通知》，通知中明确提出，新的城市规模划分标准以城区常住人口为统计口径，将城市划分为五类七档：城区常住人口50万以下的城市为小城市，其中20万以上50万以下的城市为Ⅰ型小城市，20万以下的城市为Ⅱ型小城市；城区常住人口50万以上100万以下的城市为中等城市；城区常住人口100万以上500万以下的城市为大城市，其中300万以上500万以下的城市为Ⅰ型大城市，100万以上300万以下的城市为Ⅱ型大城市；城区常住人口500万以上1000万以下的城市为特大城市；城区常住人口1000万以上的城市为超大城市。

大的趋势（见图 4－3）。

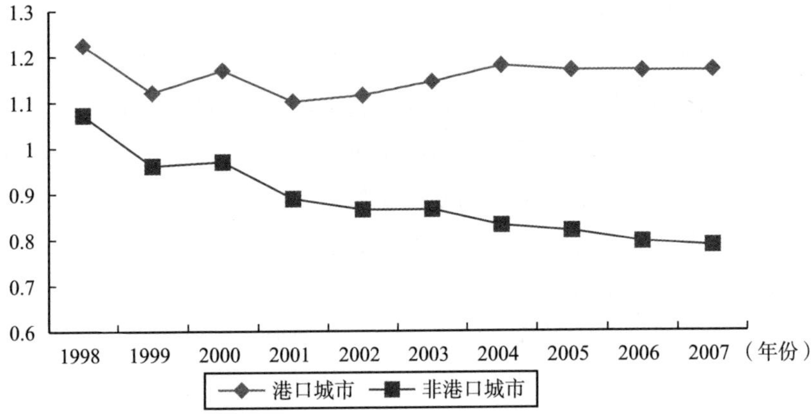

图 4－3　1998～2007 年中国港口与非港口城市制造业区位熵变化

4.3　交通可达性与制造业集中

4.3.1　理论分析

在新经济地理理论影响下，部分学者基于中国发展实践，构建出一些有一定解释力的模型。胡（Hu，2002）最早基于中国的发展背景发展了一个包含农村工业化的两国三地区模型。在他的模型中，东部地区凭借国际贸易上的地理优势成为产业集聚的初始地区，并且这种领导地位因为规模报酬递增的正反馈机制而得到不断强化。该模型假设，由于政策限制，跨地区迁移是禁止的，制造业增长所需的劳动力供应只能够来自本地区内的“乡村到城市的迁移”，这基本刻画了 20 世纪 80 年代中国乡镇企业“离土不离乡”式的工业化过程。然而，20 世纪 90 年代之后，中国对外开放进入一个崭新的阶段，劳动力跨地区的大规模流动成为常态，产业发展所需的劳动力并不囿于本地供给。为了解释这一现实，黄玖立等（2006）在借鉴国外模型的基础上发展了一个两国三地区的空间模型。通过模拟显示，贸易自由化能够同时促进劳动力的地区间和产业间转移，使得产业向接近国外市场的地区集中。以上模型都假设只有劳动和土地两种生产要素并且土地不可移动。本书将参考借鉴井原隆介（Ryusuke Ihara，2004）、邓慧慧（2009）的模型，假设经济体中包含三个区域：0、1 和 2，区域 0 表示世界其他地区，区域 1 和区域 2 是发展中国家内的两个地区，并假设区域 1 属于市场规模较大的地区，如中国沿海地区，区域 2 属于人口规模较小的地区，如中国内地。在经济系统中，存在两类生产部门——农业部门和制造业部门，三类生产要素：农民、工人和资本，用于农业和制造业部门的生产。对于这三类要素，资本可以跨区域流动，每个区域的资本份额为 $\theta_i(i=0, 1, 2)$，各区域的资本份额会由资本在追求更高资本回报率的过程中内生决定。劳动力不能跨国流动，在短期内也不能在国内跨区域流动，但是在长期（资本市场实现均衡时）可以在国内实现跨区域流动，农民不能流动。在区域 1 和区域 2 中，农民和工人总数量分别为 L^A 和 L^M，为排除可能存在的 H－O 比较优势因素干扰，并认为区域 1 的农民和工人份额相同，占国内份额都为 $\lambda(\lambda>1/2)$，区域 2 的农民和工人数量所占份额就为 $1-\lambda$；区域 0 的农民和工人数量外生给定。

对于两部门生产技术，农业部门是完全竞争性市场，按照规模报酬不变技术生产单一同质的农产品，且假设农产品在进行跨区域运输时并不产生运输成本。制造业部门在 D－S 垄断竞争条件下供给大量差异化的工业产品。

首先看消费者，所有消费者对工业制成品和农产品具有相同的偏好，每个消费者的效用函数为 C－D 形式：

$$U=(C^M)^{\mu}(C^A)^{1-\mu} \tag{4-1}$$

其中，C^M 代表工业制成品消费数量的综合指数，C^A 是同质农产品的消费量，μ 为常数，代表工业制成品的支出份额，其消费指数符合不变替代弹性函数：

$$C^M=\left[\int_0^n c(s)^{\frac{\sigma-1}{\sigma}}di\right]^{\frac{\sigma-1}{\sigma}}, \ \sigma\in(1, \infty) \tag{4-2}$$

$c(s)$ 表示制造业部门中每种可得制成品 s 的消费量；n 表示工业制成品种类数（或者制造业企业数量）；σ 表示两种工业制成品产品的替代弹性。由消费者效用最大化的条件，可得区域 i 的消费者对区域 j 生产的产品种类 s 的需求量，可表示为：

$$c_{ji}(s)=\mu y_i p_{ji}(s)^{-\sigma}G_i^{\sigma-1}$$

其中，p_{ji}代表由区域 j 生产在区域 i 销售的产品价格，y_i 为区域 i 代表性消费者的收入，G_i 表示区域 i 当地的价格指数：

$$G_i=\sum_{j=0}^{2}\left[\int_0^{n_j}p_{ji}(s)^{1-\sigma}ds\right]^{\frac{1}{1-\sigma}} \quad (4-3)$$

对于制造业部门，由于存在规模经济，新增企业生产一种新产品比进行重复生产更有利，因此我们可以认为，产品种类和企业数量两者是相等的。假设工业制成品进行跨区域运输时遵循“冰山”运输成本形式。具体来说，将一单位的工业制成品从区域 1 运抵到区域 2，因为在运出途中会“融化”掉一部分产品，因此运抵到目的地，只有 $1/T(T\geqslant1)$ 的部分能到达区域 2；同理，如果要将区域 0（世界其他地区）的一单位产品运抵到区域 1（2），事实上也只有 $1/\rho_1(1/\rho_2)$ 到达（$\rho_1\geqslant1$，$\rho_2\geqslant1$）。为简化运算，假设区域 1 和区域 2 出口到区域 0 无须耗费运输成本。制造业属于垄断竞争性部门，各个企业都采用规模报酬递增的生产技术，一个代表性厂商的生产函数为：

$$l^{M1-\beta}k^{\beta}=F+cq^{M} \quad (4-4)$$

其中，l^M 和 k 表示工人和资本的投入，F 表示固定成本，c 表示边际成本，β 表示资本密集度。每家企业按照利润最大化原则组织生产，在最优要素投入水平下，根据生产函数，区域 i 的消费价格为：

$$p_i^M=\frac{\sigma}{\sigma-1}c\left(\frac{w_{li}}{1-\beta}\right)^{1-\beta}\left(\frac{w_{ki}}{\beta}\right)^{\beta} \quad (4-5)$$

其中，w_{li}和 w_{ki}分别是区域 i 工人的工资及资本回报率。制造业企业自由进出市场，在市场出清条件下，各地制造业企业数量由当地的生产要素数量内生决定，以下给出区域 1 和区域 2 的均衡条件：

$$n_1=(\lambda L^M)^{1-\beta}(\theta_1K)^{\beta}/F\sigma \quad (4-6)$$

$$n_2=[(1-\lambda)L^M]^{1-\beta}(\theta_2K)^{\beta}/F\sigma \quad (4-7)$$

垄断竞争和自由进出机制使得厂商在均衡条件下利润为 0，均衡产出为：

$$q_1^M=\mu p_1^{M-\sigma}(Y_0G_0^{\sigma-1}+Y_1G_1^{\sigma-1}+Y_2G_2^{\sigma-1}T^{1-\sigma}) \quad (4-8)$$

$$q_2^M=\mu p_2^{M-\sigma}(Y_0G_0^{\sigma-1}+Y_1G_1^{\sigma-1}T^{1-\sigma}+Y_2G_2^{\sigma-1}) \quad (4-9)$$

从要素需求函数可推导工人工资与资本回报率间的关系：

$$w_{k1}=\frac{\beta}{1-\beta}\frac{\lambda L}{\theta_1 k}w_{l1} \quad (4-10)$$

$$w_{k2}=\frac{\beta}{1-\beta}\frac{(1-\lambda)L}{\theta_2 k}w_{l2} \tag{4-11}$$

现在定义工人的收入。假设在整个经济体中，每个工人拥有的资本量相同，因此，每个工人的收入由两部分组成；一部分是工资收入，另一部分是单位资本收入。

$$y_1=w_{l1}+w_{k1}=\left[1+\frac{\beta\lambda L}{(1-\beta)\theta_1 k}\right]w_{l1} \tag{4-12}$$

$$y_2=w_{l2}+w_{k2}=\left[1+\frac{\beta(1-\lambda)L}{(1-\beta)\theta_2 k}\right]w_{l2} \tag{4-13}$$

为简化计算分析，将农产品作为计价单位，作标准化处理，农民工资及农产品价格都为1。因此，各地区的总收入应为居民收入总和：

$$Y_1=\lambda L^A+y_1\lambda L^M \tag{4-14}$$

$$Y_2=(1-\lambda)L^A+y_2(1-\lambda)L^M \tag{4-15}$$

进而解得区域1和区域2的工人工资为：

$$w_{l1}=\frac{1-\beta}{\sigma}\left(\frac{\theta_1 k}{\lambda L^M}\right)^{\beta}\left[\frac{\mu}{F}\left(\frac{\sigma-1}{c}\right)^{\sigma-1}(Y_0G_0{}^{\sigma-1}+Y_1G_1^{\sigma-1}+Y_2G_2^{\sigma-1}T^{1-\sigma})\right]^{1/\sigma} \tag{4-16}$$

$$w_{l2}=\frac{1-\beta}{\sigma}\left(\frac{\theta_2 k}{(1-\lambda)L^M}\right)^{\beta}\left[\frac{\mu}{F}\left(\frac{\sigma-1}{C}\right)^{\sigma-1}(Y_0G_0{}^{\sigma-1}+Y_1G_1^{\sigma-1}T^{1-\sigma}+Y_2G_2^{\sigma-1})\right]^{1/\sigma} \tag{4-17}$$

在短期均衡条件下，工人的区域分布是给定的，不能跨区域流动；资本跨区域流动以追求更高的资本回报率，国际间的资本流动速度要慢于国内地区间的流动，因此可假定在短期内国外资本数最终使得两个区域的资本租金率相等，资本套利条件为 $w_{k1}=w_{k2}$。

在开放经济条件下，由资本市场的均衡条件得到国内资本和劳动力生产要素在两区域的空间分布情况。对等式 $w_{k1}=w_{k2}$ 重新改写（为简化计算，令 $L=K=1$）：

$$\frac{\theta_1^{\beta\sigma-1}\lambda^{1-\beta\sigma}\left[\frac{T^{1-\sigma}}{A_1}+\frac{1}{B_1}\right]}{1-(1-\beta)\mu^{\sigma}\theta_1^{\beta\sigma-1}\lambda^{1-\beta\sigma}\left[\frac{\theta_1(1+(\beta/1-\beta))\lambda}{A_1}\right]+\frac{(1-\theta_0-\theta_1)T^{1-\sigma}}{B_1}}$$

$$
= \frac{(1-\theta_0-\theta_1)^{\beta\sigma-1}(1-\lambda)^{1-\beta\sigma}\left[\frac{T^{1-\sigma}}{A_2}+\frac{1}{B_2}\right]}{1-(1-\beta)\mu^{\sigma}(1-\theta_0-\theta_1)^{\beta\sigma-1}(1-\lambda)^{1-\beta\sigma}\left[\frac{\theta_1(1+(\beta/1-\beta))\lambda T^{1-\sigma}}{A_2}+\frac{1-\theta_0-\theta_1}{B_2}\right]} \tag{4-18}
$$

其中，

$$
A_1 \equiv \theta_1^{\beta\sigma}\lambda^{1-\beta\sigma}+(1-\theta_0-\theta_1)^{1+(\beta-1)\sigma}(1-\lambda)^{\sigma(1-\beta)}\lambda^{1-\sigma}\theta_1^{\sigma-1}T^{1-\sigma} + \theta_0^{\beta}L_0^{M1-\beta}\lambda^{\beta(\sigma-1)}T^{\frac{1-\sigma2}{\sigma}}\rho_1^{1-\sigma}
$$

$$
A_2 \equiv \theta_1^{1+(\beta-1)\sigma}\lambda^{\sigma(1-\beta)}(1-\lambda)^{1-\sigma}(1-\theta_0-\theta_1)^{\sigma-1}+(1-\theta_0-\theta_1)^{\beta\sigma} (1-\lambda)^{1-\beta\sigma}T^{1-\sigma}+\theta_0^{\beta}L_0^{M1-\beta}\lambda^{\beta(1-\sigma)}\theta_1^{\beta(\sigma-1)}T^{\frac{1-\sigma2}{ma}}\rho_1^{1-\sigma}
$$

$$
B_1 \equiv \theta_1^{\beta\sigma}\lambda^{1-\beta\sigma}T^{1-\sigma}+(1-\theta_0-\theta_1)^{1+(\beta-1)\sigma}(1-\lambda)^{\sigma(1-\beta)}\lambda^{1-\sigma}\theta_1^{\sigma-1} + \theta_0^{\beta}L_0^{M1-\beta}\lambda^{\beta(1-\sigma)}T^{\frac{1-\sigma2}{\sigma}}\rho_2^{1-\sigma}
$$

$$
B_2 \equiv \theta_1^{1+(\beta-1)\sigma}\lambda^{\sigma(1-\beta)}(1-\lambda)^{1-\sigma}(1-\theta_0-\theta_1)^{\sigma-1}T^{1-\sigma}+(1-\theta_0-\theta_1)^{\beta\sigma} (1-\lambda)^{1-\beta\sigma}+\theta_0^{\beta}L_0^{M1-\beta}\lambda^{\beta(1-\sigma)}\theta_1^{\beta(\sigma-1)}T^{\frac{1-\sigma2}{ma}}\rho_2^{1-\sigma}
$$

尽管很难得到关于 λ 和 θ_1 的清晰表达式，但是我们仍然可以得出一些有意义的发现。对于国内两个拥有异质性市场规模的区域 1 和区域 2 而言，当这两个区域的外贸成本存在如下关系时：$\rho_1 < \rho_2^{\frac{1}{\sigma-1}}$，此时，无论这两个区域之间的运输成本有多高（不能高到无法展开区际间贸易），大市场区域 1 所占的资本份额 θ_1 总大于其所占劳动力份额 λ。当这两个区域的外贸成本差异并不大时（即 $\rho_1 > \rho_2^{\frac{1}{\sigma-1}}$），资本份额 θ_1 仍有可能大于劳动力份额 λ，但前提是两区域间的贸易成本须在临界值之下。反之反是。

临界值：

$$
T_{threshold} = \left[\frac{(\beta-1)(\beta\rho_2\mu^{\sigma/\sigma-1}-(\beta-1)\rho_1^{\sigma-1}\sigma)}{\rho_1^{\sigma-1}-\rho_2}\right]^{\sigma-1} \tag{4-19}
$$

因此，结合我国改革开放后的经济发展现实，我们可以提出以下命题：当沿海地区的贸易优势远大于内陆地区时，即使国内区域间贸易壁垒很强，资本仍然会向东部沿海聚集，并且资本集聚的程度会高于劳动力的集聚程度。

前面已提到，由于制造业企业数目进而产业分布由当地资本、劳动力等要素数量内生决定，因此资本占有率也就代表制造业在该区的集聚。这可以部分解释，改革开放40年来，沿海地区吸引大量国内国际资本进入。随着贸易自由化的深入以及中西部地区对外开放程度的提高，沿海地区相对贸易优势正在逐渐缩减，但制造业在东部沿海地区集聚态势并没有明显改变。伴随着国内市场化水平的提高，一体化程度的加强，在一定程度上弥补了沿海地区对外贸易优势减弱的损失，支持了沿海地区资本和制造业的集聚。

4.3.2 实证模型构建

前一节的理论模型遵循了经典的新经济地理模型的基本假设，同时为更贴近中国现实提出了一系列背景，为理解我国改革开放后的经济地理变动格局提供了一个思路性的框架，也为下一步实证分析提供了指导与基础。综合前面的综述及理论分析，本章构建交通可达性对制造业地理集中的计量分析模型，具体模型如下：

$$S_{rt} = \alpha_0 + \alpha_1 \ln acc_{rt} + \gamma X_{rt} + \mu_r + v_t + \varepsilon_{rt} \quad (4-20)$$

其中，下标 r 表示城市，t 表示年份，α_0 和 ε_{ct} 分别表示常数项和误差项，μ_r 和 v_t 分别代表不随截面（地级市）和时间变化的固定效应。为了尽可能降低异方差的存在，所有解释变量都以自然对数的形式引入估计方程。X 为一系列控制变量。

4.3.3 变量说明与数据来源

（1）被解释变量。

本书选用一个地区制造业区位熵 S_{rt} 作为计量模型的被解释变量，用于反映地区制造业地理集中情况。其计算公式如下：

$$S_{rt} = \frac{E_{rt}/Y_{rt}}{E_t/Y_t} \quad (4-21)$$

其中，E_{rt} 表示地级市 r 在 t 年的制造业从业人数，Y_{rt} 表示地级市 r 在 t 年的总从业人数，E_t 表示全国所有地级市在 t 年的制造业从业人数，Y_t 表示全国所有地级市在 t 年的总从业人数，因此，S_{rt}表示地区制造业就业份额与全国制造业就业份额比值。以上数据均来自《中国城市统计年鉴》。参考刘修岩等（2007）、盛龙等（2013）、韩峰等（2013）的做法，本书选取工业区位熵，而没有像金煜等（2006）采用地区工业产值占全国工业总产值的比重作为被解释变量。原因在于，考虑到中国各地级区域在行政区域面积上存在较大的差别，而地区工业产值占全国工业地区生产总值的份额这一指标并没有剔除纯粹由地理单元的规模差别所造成的影响。例如，在其他条件相同的情况下，辖区面积较大，其工业产值相对越高，占全国工业地区生产总值的份额一般会更高，但并不意味着它必然有着更高的工业集聚水平，这就是经济地理学研究所强调的"可调整的地理单位问题"，区位熵可以尽量避免这一问题。

（2）解释变量。

关于城市交通可达性的测量，前面已做介绍，此处不再赘述。此外，本书吸收了大量经典文献的做法，还引入人力资本、实际利用外资额、自然禀赋、拥挤成本、地方保护、职工工资水平和省会城市虚拟变量、地理条件（港口城市与否）等控制变量。

人力资本（human）。人力资本对产业集聚的影响在传统比较优势贸易理论、马歇尔集聚外部性理论、新经济地理理论中均有论述，一个地区人力资本水平越高，生产水平也可能相对越高，这也正如理论模型所显示的那样。但现有实证研究关于人力资本测度缺乏公认的方法，主流做法之一是使用一个地区的成人识字率或其所在辖区的在校生人数或其占总人口的比例来度量人力资本。本书用各地级市全市高校及中学在校学生数占全市总人口比重来度量人力资本①。该指标数据主要来源于《中国城市统计年鉴》。

实际利用外资额（fdi）。fdi 是影响我国产业集聚的重要因素（赵伟，张萃，2007；纪玉俊，张鹏，2014），但其作用方向仍比较模糊。fdi 进入本地区，通过示范和模仿效应、竞争效应、前后向关联效应以及 R&D 效应等，扩大本地区生产规模，提高生产体系效率，推动制造业集聚。但对于市场化水平低的地区，fdi 可能很难融合本地区原有的生产体系，破坏现有生产体系平

① 部分国内学者还采用了识字率或每万人中中高等学校的在校生数作为人力资本的代理变量，由于指标可获得性的限制，无法获得城市层面的相关数据，或者有些数据缺失太大（如 2001 年之前一些中西部城市的高等学校在校生数量缺乏很严重）。

衡，不利于带动和吸引企业和产业向该地区集聚。本书采用地级市当年实际使用外资金额（通过当年美元兑人民币的年平均汇率折算成人民币）作为度量指标。这一数据直接摘录于《中国城市统计年鉴》。

自然禀赋（endow）。以赫克歇尔—俄林为代表的传统贸易理论强调自然资源禀赋在国际分工中的重要意义。埃利森和格莱泽（Ellison & Glaeser，1997）、金（Kim，1995，1999）等的研究中均证实了自然优势对产业集聚的促进作用。但是，当前关于自然禀赋对产业集聚的影响是积极还是消极，仍存在争议。本书将自然禀赋列为地区集聚变量之一，并参考路江涌等（2007）的研究，使用地区采矿就业人数占全单位从业人数比重进行度量。该指标数据主要来源于《中国城市统计年鉴》。

拥挤成本（cong）。克鲁格曼的新经济地理理论将拥挤成本列为分散力，认为拥挤成本对产业集聚具有消极影响。随着地区产业集聚程度的提高，一方面，地区地理面积逐步扩大，导致企业通勤成本提高；另一方面，地区单位面积内的企业单位数不断增多，导致企业土地成本即地租逐步提高。因此，集聚会产生拥挤成本，而如果拥挤成本高到一定程度，就会对产业集聚产生不利影响，导致集聚的产业再分散。就业密度作为拥挤成本的代理变量，就业密度通过各地级市每平方公里上的就业人数与全国均值之比来度量。该指标数据主要来源于《中国城市统计年鉴》。

地方保护（prot）。克鲁格曼的理论同样适用于分析地区贸易成本下降对地区间产业分布的影响。地方保护作为区际贸易成本，显然能加快或阻碍地区间的产业活动空间配置。较高的地方保护意味着一个地区的企业在另一个地区销售产品时就需支付较高的额外贸易成本，这会导致企业产品价格提高，从而抬高进入壁垒，其结果是，各地区自产自销，企业在各个地区之间分散布局。本书使用地方政府财政支出占地区生产总值比重来衡量地方保护。指标数据来源于《中国城市统计年鉴》。

工资水平（wage）。传统贸易理论、区位理论及新经济地理学均关注到劳动力成本对产业分布的影响。低廉的劳动力成本常被视为中国能够在全球制造业产业分工中占领一席之地的关键性原因。地区劳动力资源丰裕且成本低廉会促进制造业向该地区集聚，而随着产业集聚进一步提高，劳动力成本会因生活成本而逐步上升，进而负向作用于制造业集聚，迫使部分对劳动力成本较为敏感的企业迁出。劳动力成本的测算使用全市职工平均工资（元），指企业、事业、机关单位的职工在一定时期内平均每人所得的货币工资额，其数据直接摘录自《中国城市统计年鉴》。

资源型城市虚拟变量（resource）。大量理论研究和实证文献验证地区自然资源优势能对其制造业集聚产生重要影响。但在实证检验中，缺乏直接反映各地级区域自然资源状况的数据，除前面采用地区采矿就业人数占比外，本书还采用该市是否有资源型城市这一虚拟变量作为代理变量。如果一个地级区域拥有资源型城市，则为1，否则为0①。

省会城市虚拟变量（capital）。省会城市是该省级区域政治和经济中心，相对而言，有更多优势及机会获得更多的政策及经济资源，进而影响产业经济活动。因此，本书引入省会城市虚拟变量来捕捉这一影响。

另外，本书还引入港口城市虚拟变量（port），因为理论和诸多实证研究表明，城市对外开放与产业结构升级存在重要关联，港口城市存在天然的对外贸易优势。港口城市名单参见本书附录1。

实证分析中主要指标及含义见表4-2。

表4-2　　　　实证分析中主要指标及含义

指标名称（单位）	符号	指标含义
制造业区位熵（%）	S	地区制造业就业份额与全国制造业就业份额比值
交通可达性	acc	某城市可获得的国内整体市场规模（以人口度量）
人力资本（%）	human	各地级市全市高校及中学在校学生数占全市总人口比重
实际利用外资（亿元）	fdi	地级市当年实际使用外资金额（通过当年美元兑人民币的年平均汇率折算成人民币）
自然禀赋（%）	endow	地区采矿就业人数占全单位从业人数比重

① 国务院2013年发布《全国资源型城市可持续发展规划（2013~2020年）》规划范围包括262个资源型城市，其中地级行政区（包括地级市、地区、自治州、盟等）126个，县级市62个，县（包括自治县、林区等）58个，市辖区（开发区、管理区）16个。具体地级行政区层面的资源型城市见本书附录。

续表

指标名称（单位）	符号	指标含义
拥挤成本（%）	cong	各市每平方公里上的就业人数与全国均值之比
地方保护（%）	prot	地方政府财政支出占地区生产总值比重
工资水平（万元）	wage	全市职工平均工资（元），指企业、事业、机关单位的职工在一定时期内平均每人所得的货币工资额

资料来源：作者整理计算。

（3）数据来源及描述性统计。

本章所使用的数据主要来源于1999～2008年的《中国城市统计年鉴》。本书共选取了282个样本地区。表4－3是主要变量的描述性统计，统计范围是1998～2007年这10年的取值，包括个数、均值、标准误、最小值和最大值。以下数据是基于1998～2007年的平均值，数据主要来源于《中国城市统计年鉴》。

主要变量说明及基本统计量见表4－3。

表4－3　　主要变量说明及基本统计量

变量	变量名	个数	均值	标准误	最小值	最大值
lq	制造业区位熵	2646	0.9331592	0.4487059	0.0935903	2.708853
fmp	国外市场潜能	2646	52.7386	8.282386	31.74201	83.56439
fdi	实际利用外资额	2646	22.52163	57.17643	0	602.2018
endow	自然禀赋	2646	0.0610289	0.0987491	0	0.6605634
human	人力资本	2646	0.0722064	0.0195048	0.0099015	0.3893611
cong	拥挤成本	2646	1.016879	1.880974	0.0107297	27.97627
prot	地方保护	2646	0.0459363	0.0296363	0	0.2315167
wage	工资水平	2646	1.268317	0.6768879	0.000981	13.7086

4.3.4 计量结果分析

（1）散点图。

本书通过散点图的形式粗略地描绘地级市交通可达性与制造业区位熵之间的相关关系（见图 4－4）。从全国层面看，在 1998 年、2003 年及 2007 年这三个时间节点，城市交通可达性与制造业区位熵存在明显的正相关关系（见图 4－5）。当把制造业区位熵换成产业平均集中率后，依然能发现它们之间较为稳定的相关性。

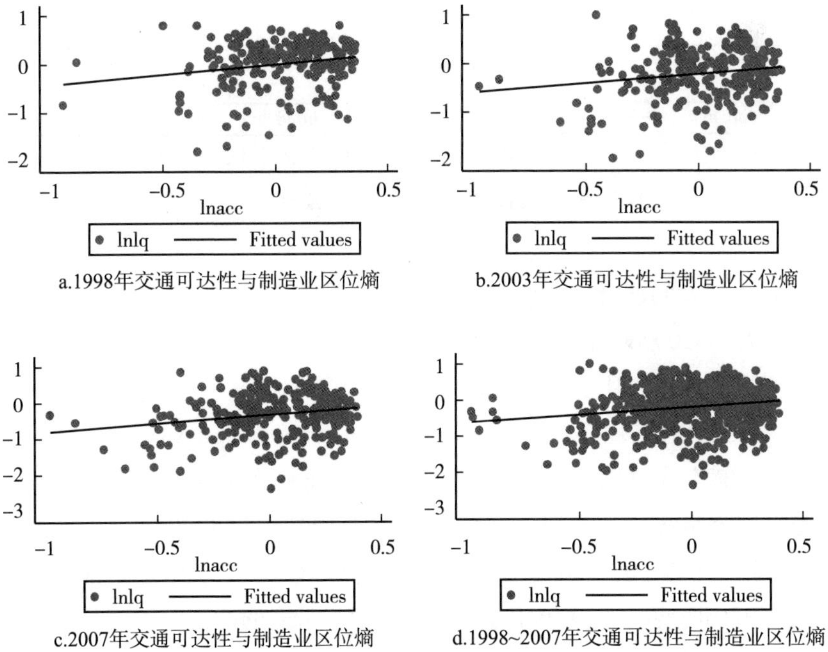

图 4－4　交通可达性与制造业区位熵

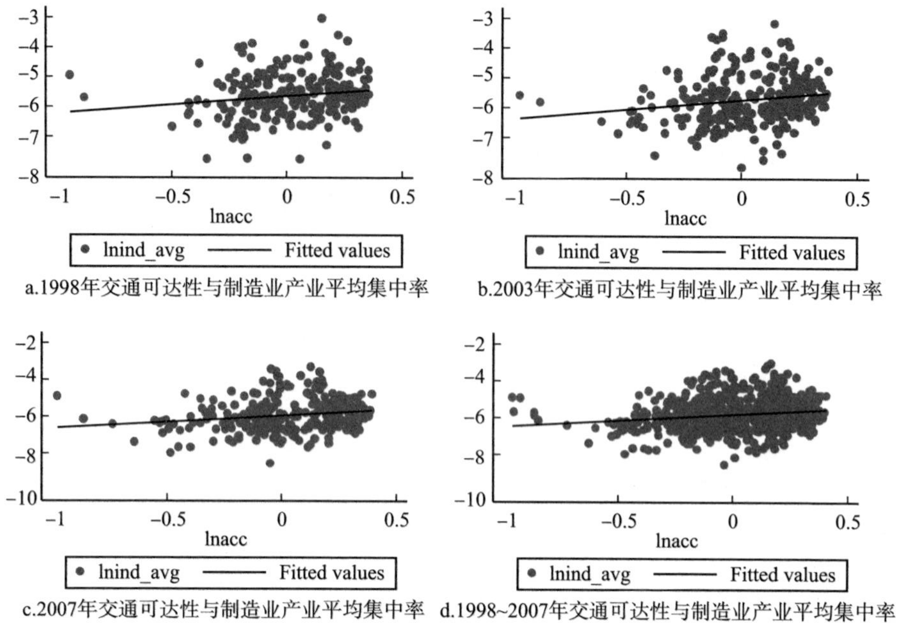

a.1998年交通可达性与制造业产业平均集中率　b.2003年交通可达性与制造业产业平均集中率

c.2007年交通可达性与制造业产业平均集中率　d.1998~2007年交通可达性与制造业产业平均集中率

图4-5　交通可达性与制造业产业平均集中率

（2）内生性问题及工具变量选择。

1）1998~2007年全国公路建设背景。

根据国民经济和社会发展战略部署，国家交通部于“八五”期间正式提出国家主干线高速公路系统（China’s National Trunk Highway System），该系统由“五纵七横”（见图4-6）12条国道主干线和公路主枢纽及信息系统构成，是全国公路网的主骨架。规划提出，从1991~2020年用30年的时间，建成12条“五纵七横”国道主干线。实际上，在2007年已经全部贯通。其中，从1997年之后，为缓解由于亚洲金融危机带来的冲击，国家公路建设工程进入快速发展阶段。

“五纵七横”国道主干线总规模约3.5万公里，贯通首都、各省省会、直辖市、经济特区、主要交通枢纽和重要对外开放口岸，约覆盖全国城市总人口的70%。连接了全国所有人口在100万人以上的特大城市和93%的人口在50万人以上的大城市。“五纵”指同江—三亚、北京—珠海、重庆—北海、北京—福州、二连浩特—河口。“七横”指连云港—霍尔果斯、上海—

成都、上海—瑞丽、衡阳—昆明、青岛—银川、丹东—拉萨、绥芬河—满洲里。是具有全国性政治、经济、国防意义的重要干线公路。根据亚洲发展银行（2007）的数据，大约 70% 的公路建设资金来自当地省区县政府债务，10% ~15% 的建设资金由中央政府承担。国内及国外私人部门投资者也被鼓励参与公路建设，但仅占不到 5% 的份额。中央政府鼓励省区以及县级政府通过预支未来公路收费来筹措资金，公路建设几乎都是由国有企业承担。

如果采用 OLS 估计模型，意味着假设公路规划中城市节点的选择与分配是随机的。但考虑到国家公路规划的政策背景，这一假设较强。该高速公路系统主要目的在于为中国构筑现代化的公路运输系统提供骨干支撑，省级以及县级政府透支未来公路收费为公路建设融资。因此，公路规划者在选择公路网络体系节点时可能会选址具有重要政治地位和经济较为发达的地区。这使得研究者有理由质疑 OLS 估计的有效性与一致性。

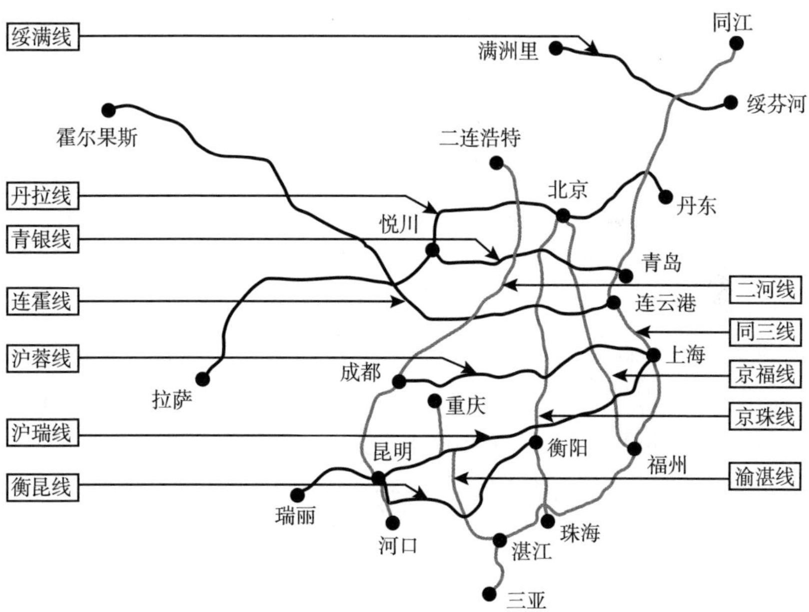

图 4－6 “五纵七横”国道主干线布局

2）历史性工具变量选择——明朝驿站。

基于上述原因，本书通过引入工具变量解决本书所关注的主要变量——

交通可达性的内生性问题。一个良好的工具变量必须满足两个条件：①这一变量与城市交通可达性相关；②这一变量与随机误差项不相关。部分经验研究中采用了一些地理指标作为交通可达性的工具变量，如赫林和庞塞特（Hering & Poncet，2006）、刘修岩（2014）采用城市“地理中心度”的指标作为交通可达性的工具变量，即一个地级市与其他城市距离的倒数之和的自然对数值。地理中心度衡量了一个区域在全国空间尺度上的中心度大小，只是反映一个城市的相对地理位置，对其产业发展及分布并没有直接影响，这也是许多研究采用地理变量作为工具变量的最主要原因。

采用历史交通路线作为现代交通线路的工具变量也是近几年国内外学者普遍采用的方法。如薄姆－斯诺等（Baum－Snow et al.，2015a）在分析1990年以来中国城市铁路和高速公路如何影响城市内部的经济活动空间形态时，采用1962年的城市公路作为1990年后的城市公路建设的工具变量。1990年之后的城市公路规划大多是在1962年公路基本形态（如放射状、环形状等）的基础上延伸与衔接的。在20世纪五六十年代，由于严格的二元体制，中国城乡之间隔离严重，城乡之间人员流动受到严重阻挠，几乎没有城郊化现象。即使在城市内部，由于城市居民区与工厂临近，居民通勤不多，中心城市外部的公路网络并不是用于分散城市内部经济活动。

与其相类似，本书选择历史性工具变量——明代驿站虚拟变量（post）。借鉴刘等（2012）、龙小宁和高翔（2015）的做法，本书使用1587年明朝驿站这一历史变量作为目前各市交通可达性的工具变量。具体做法是：对照1587年明朝全国驿路交通网络分布图，可以找出官驿线路地图上的所有驿站，然后对照明朝历史地名，准确匹配当前各城市名称①，如果发现目前地级市有对应的明朝驿站名，本书将该市设为1，如果没有找到相应的驿站名，则为0②。对照工具变量法成立所需要的两个条件，相关性要求明朝驿站和当前城市交通可达性有一定相关性，前者对后者有足够的预测力；外生性要求在有效控制其他变量外，明朝驿站只有通过影响当前城市的交通可达性，进

① 明朝驿路地图摘自《中国行政区划通史（明代卷）》，周振鹤主编，郭红、靳润成著，复旦大学出版社，2007。

② 我们主要通过百度官方网站以及其他史料对明朝驿站名与2013年全国地级市名称进行匹配比照，在全部288个地级市中，共找出191个城市与明朝驿站精确对应。

而影响地区的产业空间分布，而不是通过其他渠道。

本书认为以上两者之所以相关是因为明朝驿路主要连接着全国重要人口城市、边境城市和港口城市，驿站所设之地一般都是地势较为平坦，地形有利于修筑道路。为节约修建公路的成本，20 世纪 90 年代后的许多高速公路沿袭了明朝驿路路线以及驿站。外生性在于：第一，明朝驿路主要为明朝政府统治管理和军事目的服务，明朝官驿的重要用途包括飞报军务、传递文报和转运物资以及管理政府公职事务（包括政务往来、官员调动都通过官驿接待）等，这显然对当代城市制造业产业分布是外生的；第二，明朝驿路主要连接的是大城市和边境城市，对于沿线的中小城市来说是外生的。而 20 世纪 90 年代之后全国兴建的公路体系主要用于服务全国现代城市及区域经济发展。因此，明朝驿路只有通过影响现代城市交通网络体系，进而对城市产业分布产生影响。

为更严谨地检验是否适用于工具变量法，本书按照一般步骤进行检验：①考察工具变量外生性。由于仅采用一个历史性工具变量，同时假定模型仅有一个内生变量（lnacc），故不能进行过度识别检验。按照通行做法，将被解释变量同时对内生变量和工具变量回归，若工具变量（post）只能通过内生变量（lnacc）对因变量产生作用，而无其他影响渠道，则工具变量（post）影响就会被内生变量（lnacc）吸收，工具变量本身在回归中是不显著的。估计结果见表 4 - 4，可以看出 post 本身对制造业区位熵并不产生直接影响。②考察工具变量与内生变量的相关性。从表 4 - 5 中的相关系数矩阵可以发现，城市交通可达性与明朝驿站虚拟变量之间呈现显著的正相关关系。另外，从第一阶段的回归结果可以看出（见表 4 - 6），工具变量对内生变量有很好的解释力。为了稳健起见，本书还使用对弱工具变量更不敏感的有限信息最大似然法（LIML），结果发现，LIML 的系数估计值与 2SLS 仍非常接近。总之，本书有理由认为并不存在弱工具变量问题。③检验是否存在内生解释变量，这也是使用工具变量法的前提，为此本书进行了 Hausman 检验，结果显示卡方值为 3.12，相对应的 P 值为 0.074，拒绝“所有解释变量均外生”的原假设，认为 lnacc 为内生解释变量。综上所述，本书认为 IV 估计能作为一种合理的估计方法，表 4 - 7 中第 4 列展示采用工具变量法的估计结果，第 1 列和第 2 列分别是不加控制变量与加入控制变量后的 OLS 估计结果。下文仅根据最后一列的估计结果展开分析。

表 4－4　　lnS 对 lnacc 和 post 的回归

变量	lnS
lnacc	1. 659 ***
post	－0. 296
lnfdi	－0. 015
lnendow	－0. 016
lnhuman	－0. 067
lncong	－0. 340 ***
lnprot	－0. 038
lnwage	－0. 058 *
resource	－1. 075 ***
capital	1. 439 ***
port	－0. 946 ***
_cons	－0. 706 **
N	709
R^2	0. 905

注：采用 OLS 估计方法；*、**、*** 分别代表在 10%、5%、1% 的统计水平上显著。

表 4－5　　城市交通可达性与工具变量相关系数矩阵

变量	lnacc	post
lndmp	1. 0000	
post	0. 323 ***	1. 0000

注：*** 表示在 1% 的统计水平下显著。

表 4－6　　工具变量估计中第一阶段回归结果

被解释变量：lnacc	
lnfdi	0. 001 (0. 003)
lnendow	0. 002 (0. 003)

续表

被解释变量：lnacc	
lnhuman	0.049 *** (0.016)
lncong	0.003 (0.006)
lnprot	0.013 (0.010)
lnwage	-0.005 (0.006)
resource	0.728 *** (0.067)
capital	0.022 (0.059)
port	0.026 (0.056)
_cons	-0.247 *** (0.075)
post	0.589 *** (0.087)
年份效应	控制
城市效应	控制
N	709
adj - R^2	0.960

注：括号内数字为标准差，*、**、*** 分别代表在 10%、5%、1% 的统计水平上显著。

（3）基本回归结果分析。

表 4-7 列示了基本的回归结果。作为参考与对比，表 4-7 中的前两列是基本的 OLS 回归结果，其中第 1 列仅将交通可达性这一主要关注的指标加入模型中，第 2 列加入其他控制变量。先看 OLS 的估计结果，交通可达性的参数估计符号与预测完全一致，在 1% 的统计水平上显著为正。加入控制变量之后，交通可达性的参数系数仍在 1% 的统计水平下显著为正。这说明从全国层面看，1998~2007 年，全国城市交通基础设施改善对地区制造业的空

间分布产生显著影响，改善城市交通可达性能吸引本地或外地企业增加位于本地的经济活动，促进产业经济活动的地理集中。

表 4 – 7　　基本回归结果

变量	(1)	(2)	(3)	(4)
	OLS（不加控制变量）	OLS（加控制变量）	工具变量估计 1	工具变量估计 2
lnacc	1.332 *** (0.254)	1.659 *** (0.232)	0.261 ** (0.103)	0.254 ** (0.105)
lnfdi		−0.015 (0.012)	−0.013 (0.010)	−0.012 (0.011)
lnendow		−0.015 (0.016)	−0.013 (0.013)	−0.011 (0.015)
lnhuman		−0.067 (0.079)	0.001 (0.064)	0.033 (0.074)
lncong		−0.340 *** (0.030)	−0.335 *** (0.024)	−0.356 *** (0.026)
lnprot		−0.038 (0.047)	−0.020 (0.038)	−0.028 (0.042)
lnwage		−0.058 * (0.031)	−0.064 *** (0.025)	−0.108 *** (0.035)
resource		2.171 *** (0.362)	−0.887 *** (0.159)	−0.885 *** (0.167)
capital		1.600 *** (0.353)	−0.456 ** (0.227)	0 (.)
port		1.100 *** (0.357)	−0.019 (0.140)	−0.026 (0.152)
_cons	0.341 (0.289)	−1.843 *** (0.389)	−0.123 (0.291)	0.178 (0.284)
年份效应	控制	控制	控制	控制
城市效应	控制	控制	控制	控制
N	774	709	709	624
adj − R^2	0.794	0.843	0.897	0.896

注：(1) 以上模型中，被解释变量为 lnlq。3 列估计结果中，第 1 列表示没有增加控制变量的估计结果；第 2 列增加了控制变量；第 3 列为工具变量估计法；第 4 列为删掉省会城市后的工具变量估计结果；(2) 括号内数字为标准误，* 、** 以及 *** 分别表示显著性水平为 10% 、5% 以及 1% 。

考察工具变量估计的结果。估计结果显示，在控制其他相关变量后，交通可达性对制造业区位熵在1%统计水平上有着显著的正效应，该回归结果与散点图是相互吻合的。根据前文理论推导，一个地区的交通可达性越优越，该地区代表性企业所能获得的净利润就越多，从而吸引以利润最大化为目标的企业向该地区迁移。因此，从全国层面看，交通可达性为我国制造业的地理集聚创造出有利条件。历史性工具变量可能反映的仅仅是持续性因素，为降低这一干扰，本节进一步将省会城市（包括北京、上海、天津以及重庆）样本删除掉，由于省会城市一般是各省份重要的经济政治核心，这些城市可能由于具有天然地理优势等多种原因，长久以来就是经济和产业活动的重镇。删掉这些样本后，估计结果见表4－7第4列，估计结果与第3列基本类似。

考察其他控制变量的影响。外商直接投资的弹性系数为负，表明外资的进入并没有对当地原有生产体系产生很大的影响，尽管外资企业通过技术溢出效应和竞争效应促进本地企业技术进步与升级，并进一步推动制造业集聚，但外资企业可能破坏本地原有的经营环境，不利于现有企业经营活动。人力资本的估计系数为负，但并不显著。在样本期间，由于我国制造业整体多为劳动密集型产业，对人力资本需求更高的技术和资本密集型产业相对不多。另外，市场一体化进程加速带来的一大影响就是人力资本的强流动性，一个人力资本培养的“高峰”其实有可能并不是人力资本存量的“高峰”。当然，还有一个可能的原因是对人力资本的测度本身存在误差。拥挤成本的参数显著为负。这比较符合新经济地理学的相关推论，就业密度高到一定程度会引致地租、人工成本等要素成本也相对较高，这对于缺乏竞争优势的企业或试图进入该地的企业而言是不利的。地方保护的估计系数为负，但不显著。正如前文所述，地方保护有两重效应，一方面可能有利于培育和保护本地优势产业的发展，促进带动相关产业活动更加集中；另一方面，政府保护干预会导致无形贸易成本增加，这不利于本地产业与外地企业的经贸往来和产业互动。此外，城市职工平均工资的弹性系数为负，但不显著。按照一般的经济学逻辑，过高的劳动力成本会阻碍制造业集聚的形成，尤其是对于低端劳动密集型企业而言。另外，两个虚拟变量（是否为资源型城市和是否为省会城市）的系数都显著为负，这说明拥有丰富自然资源反而不利于制造业向本地集中，初步看来，貌似与以往理论论述相悖，但是这与测量指标存在偏差有一定关系，采矿人数占比仅仅反映的是该行业在城市中的份额，其比重越高可能不一定代表所有自然资源优势就高，自然优势应该还包括气温、降雨量以及地形等自然地理因素。省会城市虚拟变量系数显著为负，这可能是由于我国省会城市承担过多的行政功能，同时省会城市一般也是省区的科技、教育和文化中心，生活性和生产性服务业相对发达，由服务业集聚抬高了厂房地租和居民生活成本，这可能不利于低端制造业企业集聚。港口城市虚拟变量系数不显著说明临海优势在一定程度上已不再是国内制造业企业空间选址优先考虑的因素。

（4）拓展性分析。

1）在关于交通基础设施的实证分析中，有部分学者还关注到以下两个问题：其一，完善交通基础设施或者说交通设施投资是否已经出现边际收益递减的现象；其二，运输成本下降对制造业空间分布是否存在非线性影响。为此，本书将样本划分为1998年、2003年以及2007年三个子样本，同时加入交通可达性的平方项（lnacc2），以考察改善交通基础设施是否已经对制造业空间分布产生负向影响。回归结果见表4－8。从lnacc以及lnacc2的参数估计值看，在这三类子样本中，交通可达性对制造业产业集聚的影响依然显著，其中1998年和2007年交通基础设施的产业集聚正效应更加明显，2003年影响相对较弱（系数为正，但不显著），这说明交通可达性对制造业空间分布的影响并没有出现明显的边际收益递减。与此同时，lnacc2的参数估计值在1998年、2003年以及2007年都不显著。这进一步验证了在1998～2007年，交通基础设施投资并没有出现边际收益递减的趋势。从理论层面分析，这一实证结论具有一定理论意义。根据新经济地理的结论，运输成本是影响产业活动空间分布的关键性因素，随着运输成本的不断降低，产业集聚会呈现出“分散—集聚—分散”的分布形态。对照我国城市产业分布的实际状况，改善交通基础设施投资，以及由此引致的运输成本下降，并没有促使制造业出现扩散的倾向。这反映在研究期间，就全国而言，控制其他影响因素后，改善城市对外交通条件依然有利于吸引各地企业进入本地从事生产经营活动。

表 4 - 8 分年度和加入平方项后的估计结果

变量	(1)	(2)	(3)
	iv_98	iv_03	iv_07
lnacc	1.038** (0.518)	0.207 (1.286)	2.221** (1.114)
lnacc2	-0.018 (0.801)	-0.397 (1.135)	0.650 (1.158)
lnfdi	0.065*** (0.024)	0.109*** (0.035)	0.192*** (0.030)
lnendow	-0.032 (0.021)	-0.056** (0.024)	-0.072*** (0.022)
lnhuman	-0.077 (0.197)	-0.014 (0.278)	-0.593*** (0.224)
lncong	-0.090* (0.049)	0.134** (0.053)	0.081 (0.065)
lnprot	0.139** (0.066)	0.066 (0.068)	0.083 (0.069)
lnwage	0.637*** (0.164)	0.041 (0.060)	0.281 (0.287)
resource	-0.012 (0.082)	0.037 (0.077)	0.075 (0.076)
capital	-0.131 (0.10)	-0.282** (0.132)	-0.290** (0.131)
port	-0.061 (0.071)	0.046 (0.082)	-0.023 (0.084)
_cons	0.335 (0.617)	-0.514 (0.799)	-2.471*** (0.788)
年份效应	控制	控制	控制
N	203	251	255
adj - R^2	0.483	0.409	0.479

注：(1) 由于分年度回归，每年样本量较少，采用城市虚拟变量不合理（282 个地级市），故采用控制省份效应的方法；(2) 括号内数字为标准差，*、**、*** 分别代表在 10%、5%、1% 的统计水平上显著。

2）由于大城市制造业产业集聚程度远远高于中小城市，本书进一步将全部样本按城市规模细分为大城市及中小城市两类，重新检验地区交通可达性对城市制造业集聚的影响是否存在规模上的差异。回归结果显示（见表4-9），在中小城市，改善城市交通可达性能显著提升该城市制造业的产业集聚水平；而在大城市这一结论并不成立。中小城市样本中，交通可达性系数显著为正。对此结果并不难解释，在研究期间内，中国中小城市普遍处于工业化发展阶段，各类生产要素的功能还未得到完全发挥，企业及行业规模经济效应、集聚效应还未充分显现，制造业仍有巨大发展潜力。尤其在大城市过度集聚，拥挤效应渐显的情形下，中小城市通过承接部分从大城市迁出的转移企业，促进本地产业集聚。与此同时，各地区在发展本地制造业的同时，争取招商引资，吸引外资企业和东部沿海地区产业转移。改善对外交通条件增加当地吸引外资的筹码，有利于外资企业在当地落地生根。大城市交通可达性的估计系数为正，但并不显著。对于这一结果可能的解释是：①这是产业升级的必然结果。我国大城市具有市场规模大、知识技术溢出效应明显、人力资本丰富等产业优势，但伴随的是人口不断集聚，城市地价及地租逐步攀升，会因此排挤部分缺乏竞争优势的制造类企业。尤其在我国，大城市一般是属于省会城市或区域性经济中心城市，这些城市一般承载着区域综合服务中心功能或总部经济功能，城市内吸附着大批金融服务、商贸物流、广告咨询及法律服务等诸多生产性和生活性服务业，服务业比重不断增加也不利于缺乏竞争力的制造业企业聚集。②拥挤效应可能已经出现。按照新经济地理的解释，当产业集聚到一定程度时，由集聚优势带来的向心力有可能会被离心力所削弱，其中，由于企业间为生产要素而竞争所带来的拥挤效应就是典型的离心力。大城市的企业之间竞争更加剧烈，部分对成本较为敏感的企业可能会由于运输成本降低而迁往外地。

表4-9　不同城市规模子样本的回归结果

变量	(1)	(2)
	中小城市	大城市
lnacc	0.746** (0.361)	0.113 (0.646)

续表

变量	(1)	(2)
	中小城市	大城市
lnfdi	0.068*** (0.017)	0.142*** (0.021)
lnendow	-0.073*** (0.019)	-0.024 (0.017)
lnhuman	-0.350*** (0.130)	-0.216 (0.135)
lncong	0.030 (0.048)	-0.016 (0.058)
lnprot	0.077 (0.055)	0.083 (0.102)
lnwage	-0.032 (0.060)	0.083 (0.059)
resource	0.097 (0.065)	-0.038 (0.090)
capital	0.141 (0.234)	-0.071 (0.074)
port	0.125 (0.079)	-0.011 (0.068)
_cons	-1.253*** (0.369)	-0.640 (0.537)
年份效应	控制	控制
N	426	283
adj - R^2	0.255	0.334

注：(1) 由于分城市规模回归，不同规模城市的样本量较少；(2) 括号内数字为标准差，*、**、*** 分别代表在 10%、5%、1% 的统计水平上显著。

4.4 交通可达性与地区专业化

4.4.1 引言

近年来，作为描述制造业空间分布的另一个重要维度，地区专业化问题得到经济学界的广泛关注。与产业地理集中度不同，地区专业化所要描述和解释的经济现象是为什么有些产业集聚在某一地区，而其他产业却集聚在另外的地区。但以往经济学家并没有过分在乎产业集聚与专业化的差异，对产业集聚或地区专业化的理论诠释都可以从要素禀赋理论、外部性理论或者在新经济地理理论中寻找到答案。

地区专业化一般指与其他地区相比，一个地区在某行业的相对专业化程度。对于地区专业化模式的解释，最早可以追溯到马歇尔的外部规模经济、传统国际贸易理论以及产业区位论。亨德森（1974）专门从理论上探讨城市最优规模和分布与产业专业化以及外部经济规模之间的内在关联。克鲁格曼（1991）的开创性工作促使国际经济学与区域经济学更靠近彼此，并发展出一套完整地涵盖贸易理论、经济地理以及城市经济学要素的产业区位论。

尽管这些理论进展迅速，但关于地区专业化水平以及模式的实证分析直到近10年才引起重视。大多数研究是基于跨国数据（Stirboeck，2004），也有城市层面（Duranton & Puga，2000）以及地区层面（Bishop & Gripaios，2007）的研究。有学者提出，地区专业化有助于刺激产业升级和技术进步（Zhou et al.，2011），但这样的集聚形态只在短期内有助于产业增长和生产率提升，在长期内不存在这种效应（Hanson，2001）。因此，正如普拉格和蒂斯（Prager & Thisse，2012）所强调过的，关于更多地区专业化以及更少地区多样化是否有助于地区经济发展并没有一个清晰的结论。

为更好地分析中国制造业地区专业化的经济效应，一个首要前提是必须找出影响地区专业化的驱动性因素。国内大量研究从新经济地理因素（如市场邻近)、资源禀赋（如人力资本、自然资源)、集聚外部性或者政策制度性因素（如对外开放、政府干预）等，探讨我国地区专业化的影响机制，但几乎都忽略了交通运输条件在其中扮演的角色。本节的任务就是实证检验运输成本对中国制造业空间经济活动的影响，验证交通运输成本是否为这个常被忽视的驱动性因素。本书依然采用交通可达性度量运输成本，但在测量地区专业化时，采用地级市层面的二位码制造业数据进行测度。

4.4.2 理论背景与文献回顾

地区专业化的理论模型可大致分为三类不同的分析框架，包括传统贸易理论、比较优势贸易理论以及新经济地理。在新经济地理的分析框架中，由于本地市场效应、价格指数效应以及本地竞争效应的力量对比，造成“中心—外围”这种不对称的经济结构。在该结构中，企业和产业区位完全内生，因为无论是市场规模溢出（Krugman，1991）还是产业间的垂直（投入产出）关联（Venables，1996)，都会导致集聚的内在循环累积效应。首先，更紧密的经济融合可以导致两个完全相同的地区变为制造业中心区与农业外围区；其次，产业垂直关联会导致垂直关联度较强的产业更加集中在一个地区，这两个情况都会导致更加专业化的地区经济活动模式。

基于这种思路，政府制定与交通基础设施相关的政策（如投资规模、投资方向以及投资地区）对经济活动的专业化存在显著影响。例如，根据传统的区位或贸易理论，地区的产业政策导向可能会集中改进与区位优势密切相关的重要因素；而根据新经济地理的理论框架，产业政策可能要将空间经济系统中各种相互关联的因素同时考虑进来（Baldwin et al.，2005)。政府推出的政策，在某地区可以取得显著效果，但此项政策放在其他地区却不一定适用。此外，对于两个条件类似的地区（如产业空间分布、集聚经济状况等差异不大)，即使是微小的政策干预都有可能对两地的经济活动产生巨大影响。

对于交通基础设施对地区专业化的影响，现有部分实证研究却出现比较模糊的结论。霍尔（2004a）发现新的交通基础设施起初有助于行业部门的集中，随后又导致制造业的地理分散，不过也因行业而异。霍斯特和摩尔

（Horst & Moore，2003）的研究却发现公路运力和公路质量与产业多样化之间存在显著为正的相关关系，这主要是由于投资高质量的高速公路加快了工业化进程，并增加了城乡地区经济多样化程度。

回顾欧美国家的实际情况对于理解我国交通网络与地区专业化间的关联大有裨益。从国家层面看，在20世纪八九十年代，由于欧盟国家之间交通基础设施改善、贸易优惠政策等措施使区域市场一体化进程加快，阻碍商品以及生产要素流动的贸易壁垒正在逐步消失，运输成本逐步下降。与此同时，欧盟国家的整体产业专业化水平处于上升趋势（Amiti，1999；Midelfart – Knarvik et al.，2000）。米得法特 – 维纳克等（Midelfart – Knarvik et al.，2000）发现地理因素以及人力资本等要素禀赋是驱动产业专业化水平上升的重要因素，产业布局尽量靠近制造业供给与需求中心，以寻求前向和后向产业关联。但同时，实证研究也发现并不是所有欧盟国家都会专业化于某特定制造业或产业链中的某项环节，增长缓慢的或非技能劳动密集型产业在某些国家专业化程度较高，而有些国家专业化生产具有较大规模经济效应的产业出现扩散趋势。

金（1995）发现从19世纪末到20世纪中期，美国工业部门的地区专业化呈现倒“U”形的变化趋势，地区专业化程度先是上升，然后再下降。艾金格和汉斯伯格（Aiginger & Rossi – Hansberg，2006）的研究发现，美国在1987～1996年这10年间，其产业集聚水平最初是略有上升的，但此后一直下降，地区专业化水平则表现出不断上升的趋势。莫拉和莫雷诺（Mora & Moreno，2013）探讨交通网络可达性在欧洲制造业区域专业化中所扮演的角色，分析交通网络提升所创造的可达性提升是否对欧洲制造业区域专业化水平产生影响，结果表明，一个区域的可达性成本越高，其专业化水平也越高。程玉兴等（2015）比较分析高铁发展对于促进中国和欧盟经济一体化的作用。通过考察这两个经济体中的主要城市和郊区的交通可达性以及地区专业化的变动情况，作者证实了交通可达性对地区专业化的影响在两地区呈现明显的差异，在高度发达地区（如西北欧）高铁引进后带来的总趋势是趋向收敛，无论是在都市地区间还是在核心城市及其腹地之间。

直到近些年，有学者开始关注中国地区专业化的相关研究。杨（Young，2000）最早研究了中国地区专业化的变迁，他发现，改革开放后中国地区专业化水平不但没有提高，反而不断下降。杨（Young，2000）的研究中关于三次产业的分类仍比较粗糙，而且他没有将地区专业化或多样化水平与经济发展阶段紧密联系起来。地区专业化或多样化是与经济发展水平相互联系的，在经济发展的初期，国家或地区先呈现为多样化（经济活动在各个部门均匀分布），当经济发展到一定阶段之后才开始专业化（Imbs & Wacziarg，2003）。对于仍处在工业化阶段的中国而言，绝大部分地区（尤其是中西部地区）都致力于工业化和城镇化建设，大力发展第二产业和第三产业“遍地开花”，由此计算出的地区专业化指标可能就是不断下降。都阳和朴（2006）在控制与每个省份的增长相关联的经济结构后，地区专业化从 20 世纪 80 年代就开始增长了。其他学者，包括黄玖立和李坤望（2006）、冼国明和文东伟（2006）等也分析计算了 20 世纪 80 年代之后中国各省份工业专业化水平。

4.4.3 中国制造业产业集聚演变的描述性证据

行业层面的制造业集聚主要反映的是同一行业在全国各地区集聚程度。在行业集聚的测度方法中，E－G 指数和空间基尼系数是目前应用较广的两个指标。本节分别使用这两个指标对中国制造业集聚的变动趋势进行考察。表 4－10 和图 4－7 列出了我国 1998～2007 年整体制造业的产业集聚情况。从全国二位数制造业行业集聚系数看，这两个系数的变化趋势基本趋于一致。无论是 E－G 指数，还是制造业基尼系数，基本呈现出缓慢上升的态势，这说明我国制造业的集聚程度进一步增加。不过值得注意的是，在 2006 年之后，这两个产业集聚系数趋于下降，从全国层面看，整体制造业开始出现扩散的情况。

表 4－10　　1998～2007 年两位数制造业行业产业集聚系数

E－G 指数										
两位数制造业行业	1998 年	1999 年	2000 年	2001 年	2002 年	2003 年	2004 年	2005 年	2006 年	2007 年
	0.0250	0.0270	0.0279	0.0278	0.0310	0.0341	0.0363	0.0368	0.0370	0.0362

续表

	基尼系数									
两位数制造业行业	1998 年	1999 年	2000 年	2001 年	2002 年	2003 年	2004 年	2005 年	2006 年	2007 年
	0.0270	0.0287	0.0295	0.0291	0.0319	0.0349	0.0358	0.0363	0.0365	0.0357

资料来源：根据《中国工业企业数据库》笔者整理计算。

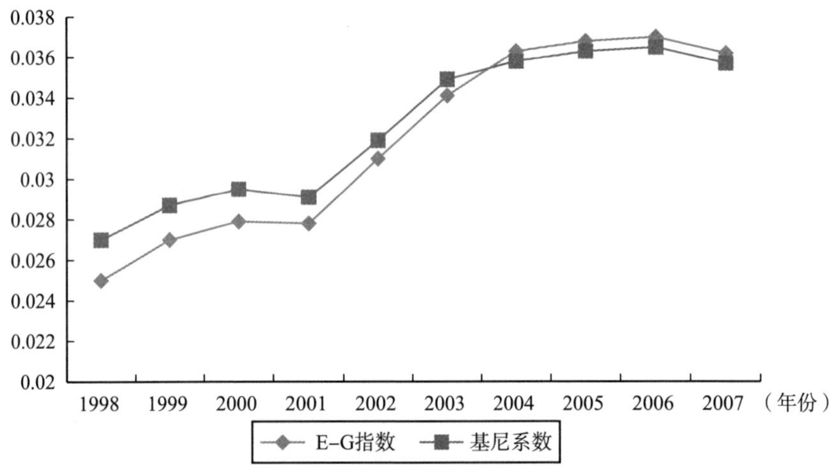

图 4－7　1998～2007 年中国二位数制造业行业集聚系数

资料来源：根据《中国工业企业数据库》作者整理计算。

根据对不同生产要素的依赖程度，本书把制造业划分为劳动密集型、资本密集型以及技术密集型三类，并按照这三类行业重新计算 E－G 指数以及基尼系数，结果见图 4－8。可以看出，产业集聚呈现出明显的行业差异。劳动密集型产业的产业集聚程度一般高于资本密集型和技术密集型产业，不过资本密集型产业的集聚趋势更加明显，从 2002 年开始，资本密集型产业加快了集聚进程，在 2005 年之后，产业集聚程度赶上甚至超过了劳动密集型产业；对于技术密集型产业，从整体看，该产业的集聚程度低于劳动密集型和资本密集型产业，但这 10 年间的集聚趋势与劳动密集型产业基本一致。

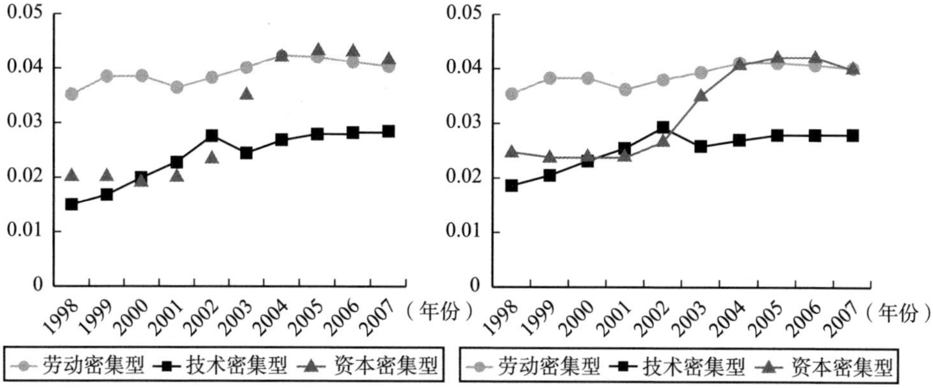

a.E-G指数　　b.制造业基尼系数

图 4－8　不同类型制造业的产业集聚系数

资料来源：根据《中国工业企业数据库》作者整理计算。

表 4－11 列出了根据各省级层面的行业就业人数计算的 E－G 指数，从表中可以看出，在 1998～2007 年，绝大部分制造业的 E－G 指数呈现不断上升的态势，医药制造业、化学纤维制造业以及通信设备、计算机及其他电子设备制造业等行业属于技术密集型，产业集聚趋势明显，系数分别增加了 872%、644% 以及 598%，除电气机械及器材制造业外，其他技术密集型行业也经历了较高的产业集聚过程。劳动密集型行业，如农副食品加工业、食品制造业、饮料制造业等也出现了明显的集聚趋势，但仍有部分劳动密集型行业出现了分散，如纺织服装、鞋、帽制造业、文教体育用品制造业。对于资本密集型行业，石油加工、炼焦及核燃料加工业是所有行业中集聚程度最明显的行业，10 年间 E－G 指数增加超过 14 倍；其他资本密集型行业仍趋于集聚，但也出现了像专用设备制造业以及仪器仪表及文化、办公用机械制造业等产业分散的情况。

表 4－11　1998～2007 年省区市二位数行业 E－G 指数（按就业人数计算）

	行业	1998 年	1999 年	2000 年	2001 年	2002 年	2003 年	2004 年	2005 年	2006 年	2007 年	变动百分比
劳动密集型	农副食品加工业	0.0104	0.0117	0.0159	0.0171	0.0355	0.0347	0.0496	0.0539	0.0567	0.0566	444
	食品制造业	0.0037	0.0037	0.0050	0.0059	0.0070	0.0067	0.0132	0.0151	0.0179	0.0204	451

续表

	行业	1998 年	1999 年	2000 年	2001 年	2002 年	2003 年	2004 年	2005 年	2006 年	2007 年	变动百分比
劳动密集型	饮料制造业	0.0060	0.0067	0.0085	0.0103	0.0122	0.0161	0.0197	0.0205	0.0224	0.0229	282
	烟草制造业	0.0349	0.0341	0.0366	0.0375	0.0409	0.0434	0.0493	0.0562	0.0481	0.0473	36
	纺织业	0.0139	0.0156	0.0155	0.0155	0.0167	0.0187	0.0250	0.0232	0.0244	0.0266	91
	纺织服装、鞋、帽制造业	0.0670	0.0635	0.0581	0.0472	0.0440	0.0392	0.0291	0.0275	0.0255	0.0236	-65
	皮革、毛皮、羽毛（绒）及其制品业	0.0700	0.0892	0.0894	0.0893	0.0906	0.0817	0.0872	0.0826	0.0790	0.0758	8
	木材加工及木、竹、藤、棕、草制品业	0.0120	0.0105	0.0091	0.0078	0.0091	0.0183	0.0157	0.0179	0.0188	0.0186	55
	家具制造业	0.0245	0.0252	0.0294	0.0357	0.0413	0.0559	0.0573	0.0512	0.0524	0.0493	101
	印刷业和记录媒介的复制	0.0089	0.0060	0.0066	0.0094	0.0150	0.0196	0.0183	0.0231	0.0225	0.0263	196
	文教体育用品制造业	0.1689	0.1918	0.1853	0.1570	0.1387	0.1388	0.1434	0.1324	0.1263	0.1149	-32
	橡胶制品业	0.0064	0.0073	0.0072	0.0081	0.0127	0.0133	0.0080	0.0073	0.0072	0.0061	-5
	塑料制品业	0.0310	0.0352	0.0349	0.0334	0.0341	0.0350	0.0354	0.0361	0.0339	0.0364	17
技术密集型	化学原料及化学制品制造业	0.0034	0.0037	0.0049	0.0055	0.0059	0.0086	0.0129	0.0143	0.0158	0.0154	353
	医药制造业	0.0018	0.0016	0.0029	0.0043	0.0060	0.0083	0.0121	0.0152	0.0159	0.0175	872
	化学纤维制造业	0.0066	0.0077	0.0093	0.0168	0.0230	0.0338	0.0453	0.0431	0.0443	0.0491	644
	交通运输设备制造业	0.0104	0.0108	0.0112	0.0130	0.0146	0.0155	0.0189	0.0188	0.0186	0.0175	68
	电气机械及器材制造业	0.0855	0.0844	0.0696	0.0583	0.0610	0.0388	0.0457	0.0517	0.0550	0.0496	-42
	通信设备、计算机及其他电子设备制造业	0.0142	0.0144	0.0191	0.0233	0.0290	0.1054	0.1184	0.1154	0.1085	0.0991	598
资本密集型	造纸及纸制品业	0.0051	0.0061	0.0084	0.0089	0.0086	0.0091	0.0073	0.0068	0.0063	0.0055	8
	石油加工、炼焦及核燃料加工业	0.0054	0.0048	0.0104	0.0198	0.0406	0.0556	0.0737	0.0785	0.0813	0.0830	1437
	非金属矿物制品业	0.0032	0.0034	0.0045	0.0054	0.0065	0.0080	0.0099	0.0112	0.0116	0.0123	284

续表

	行业	1998 年	1999 年	2000 年	2001 年	2002 年	2003 年	2004 年	2005 年	2006 年	2007 年	变动百分比
资本密集型	黑色金属冶炼及压延加工业	0.0177	0.0188	0.0185	0.0206	0.0257	0.0318	0.0414	0.0416	0.0450	0.0459	159
	有色金属冶炼及压延加工业	0.0136	0.0153	0.0175	0.0202	0.0245	0.0262	0.0220	0.0227	0.0208	0.0219	61
	金属制品业	0.0120	0.0127	0.0146	0.0160	0.0183	0.0198	0.0190	0.0230	0.0233	0.0244	103
	通用设备制造业	0.0095	0.0100	0.0111	0.0127	0.0153	0.0168	0.0207	0.0213	0.0219	0.0225	137
	专用设备制造业	0.0060	0.0078	0.0087	0.0103	0.0110	0.0096	0.0057	0.0055	0.0051	0.0044	-27
	仪器仪表及文化、办公用机械制造业	0.0626	0.0723	0.0859	0.0917	0.0980	0.0433	0.0414	0.0408	0.0387	0.0365	-42
	工艺品及其他制造业	0.0158	0.0152	0.0177	0.0176	0.0257	0.0488	0.0364	0.0380	0.0378	0.0391	147
	废弃资源和废旧材料回收加工业	0.0350	0.0338	0.0361	0.0369	0.0378	0.0505	0.0354	0.0325	0.0481	0.0366	5

资料来源：根据《中国工业企业数据库》笔者整理计算。

同样地，本书还计算了 1998～2007 年按省份的制造业就业人数计算的基尼系数（见表 4-12），可以发现与 E-G 指数类似的特征，不过制造业基尼系数的变化幅度要小于 E-G 指数的变化幅度。对比三类行业基尼系数发现，技术密集型产业的集聚趋势依然最明显，如通信设备、计算机及其他电子设备制造业基尼系数增加超过 5 倍，医药制造业、化学原料及化学制品制造业以及化学纤维制造业也出现了较大程度的集聚。在劳动密集型产业中，农副食品加工业、食品制造业以及饮料制造业的集聚程度也有了较大幅度的提升，但纺织服装、鞋、帽制造业以及文教体育用品制造业却依然出现一定程度的空间分散现象。资本密集型产业与劳动密集型产业类似，既有部分行业集聚，也存在部分行业分散的情况，如非金属矿物制品业以及石油加工、炼焦及核燃料加工业等行业不断向地区集聚，而仪器仪表及文化、办公用机械制造业以及专用设备制造业却呈现了产业分散的情况。

表 4-12　1998~2007 年省区市级别二位数基尼系数（按就业人数计算）

	行业	1998 年	1999 年	2000 年	2001 年	2002 年	2003 年	2004 年	2005 年	2006 年	2007 年	变动百分比
劳动密集型	农副食品加工业	0.0105	0.0116	0.0156	0.0178	0.0372	0.0333	0.0467	0.0506	0.0530	0.0528	403
	食品制造业	0.0045	0.0048	0.0061	0.0070	0.0082	0.0077	0.0136	0.0155	0.0180	0.0200	344
	饮料制造业	0.0070	0.0078	0.0097	0.0115	0.0134	0.0174	0.0203	0.0217	0.0234	0.0235	236
	烟草制造业	0.0392	0.0387	0.0408	0.0420	0.0457	0.0484	0.0559	0.0652	0.0650	0.0681	74
	纺织业	0.0136	0.0152	0.0151	0.0151	0.0162	0.0180	0.0236	0.0220	0.0232	0.0254	87
	纺织服装、鞋、帽制造业	0.0646	0.0608	0.0555	0.0450	0.0418	0.0371	0.0274	0.0259	0.0240	0.0221	-66
	皮革、毛皮、羽毛（绒）及其制品业	0.0677	0.0861	0.0863	0.0858	0.0865	0.0777	0.0820	0.0776	0.0741	0.0709	5
	木材加工及木、竹、藤、棕、草制品业	0.0136	0.0127	0.0108	0.0091	0.0100	0.0187	0.0157	0.0175	0.0181	0.0177	30
	家具制造业	0.0255	0.0262	0.0301	0.0356	0.0406	0.0542	0.0546	0.0489	0.0500	0.0466	83
	印刷业和记录媒介的复制	0.0125	0.0066	0.0073	0.0099	0.0154	0.0195	0.0179	0.0226	0.0219	0.0255	104
	文教体育用品制造业	0.1625	0.1840	0.1772	0.1499	0.1322	0.1316	0.1346	0.1243	0.1183	0.1074	-34
	橡胶制品业	0.0088	0.0094	0.0096	0.0102	0.0147	0.0151	0.0094	0.0087	0.0086	0.0076	-14
	塑料制品业	0.0301	0.0340	0.0337	0.0323	0.0327	0.0333	0.0332	0.0338	0.0318	0.0340	13
技术密集型	化学原料及化学制品制造业	0.0043	0.0048	0.0056	0.0059	0.0064	0.0087	0.0124	0.0137	0.0152	0.0146	240
	医药制造业	0.0034	0.0035	0.0045	0.0060	0.0075	0.0094	0.0126	0.0154	0.0160	0.0173	409
	化学纤维制造业	0.0155	0.0159	0.0185	0.0238	0.0286	0.0401	0.0483	0.0483	0.0487	0.0525	239
	交通运输设备制造业	0.0122	0.0126	0.0130	0.0145	0.0157	0.0162	0.0183	0.0188	0.0184	0.0172	41
	电气机械及器材制造业	0.0997	0.0927	0.0823	0.0706	0.0741	0.0370	0.0430	0.0486	0.0514	0.0463	-54
	通信设备、计算机及其他电子设备制造业	0.0142	0.0145	0.0189	0.0227	0.0280	0.0998	0.1110	0.1082	0.1018	0.0933	557
资本密集型	造纸及纸制品业	0.0057	0.0067	0.0089	0.0094	0.0092	0.0094	0.0077	0.0071	0.0067	0.0058	2
	石油加工、炼焦及核燃料加工业	0.0238	0.0243	0.0243	0.0310	0.0466	0.0585	0.0730	0.0772	0.0795	0.0813	242

续表

	行业	1998 年	1999 年	2000 年	2001 年	2002 年	2003 年	2004 年	2005 年	2006 年	2007 年	变动百分比
资本密集型	非金属矿物制品业	0.0033	0.0035	0.0046	0.0053	0.0064	0.0078	0.0094	0.0106	0.0109	0.0116	252
	黑色金属冶炼及压延加工业	0.0265	0.0282	0.0294	0.0310	0.0349	0.0382	0.0444	0.0446	0.0472	0.0475	79
	有色金属冶炼及压延加工业	0.0193	0.0211	0.0233	0.0258	0.0289	0.0296	0.0245	0.0249	0.0223	0.0230	19
	金属制品业	0.0119	0.0125	0.0143	0.0156	0.0176	0.0190	0.0180	0.0216	0.0219	0.0227	91
	通用设备制造业	0.0096	0.0101	0.0111	0.0127	0.0150	0.0163	0.0195	0.0201	0.0205	0.0210	119
	专用设备制造业	0.0069	0.0086	0.0100	0.0109	0.0115	0.0102	0.0062	0.0060	0.0056	0.0048	-30
	仪器仪表及文化、办公用机械制造业	0.0607	0.0697	0.0824	0.0877	0.0933	0.0432	0.0397	0.0392	0.0371	0.0351	-42
	工艺品及其他制造业	0.0173	0.0168	0.0190	0.0187	0.0260	0.0466	0.0347	0.0360	0.0357	0.0368	113
	废弃资源和废旧材料回收加工业	0.0344	0.0335	0.0355	0.0361	0.0364	0.0854	0.0426	0.0364	0.0497	0.0384	12

资料来源：根据《中国工业企业数据库》笔者整理计算。

为更加清晰直观地观察不同行业随时间变化的空间分布动态，图 4-9 进一步描绘了 30 个二位数制造业的产业集聚变动情况（按 E-G 指数测算）。应该说，不同行业基本呈现出不同的产业集聚形态，而且不同行业会伴随一系列产业、地理以及宏观环境因素的变化而呈现出不同的集散格局。

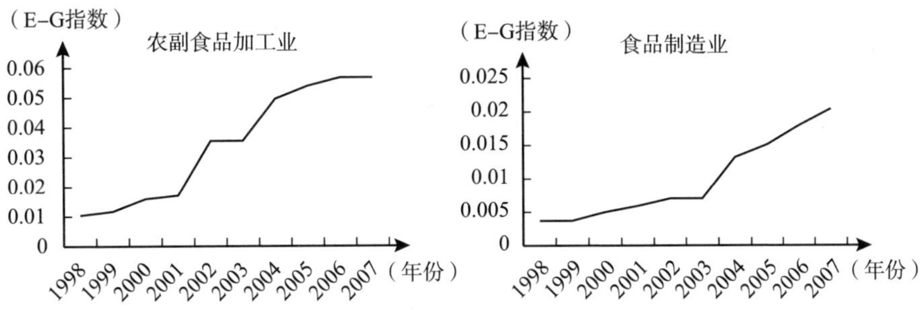

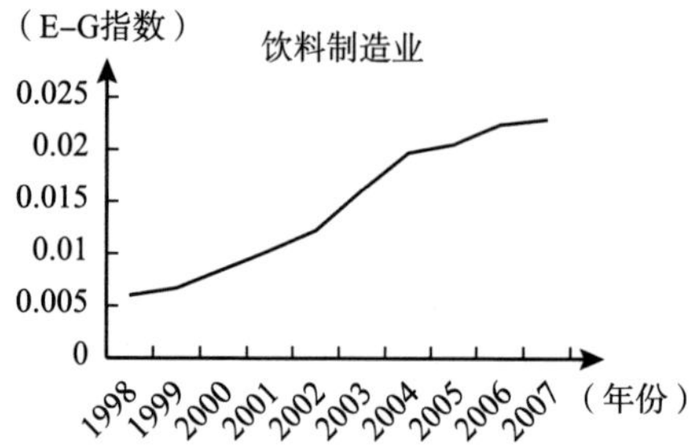
（E-G指数）
饮料制造业
0.025
0.02
0.015
0.01
0.005
0
1998 1999 2000 2001 2002 2003 2004 2005 2006 2007
（年份）

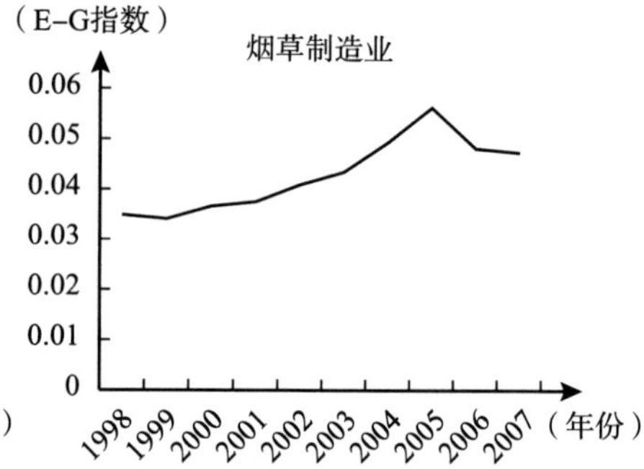
（E-G指数）
烟草制造业
0.06
0.05
0.04
0.03
0.02
0.01
0
1998 1999 2000 2001 2002 2003 2004 2005 2006 2007
（年份）

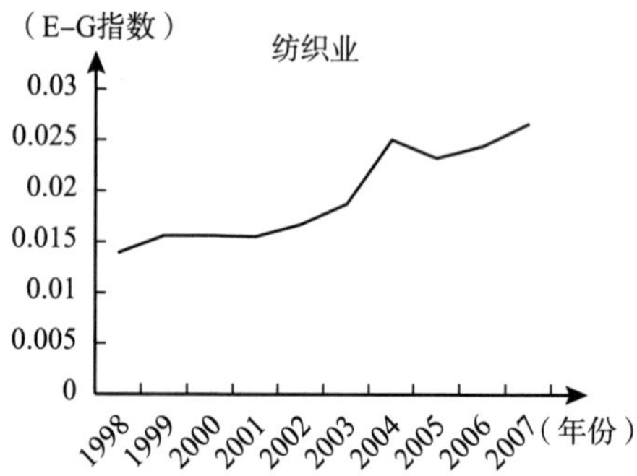
（E-G指数）
纺织业
0.03
0.025
0.02
0.015
0.01
0.005
0
1998 1999 2000 2001 2002 2003 2004 2005 2006 2007
（年份）

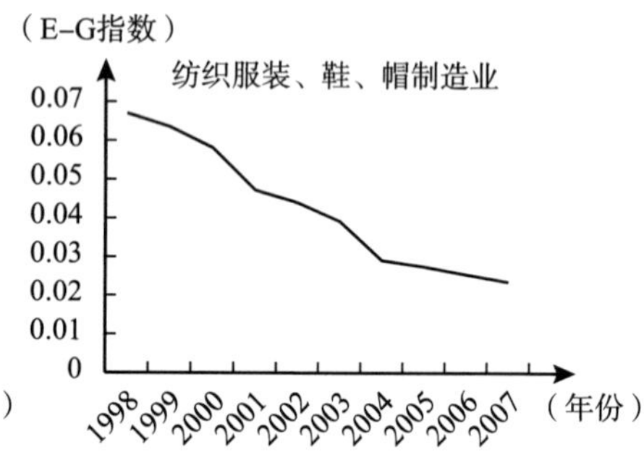
（E-G指数）
纺织服装、鞋、帽制造业
0.07
0.06
0.05
0.04
0.03
0.02
0.01
0
1998 1999 2000 2001 2002 2003 2004 2005 2006 2007
（年份）

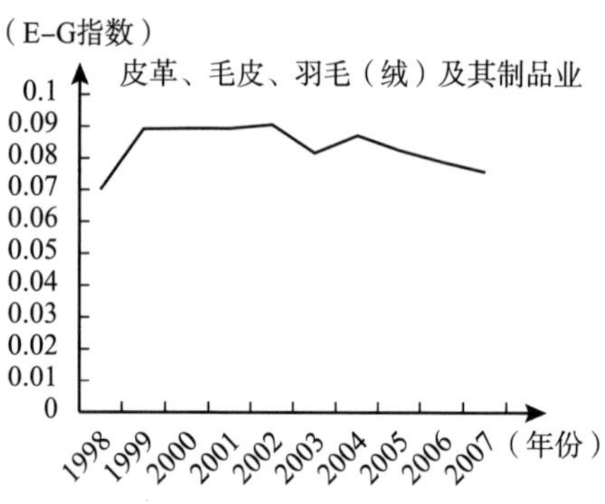
（E-G指数）
皮革、毛皮、羽毛（绒）及其制品业
0.1
0.09
0.08
0.07
0.06
0.05
0.04
0.03
0.02
0.01
0
1998 1999 2000 2001 2002 2003 2004 2005 2006 2007
（年份）

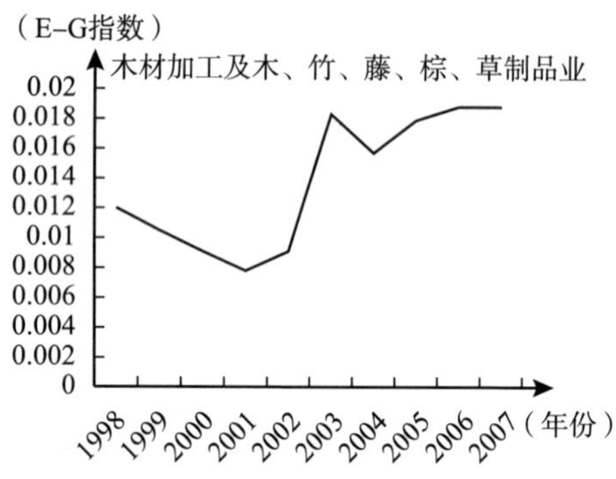
（E-G指数）
木材加工及木、竹、藤、棕、草制品业
0.02
0.018
0.016
0.014
0.012
0.01
0.008
0.006
0.004
0.002
0
1998 1999 2000 2001 2002 2003 2004 2005 2006 2007
（年份）

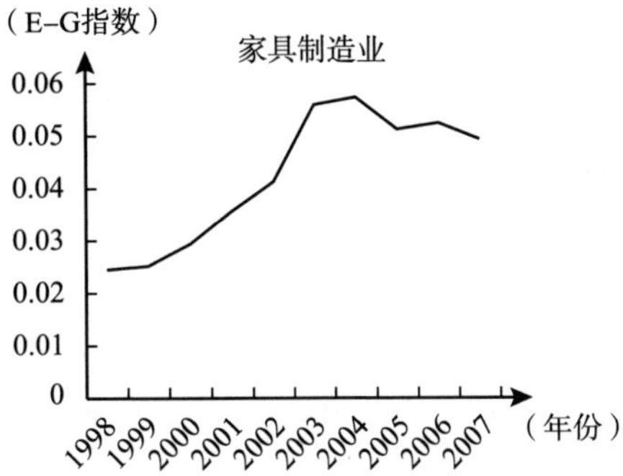
（E-G指数）
家具制造业
0.06
0.05
0.04
0.03
0.02
0.01
0
1998 1999 2000 2001 2002 2003 2004 2005 2006 2007
（年份）

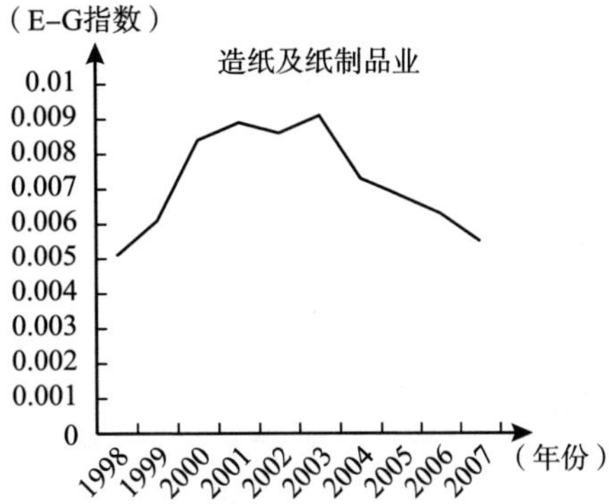
（E-G指数）
造纸及纸制品业
0.01
0.009
0.008
0.007
0.006
0.005
0.004
0.003
0.002
0.001
0
1998 1999 2000 2001 2002 2003 2004 2005 2006 2007
（年份）

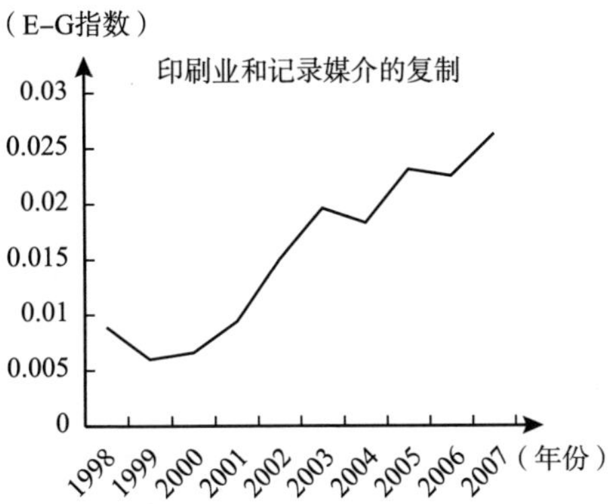
（E-G指数）
印刷业和记录媒介的复制
0.03
0.025
0.02
0.015
0.01
0.005
0
1998 1999 2000 2001 2002 2003 2004 2005 2006 2007
（年份）

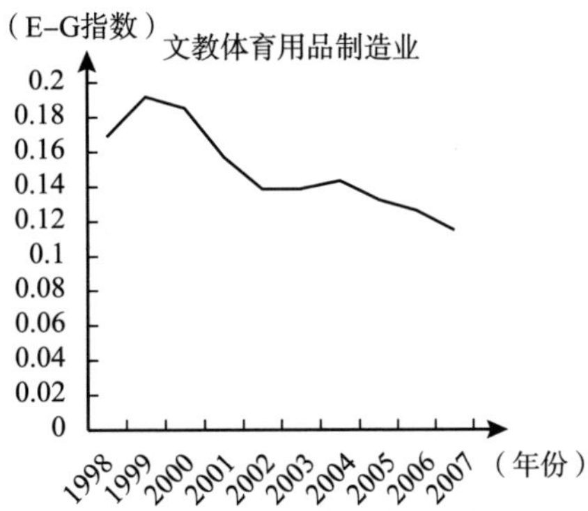
（E-G指数）
文教体育用品制造业
0.2
0.18
0.16
0.14
0.12
0.1
0.08
0.06
0.04
0.02
0
1998 1999 2000 2001 2002 2003 2004 2005 2006 2007
（年份）

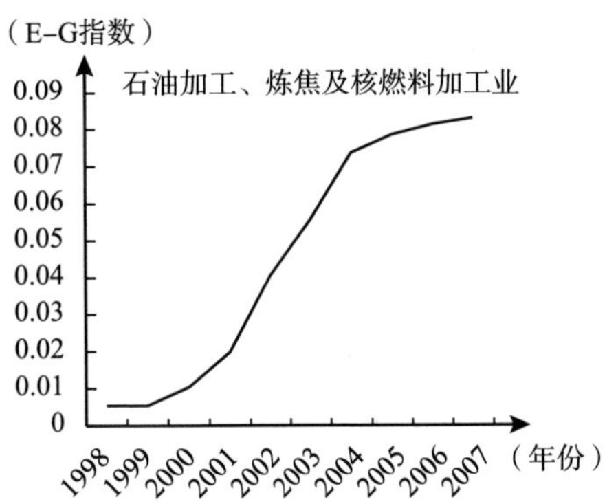
（E-G指数）
石油加工、炼焦及核燃料加工业
0.09
0.08
0.07
0.06
0.05
0.04
0.03
0.02
0.01
0
1998 1999 2000 2001 2002 2003 2004 2005 2006 2007
（年份）

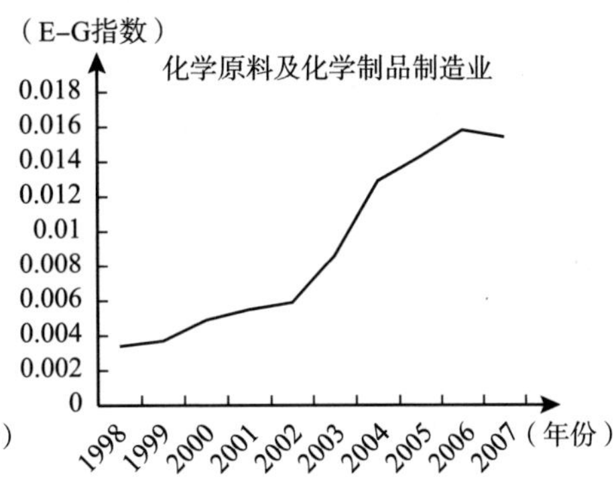
（E-G指数）
化学原料及化学制品制造业
0.018
0.016
0.014
0.012
0.01
0.008
0.006
0.004
0.002
0
1998 1999 2000 2001 2002 2003 2004 2005 2006 2007
（年份）

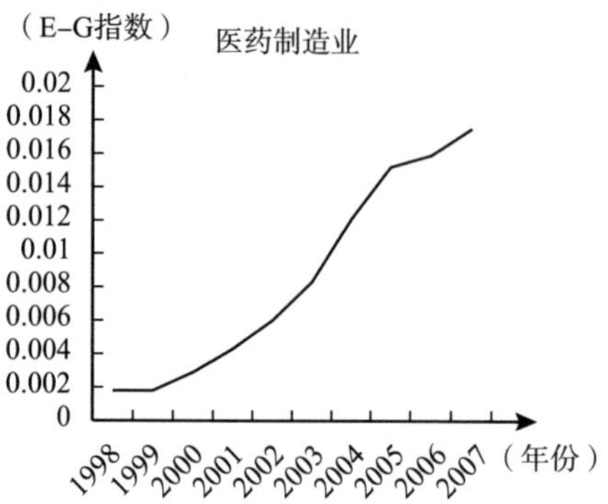
（E–G指数）
医药制造业
0.02
0.018
0.016
0.014
0.012
0.01
0.008
0.006
0.004
0.002
0
1998 1999 2000 2001 2002 2003 2004 2005 2006 2007
（年份）

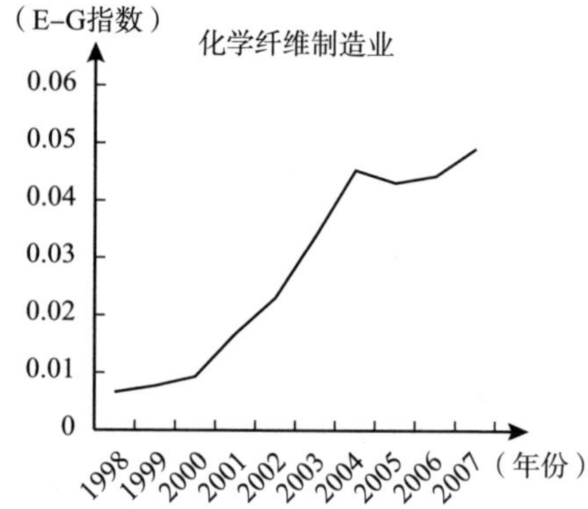
（E–G指数）
化学纤维制造业
0.06
0.05
0.04
0.03
0.02
0.01
0
1998 1999 2000 2001 2002 2003 2004 2005 2006 2007
（年份）

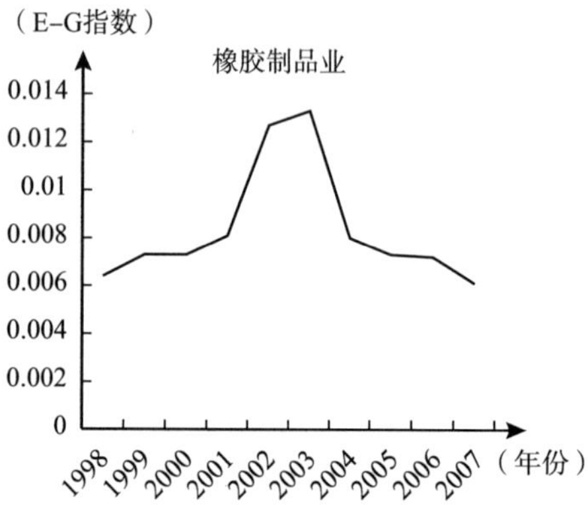
（E–G指数）
橡胶制品业
0.014
0.012
0.01
0.008
0.006
0.004
0.002
0
1998 1999 2000 2001 2002 2003 2004 2005 2006 2007
（年份）

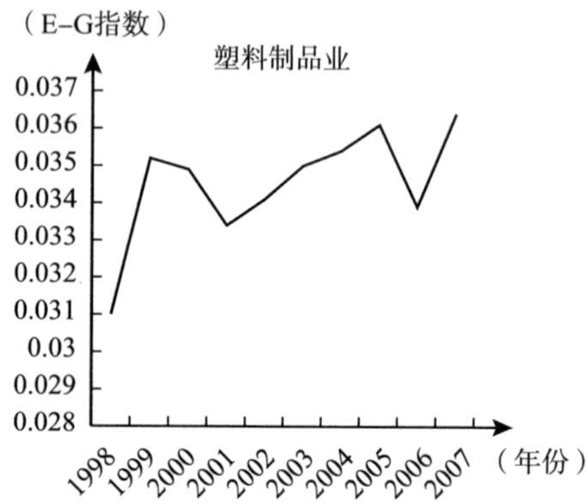
（E–G指数）
塑料制品业
0.037
0.036
0.035
0.034
0.033
0.032
0.031
0.03
0.029
0.028
1998 1999 2000 2001 2002 2003 2004 2005 2006 2007
（年份）

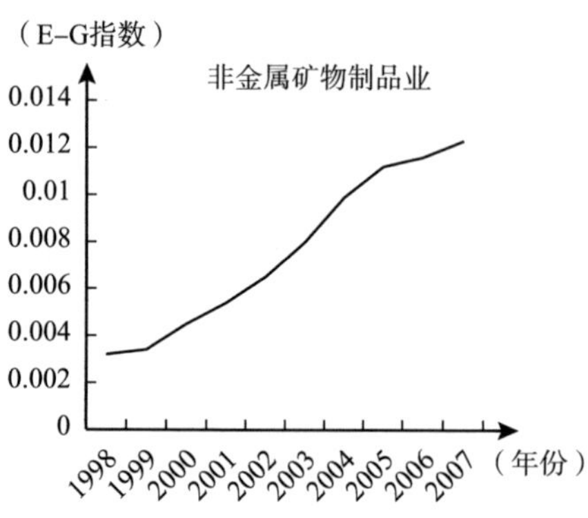
（E–G指数）
非金属矿物制品业
0.014
0.012
0.01
0.008
0.006
0.004
0.002
0
1998 1999 2000 2001 2002 2003 2004 2005 2006 2007
（年份）

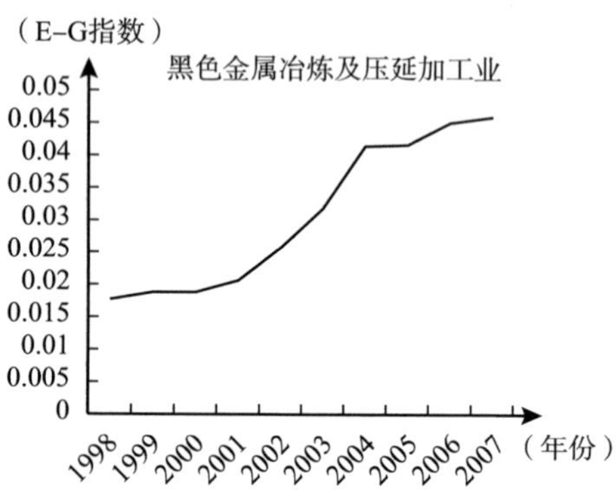
（E–G指数）
黑色金属冶炼及压延加工业
0.05
0.045
0.04
0.035
0.03
0.025
0.02
0.015
0.01
0.005
0
1998 1999 2000 2001 2002 2003 2004 2005 2006 2007
（年份）

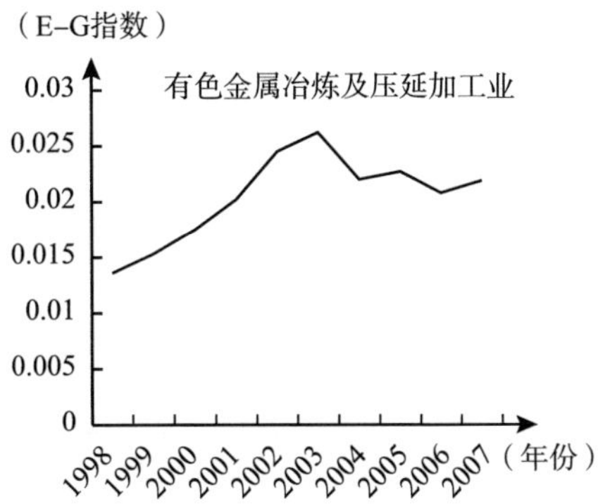
（E-G指数）
有色金属冶炼及压延加工业
0.03
0.025
0.02
0.015
0.01
0.005
0
1998 1999 2000 2001 2002 2003 2004 2005 2006 2007
（年份）

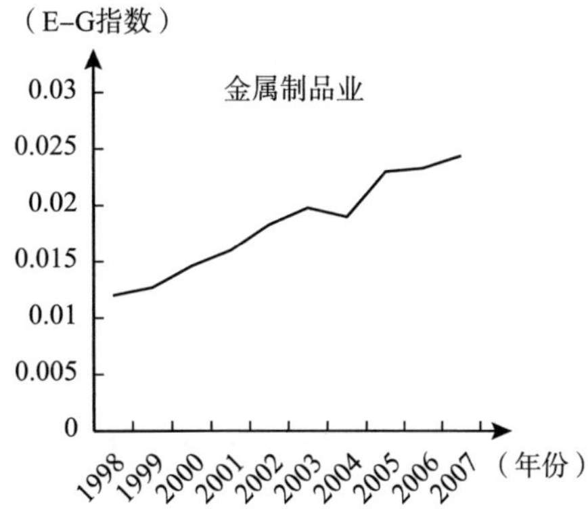
（E-G指数）
金属制品业
0.03
0.025
0.02
0.015
0.01
0.005
0
1998 1999 2000 2001 2002 2003 2004 2005 2006 2007
（年份）

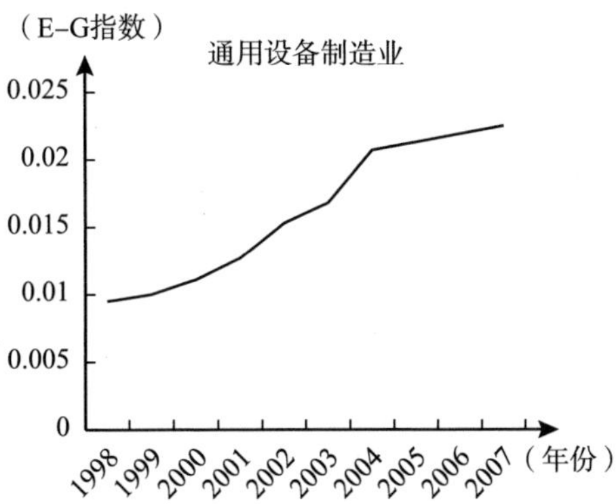
（E-G指数）
通用设备制造业
0.025
0.02
0.015
0.01
0.005
0
1998 1999 2000 2001 2002 2003 2004 2005 2006 2007
（年份）

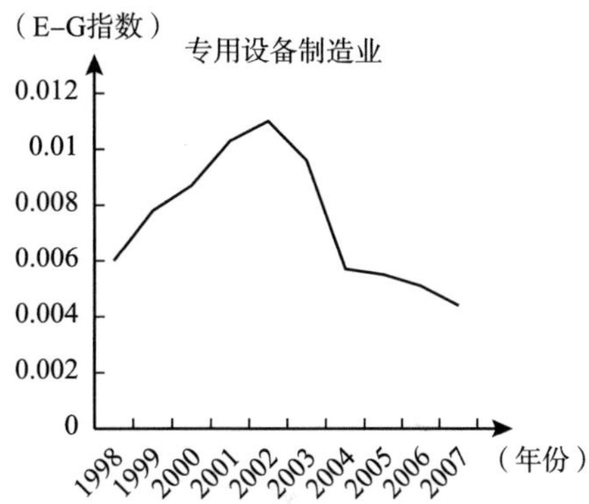
（E-G指数）
专用设备制造业
0.012
0.01
0.008
0.006
0.004
0.002
0
1998 1999 2000 2001 2002 2003 2004 2005 2006 2007
（年份）

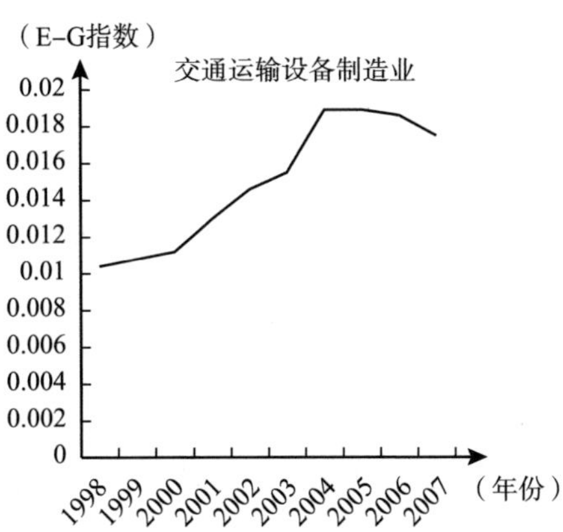
（E-G指数）
交通运输设备制造业
0.02
0.018
0.016
0.014
0.012
0.01
0.008
0.006
0.004
0.002
0
1998 1999 2000 2001 2002 2003 2004 2005 2006 2007
（年份）

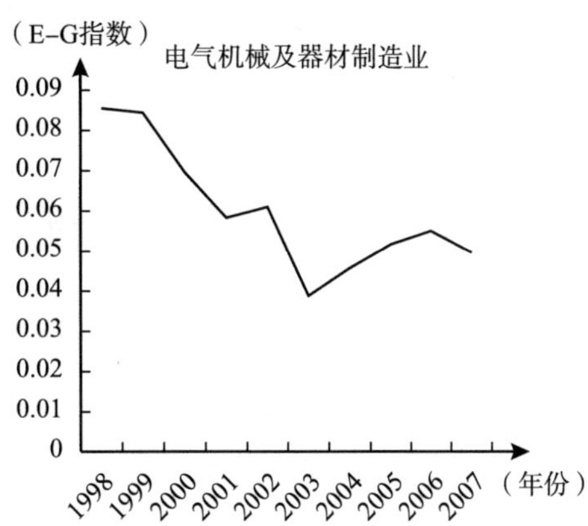
（E-G指数）
电气机械及器材制造业
0.09
0.08
0.07
0.06
0.05
0.04
0.03
0.02
0.01
0
1998 1999 2000 2001 2002 2003 2004 2005 2006 2007
（年份）

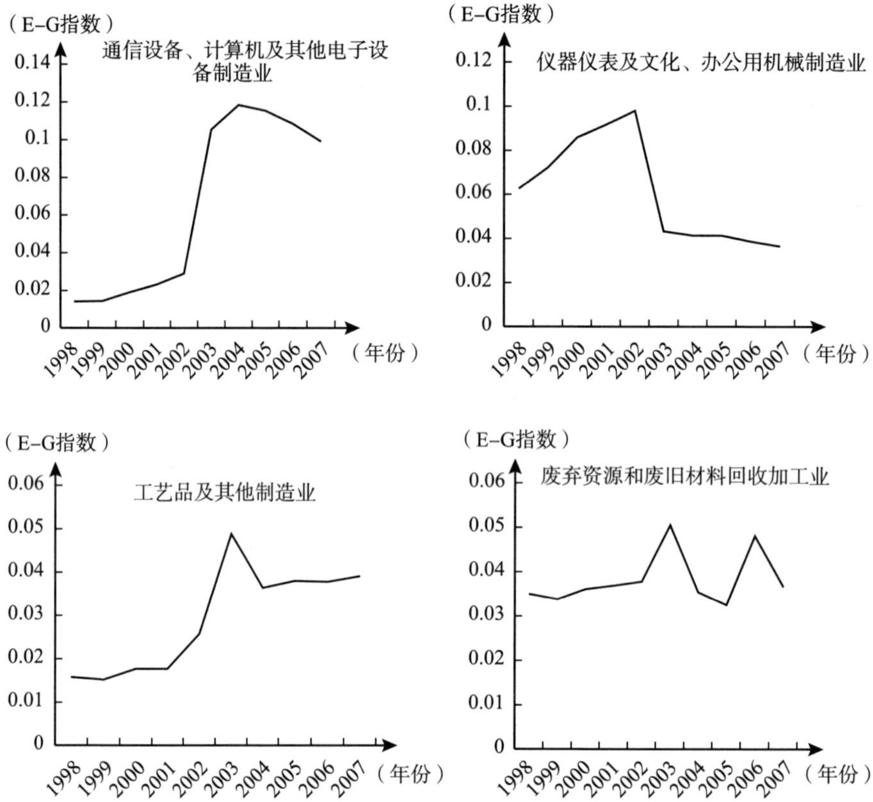

图 4-9　1998～2007 年二位数制造业行业 E-G 系数

资料来源：根据《中国工业企业数据库》整理。

4.4.4　实证模型及估计结果

（1）实证模型。

需要明确的是，由于研究出发点不同，本章第一个实证试图回答：城市交通可达性改善是否及如何会影响制造业的地理集中度？换句话说，改善交通基础设施，降低城市间的运输成本，会促进或阻碍制造业向哪些地区集聚或扩散？本节的实证研究出发点是试图进一步探讨哪些行业更加集聚。由于地区专业化指标的本质是比较各个地区之间的产业分布结构差异，影响产业空间分布的因素自然也是地区专业化程度的潜在影响因素。本节构建了某地区某产业的区位熵，用于度量该地区某产业的相对专业化程度，计算公式为：

$$lq_{ict} = \frac{q_{ict}/q_{ct}}{q_{it}/q_t} \tag{4-22}$$

其中，q_{ict}表示 t 年城市 c 产业 i 的就业人数；q_{ct}表示 t 年城市 c 制造业总人数，q_{it}表示 t 年行业 i 的总就业人数；q_t 表示全国制造业总就业人数。这一指标可以更细致地测度一个城市在特定行业上的专业化水平。该指数越高，表示城市 c 在产业 i 上的专业化优势更明显，反之则反是。本节构建如下实证模型：

$$\begin{aligned} lq_{ict} = {} & \alpha_0 + \alpha_1 lnacc_{ct} + \alpha_2 dmp_{ct} + \alpha_3 fmp_{ct} + \alpha_4 fdi_{ct} + \alpha_5 wage_{ct} + \alpha_6 human_{ct} \\ & + \alpha_7 cong_{ct} + \alpha_8 prot_{ct} + \alpha_9 endow_{ct} + \alpha_{10} resource + \alpha_{11} capital + \varepsilon_{ct} \end{aligned} \tag{4-23}$$

其中，下标 c 表示城市，i 表示制造业行业，t 表示年份，α_0 和 ε_{ct}分别表示常数项和误差项。

模型中选择的变量在前面基本提到，在此不再赘述。要补充介绍两个控制变量 dmp（国内市场潜能）和 fmp（国外市场潜能）。市场潜能在一定程度上可以反映城市能够获得的整体市场规模。对于市场潜能的度量，不同学者采用的测量方法不同，目前国际上最主流的度量方法是哈里斯（Harris，1954）提出的“市场潜能函数”和雷丁和维纳布尔斯（Redding & Venables，2004）构建的 Ma 指标和 Sa 指标。哈里斯（1954）把一个地区与之相关的所有市场加权求和而得到这个地区面对的市场潜能变量，不同市场到该地区的距离作为权数。本书主要参考并改进哈里斯（1954）提出的市场潜力定义，使各地级市的市场潜力变量不仅考虑其与国内贸易伙伴的经济规模和距离，同时考虑了其与国际主要贸易伙伴的经济规模和距离。在包含 N 个城市和 M 个对外贸易伙伴国或地区的经济体中，城市 i 面对的总市场潜力表示为：

$$mp_{it} = dmp_{it} + fmp_{it} \tag{4-24}$$

其中，mp_{it}是城市 i 在 t 年内面对的总市场潜力，由国内市场潜力和国外市场潜力组成，dmp_{it}表示该城市面对的国内市场潜力，fmp_{it}表示该城市面对的国外市场潜力。本书设定国内市场潜能指标如下①：

$$dmp_{it} = \sum_{i \neq j}^{N} Y_{jt}/D_{ij} + Y_{it}/D_{ii} \quad (4-25)$$

其中，Y_{it}是城市 i 在 t 年的市场需求，本书采用全市总人口代表，D_{ij}是城市 i 和城市 j 之间的欧式直线距离②，Y_{jt}是城市 j 在 t 年的市场需求，对于城市内部距离 D_{ii}，其计算公式为 $D_{ii} = 2/3\sqrt{area_i/\pi}$，公式中 area 为各地级市的行政区域面积③。

在国外市场潜力中，本书选取了我国 10 个主要的贸易伙伴国或地区④，分别是美国、日本、韩国、澳大利亚、巴西、俄罗斯和新加坡等国家以及欧盟、中国香港、中国台湾地区。这 10 个贸易伙伴进出口总额占全国进出口总额的绝大部分比例，基本能代表我国的境外市场。根据这些贸易伙伴的经济规模、国内地级市与这些贸易伙伴的距离，构建本书的国际市场潜力变量，具体如下：

$$fmp_{it} = \sum_{k=1}^{M} Y_{kt}/[(d_{ip} + d_{pk})] \quad (4-26)$$

其中，Y_{kt}是贸易伙伴国或地区 k 在 t 年的市场规模，采用该国或该地区的实际地区生产总值来代表。目标城市 i 到境外市场的运输成本由它们之间的距离来模拟，由两部分组成：d_{ip}为城市 i 到最近港口城市 p 的距离。为方便计算，本书选用了天津、上海和广州三个主要港口作为港口城市的代表，它们分别位于我国海岸线的北部、中部和南部，代表了我国主要港口的位置；d_{pk}则为该港口 p 到境外市场 k（具体为首都或最重要的经济中心）的距离⑤。

---

① 由于难以获得衡量各地区市场竞争程度的价格指数的具体数据，理论模型中的市场潜能往往无法直接计算得到，因而在实证研究中学者一般通过构建一些指标来近似地度量一个地区的市场潜能。

② 在计算各地级区域的市场潜能时，本书共使用了 282 个地区的指标，这意味着我们需要计算两两地级区域之间共 282 × (282 − 1)/2 = 39621 个距离数据。

③ 参考赫德和迈尔（Head & Mayer，2004），假设城市为圆形，圆心为企业所在地，消费者平均分布于圆盘上。

④ 不选用我国的每个贸易伙伴的原因是一些小的贸易伙伴的数据不全，而最大的 10 个贸易伙伴的数据在样本期间齐全，数据来源于世界银行官网（http：//www. worldbank. org/）。

⑤ 本书依次分别选取了纽约、香港、东京、首尔、台北、布鲁塞尔、悉尼、里约热内卢、莫斯科和新加坡作为十大贸易伙伴美国、中国香港、日本、韩国、中国台湾、欧盟、澳大利亚、巴西、俄罗斯和新加坡的代表。

（2）地区专业化描述性统计。

表4－13列示了基于上述公式计算的分地区分行业的制造业区位熵，测量地区专业化情况。在四大区域中，东部地区制造业区位熵排在首位的行业包括：农副食品加工业；纺织业；纺织服装、鞋、帽制造业；皮革、毛皮、羽毛（绒）及其制品业；家具制造业；造纸及纸制品业；印刷业和记录媒介的复制；文教体育用品制造业；橡胶制品业；塑料制品业；金属制品业；通用设备制造业；通信设备、计算机及其他电子设备制造业等。东北部地区排在首位的行业包括：木材加工及木、竹、藤、棕、草制品业；化学纤维制造业；专用设备制造业；电气机械及器材制造业。中部地区排在首位的行业仅有食品制造业一个行业。西部地区排在首位的行业包括：饮料制造业；烟草制造业；石油加工、炼焦及核燃料加工业；化学原料及化学制品制造业；医药制造业；非金属矿物制品业；黑色金属冶炼及压延加工业；有色金属冶炼及压延加工业；交通运输设备制造业；仪器仪表及文化、办公用机械制造业。纺织、服装、皮毛、家具制造、造纸业、印刷业、文教体育、橡胶和塑料制造业以及通信设备、计算机及其他电子设备制造业等行业是东部地区的传统优势产业，由于东部地区积累了丰富的生产经验技能以及大量熟练的劳动力，在原料加工生产方面具有绝对的优势。同时，该地区靠近最终消费品所需的巨大市场。改革开放后，国家实施的出口导向型发展战略进一步巩固扩大了东部地区这部分行业优势。另外，东部地区由于积累了丰厚的产业资本、技术以及人力资源，在金属制品、通用设备制造业以及电子通信等行业也实现了快速发展，诞生和吸引大量企业进入，形成产业集聚区。

再看中西部地区，这两个地区行业优势较为明显的一般都是资源导向型的行业。如烟草加工业，该行业严重依赖于烟叶的生产，在西部地区尤其是西南部地区（如云南、贵州等地）拥有得天独厚的优势，因此烟草加工业得以在此集聚。此外，石油加工、化学原料及制造业、非金属矿物、黑色金属、有色金属等行业都属于矿产资源开发利用行业，更加依赖于先天固有的资源分布，而这些矿产资源在西部地区分布密集，因此这些行业在西部地区占有较大份额不足为奇。东北地区在木材加工等制品业上具有较大比重，这跟该地区拥有丰富的森林资源紧密相关。同时，东北地区在专用设备制造业、电气机械及器材制造业方面也具有领先优势，这与该区雄厚的机械制造业基础有密切联系，作为老工业基地，东北地区积累了大量的制造业技术以及人力资本。至于食品加工业以及医药制造业，由于这些行业需要靠近本地市场，满足本地市场需求，因此其在各地区的空间分布差异并不明显。表 4 – 13 列示了基于上述公式计算的分地区分行业的制造业区位熵。

表 4 – 13　　　　分地区分行业的制造业区位熵

制造业	东部地区	东北部地区	中部地区	西部地区
农副食品加工业	**1.696**	1.347	1.267	1.182
食品制造业	1.185	0.881	**1.392**	0.857
饮料制造业	1.056	1.272	1.651	**2.331**
烟草制造业	1.370	1.764	3.459	**6.213**
纺织业	**1.144**	0.511	1.026	0.749
纺织服装、鞋、帽制造业	**1.314**	0.405	0.420	0.191
皮革、毛皮、羽毛（绒）及其制品业	**1.398**	0.317	0.450	0.245
木材加工及木、竹、藤、棕、草制品业	1.747	**2.086**	1.672	0.835
家具制造业	**1.352**	1.118	0.567	0.557
造纸及纸制品业	**1.225**	0.973	1.018	1.031
印刷业和记录媒介的复制	**0.995**	0.473	0.857	0.913
文教体育用品制造业	**1.478**	0.280	0.495	0.061
石油加工、炼焦及核燃料加工业	0.926	2.495	2.012	**2.689**
化学原料及化学制品制造业	0.988	0.991	1.249	**1.451**
医药制造业	1.019	1.255	1.162	**1.257**
化学纤维制造业	1.242	**2.636**	1.577	1.281
橡胶制品业	**1.174**	0.851	0.829	0.969
塑料制品业	**1.143**	0.472	0.549	0.510
非金属矿物制品业	1.178	0.827	1.325	**1.371**
黑色金属冶炼及压延加工业	0.886	1.730	1.377	**1.929**
有色金属冶炼及压延加工业	0.732	1.132	1.891	**3.646**
金属制品业	**1.241**	0.496	0.508	0.532
通用设备制造业	**0.917**	0.868	0.779	0.875

续表

制造业	东部地区	东北部地区	中部地区	西部地区
专用设备制造业	0.904	**1.078**	0.937	0.932
交通运输设备制造业	0.740	1.111	0.946	**1.198**
电气机械及器材制造业	0.942	**1.854**	1.339	1.655
通信设备、计算机及其他电子设备制造业	**0.946**	0.469	0.443	0.732
仪器仪表及文化、办公用机械制造业	1.031	0.532	0.507	**1.088**
工艺品及其他制造业	**1.227**	0.677	0.754	1.077
废弃资源和废旧材料回收加工业	**1.954**	0.897	1.893	0.978
总均值	1.164	1.041	1.103	1.320

注：上表计算的是 1998 ~ 2007 年的平均值，加粗黑体数字表示该值为各区比较中的最高值。
资料来源：笔者自行整理计算。

表 4 - 14 在表 4 - 13 的基础上，分析了这些分地区分行业的制造业分布变化趋势。总体上看，与表 4 - 13 的分析基本一致。部分行业拥有稳固的地区比较优势，其他地区很难超越。但是各地区的不同行业的制造业区位熵也处在动态调整中，有些行业趋于集中，有些行业趋于分散，很难找出明显的规律性。

表 4 - 14　　　　分年份、地区及行业的制造业分布情况

行业	东部地区			东北地区			中部地区			西部地区		
	1998 年	2007 年	变化	1998 年	2007 年	变化	1998 年	2007 年	变化	1998 年	2007 年	变化
13	**1.527**	1.694	+	1.127	**1.971**	+	1.116	1.386	+	0.772	1.713	+
14	**1.328**	1.060	-	0.861	1.153	+	0.963	**1.690**	+	0.830	1.019	+
15	1.124	1.052	-	0.991	1.563	+	1.164	1.949	+	**1.537**	**2.989**	+
16	1.001	2.148	+	0.986	2.585	+	3.016	3.718	-	**4.095**	**8.912**	+
17	**1.085**	**1.172**	+	0.605	0.393	-	1.016	0.947	-	1.044	0.667	-
18	**1.642**	**1.106**	-	0.335	0.465	+	0.371	0.494	+	0.225	0.149	-
19	**1.694**	**1.153**	-	0.555	0.138	+	0.468	0.503	+	0.390	0.225	-
20	1.428	2.108	+	**1.464**	**2.827**	+	0.959	1.858	+	0.850	1.025	+
21	**1.544**	**1.164**	-	1.130	0.906	-	0.668	0.454	-	0.847	0.391	-

续表

行业	东部地区			东北地区			中部地区			西部地区		
	1998 年	2007 年	变化	1998 年	2007 年	变化	1998 年	2007 年	变化	1998 年	2007 年	变化
22	**1.172**	**1.220**	+	1.051	0.847	-	0.979	1.023	+	1.050	1.082	+
23	**1.099**	**1.001**	-	0.686	0.357	-	0.904	0.816	-	1.021	0.966	-
24	**1.816**	**1.325**	-	0.308	0.195	-	0.384	0.549	+	0.103	0.050	-
25	1.034	0.824	-	**2.480**	2.271	-	1.700	2.125	+	1.178	**3.450**	+
26	0.947	1.072	+	0.952	1.023	+	1.140	1.400	+	**1.427**	**1.472**	+
27	**1.068**	0.988	-	0.999	**1.543**	+	0.960	1.337	+	1.051	1.400	+
28	1.456	1.001	-	**1.515**	**3.213**	+	1.397	1.450	+	1.150	1.941	+
29	**1.235**	**1.152**	-	0.956	0.696	-	0.851	0.711	-	1.215	0.734	-
30	**1.460**	**0.990**	-	0.498	0.416	-	0.586	0.508	-	0.596	0.452	-
31	1.176	1.191	+	0.695	0.987	+	**1.273**	1.363	+	1.248	**1.391**	+
32	0.694	1.157	+	1.467	**2.021**	+	1.300	1.439	+	**2.436**	1.864	-
33	0.545	0.933	+	0.908	1.144	+	1.756	1.970	+	**4.424**	**3.329**	-
34	**1.233**	**1.196**	-	0.558	0.473	-	0.634	0.469	-	0.747	0.429	-
35	0.896	0.931	+	0.814	0.892	+	0.871	0.697	-	**1.293**	0.713	-
36	0.874	0.902	+	0.933	**1.042**	+	0.999	0.859	-	**1.077**	0.835	-
37	0.706	0.892	+	1.040	**1.228**	+	1.030	0.967	-	**1.326**	1.159	-
39	0.911	**0.941**	+	5.543	0.346	-	3.995	0.501	-	**8.470**	0.368	-
40	1.091	**0.791**	-	0.618	0.172	-	0.702	0.250	-	**1.094**	0.596	-
41	1.238	**0.934**	-	0.538	0.501	-	0.459	0.588	+	**1.659**	0.688	-
42	0.960	**1.379**	+	0.909	0.542	-	0.682	0.717	+	**2.804**	0.572	-
43	**2.085**	1.735	-	0.274	2.252	+	0.824	2.932	+	0.319	**3.235**	+

注：（1）表中行业序号所代表的行业分别为：13～17：农副食品加工业；食品制造业；饮料制造业；烟草制造业；纺织业。18～22：纺织服装、鞋、帽制造业；皮革、毛皮、羽毛（绒）及其制品业；木材加工及木、竹、藤、棕、草制品业；家具制造业；造纸及纸制品业。23～27：印刷业和记录媒介的复制；文教体育用品制造业；石油加工、炼焦及核燃料加工业；化学原料及化学制品制造业；医药制造业。28～32：化学纤维制造业；橡胶制品业；塑料制品业；非金属矿物制品业；黑色金属冶炼及压延加工业。33～37：有色金属冶炼及压延加工业；金属制品业；通用设备制造业；专用设备制造业；交通运输设备制造业。39～43：电气机械及器材制造业；通信设备、计算机及其他电子设备制造业；仪器仪表及文化、办公用机械制造业；工艺品及其他制造业；废弃资源和废旧材料回收加工业。（2）加粗黑体数字表示该值为各区最高值。

资料来源：笔者自行计算整理。

（3）实证分析。

从理论上分析，随着运输成本不断下降，地区间贸易更容易开展，有利于促进地区专业化，因为消费者可以以更低的价格从外地购买所需产品以满足本地市场需求，而无须自身生产所有的产品，这样反而有利于本地企业利用规模经济带来的好处，专业化生产某一种或几种产品，在满足自身需求的同时，同时用于出口。因此，运输成本的下降将促进地区间分工的发展（Abdel - Rahman，1996；Aiginger & Rossi - Hansberg，2006）。但从全部样本的估计结果看（表 4 - 15 第 1 列），交通可达性改善并没有对制造业区位熵产生显著影响。换句话说，就全部制造业而言，降低地区间运输成本并没有带来地区专业化的提升或下降，这与以往的研究结论存在差异。可能的原因是由于制造业内部的行业种类众多，不同行业类型存在要素投入密集度、产业关联强度等巨大差异，加总后的总制造业可能掩盖了不同行业的异质性，进而影响了地区专业化水平。

为此，本书根据制造业二位数行业代码进行分类，分成 30 组子样本，分别进行估计。表 4 - 15 的估计结果显示，交通可达性对制造业产业集聚的影响确实存在明显的行业差异性。在 30 个二位数行业中，有 10 个行业的估计系数显著为负（系数范围从 - 3.581 到 - 1.203），这 10 个行业主要包括：农副食品加工业，食品制造业，饮料制造业，纺织服装、鞋、帽制造业，皮革、毛皮、羽毛（绒）及其制品业，文教体育用品制造业，橡胶制品业，塑料制品业，非金属矿物制品业以及黑色金属冶炼及压延加工业。其中前 8 个行业主要为劳动密集型产业，后两个行业为资本密集型。估计结果中有 11 个行业的估计系数显著为正（系数范围从 0.570 到 6.689），这 11 个行业主要包括：纺织业，造纸及纸制品业，印刷业和记录媒介的复制，石油加工、炼焦及核燃料加工业，化学原料及化学制品制造业，有色金属冶炼及压延加工业，专用设备制造业，交通运输设备制造业，电气机械及器材制造业，通信设备、计算机及其他电子设备制造业以及工艺品及其他制造业。根据前面对制造业的分类，在技术密集型产业中，除医药制造业以及化学纤维制造业的估计系数不显著外，其他技术密集型产业都显著为正。另外，还有 9 个行业的估计系数不显著，这主要涉及资本密集型行业。

表 4 - 15　　分行业估计结果①

二位数行业区位熵	交通可达性	二位数行业区位熵	交通可达性
农副食品加工业	**-1.752** *** (0.599)	化学纤维制造业	-2.416 (1.990)
食品制造业	**-2.471** *** (0.441)	橡胶制品业	-1.203 ** (0.506)
饮料制造业	**-1.795** *** (0.669)	塑料制品业	-1.510 *** (0.258)
烟草制造业	1.811 (2.065)	非金属矿物制品业	-1.622 *** (0.347)
纺织业	1.914 *** (0.245)	黑色金属冶炼及压延加工业	-2.272 ** (0.946)
纺织服装、鞋、帽制造业	**-3.581** *** (0.385)	有色金属冶炼及压延加工业	2.771 *** (1.068)
皮革、毛皮、羽毛（绒）及其制品业	**-3.237** *** (0.656)	金属制品业	0.114 (0.484)
木材加工及木、竹、藤、棕、草制品业	-1.562 (1.431)	通用设备制造业	0.001 (0.253)
家具制造业	0.739 (0.672)	专用设备制造业	0.753 ** (0.354)
造纸及纸制品业	0.982 ** (0.411)	交通运输设备制造业	1.508 *** (0.454)
印刷业和记录媒介的复制	0.570 ** (0.232)	电气机械及器材制造业	5.963 *** (1.760)
文教体育用品制造业	**-1.433** * (0.837)	通信设备、计算机及其他电子设备制造业	1.553 *** (0.399)
石油加工、炼焦及核燃料加工业	6.689 *** (1.693)	仪器仪表及文化、办公用机械制造业	-0.554 (0.465)

① 鉴于研究问题的相对重要性，且为简约篇幅，本书并没有列出其他控制变量的估计结果。

续表

二位数行业区位熵	交通可达性	二位数行业区位熵	交通可达性
化学原料及化学制品制造业	2.130*** (0.352)	工艺品及其他制造业	1.451** (0.594)
医药制造业	-0.255 (0.466)	废弃资源和废旧材料回收加工业	-1.689 (2.081)

注：(1) 以上模型采用的是 OLS 估计方法，并使用稳健性标准误；(2) 被解释变量为各地级市分行业的区位熵 lq_ 2c；(3) 表中并未报告控制变量的估计结果，本书包括的控制变量有：国内市场潜能（dmp）、国外市场潜能（fmp）、实际利用外资（fdi）、城市职工工资（wage）、人力资本（hum）、拥挤成本（cong）、地方保护（gover）、资源禀赋（endow）、资源型城市虚拟变量（resource）、省会城市虚拟变量（capital）。(4) 加粗黑体数字表示显著为负；(5) *、** 以及 *** 分别表示显著性水平为 10%、5% 以及 1%。

进一步地，本书将 30 个二位数制造业行业归总为劳动密集型、资本密集型以及技术密集型三类①，深入探讨交通可达性对不同制造业集聚的异质性影响（见表 4-16）。从估计结果看，不同类型的制造业中，交通可达性对区位熵的估计系数存在巨大差异。其中，在劳动密集型行业中，交通可达性的估计系数为 -1.174，且在 1% 的统计水平下显著，这说明改善运输条件，不利于劳动密集型企业的空间集聚，反而有利于这些企业向外扩散。在技术密集型行业中，交通可达性的估计系数为 1.577，且在 1% 的统计水平下显著，这说明完善交通基础设施、降低运输成本，有利于技术型企业的空间集中。对于资本密集型企业，交通可达性的估计系数不显著，这说明运输成本对于该类型的企业影响甚微，市场距离不是影响该类型行业的关键性因素。

① 需要说明的是，关于劳动密集型、资本密集型以及技术密集型产业分类有多种划分方法，目前依然没有统一的标准。本书参考江静、刘志彪、于明超（2007）的划分方法，本书将全行业类别按照生产要素使用密集度这一分类依据，将行业分类劳动密集型、资本密集型以及技术密集型三类。其中，劳动密集型包括农副食品加工业、食品制造业、饮料制造业、烟草加工业、纺织业、服装及其他纤维制品制造业、皮革毛皮羽毛（绒）及其制品业、木材加工及木竹藤棕草制品业、家具制造业、印刷业和记录媒介的复制、文教体育用品制造业、橡胶制品业和塑料制品业等 13 个行业；资本密集型包括石油加工炼焦及核燃料加工业、非金属矿物制品业、黑色金属冶炼及压延加工业、有色金属冶炼及压延加工业、造纸及纸制品业、金属制品业、通用设备制造业、专用设备制造业和仪器仪表及文化办公用机械制造业等 9 个行业；技术密集型包括医药制造业、化学原料及化学制品制造业、化学纤维制造业、交通运输设备制造业、电气机械及器材制造业、通信设备计算机及其他电子设备制造业等 6 个行业。

表 4-16　　三类制造业估计结果分析

	全部样本	劳动密集型	资本密集型	技术密集型
lnacc	-0.063 (0.158)	-1.174*** (0.223)	0.414 (0.278)	1.577*** (0.351)
lndmp	-0.032 (0.114)	0.887*** (0.147)	-0.667*** (0.220)	-0.623** (0.250)
lnfmp	-0.459** (0.192)	-1.395*** (0.284)	0.737** (0.370)	0.025 (0.280)
lnfdi	-0.025*** (0.009)	0.026** (0.013)	-0.093*** (0.018)	-0.001 (0.019)
lnwage	-0.106 (0.075)	-0.932*** (0.124)	0.576*** (0.114)	0.505*** (0.116)
lnhuman	0.061 (0.053)	0.171** (0.072)	0.112 (0.092)	0.014 (0.112)
lncong	-0.039** (0.016)	-0.157*** (0.021)	0.074** (0.031)	-0.104*** (0.027)
lnprot	0.007 (0.022)	0.095*** (0.035)	-0.163*** (0.039)	0.105*** (0.027)
lnendow	-0.084*** (0.006)	-0.074*** (0.010)	-0.084*** (0.010)	-0.090*** (0.013)
resource	-0.080*** (0.024)	-0.251*** (0.041)	0.237*** (0.039)	-0.247*** (0.041)
capital	-0.032 (0.034)	0.013 (0.051)	-0.101* (0.055)	0.0121 (0.083)
_cons	4.386*** (1.174)	12.32*** (1.791)	-4.693** (2.122)	-0.901 (1.655)
省份效应	控制	控制	控制	控制
年份效应	控制	控制	控制	控制
N	56158	24201	18019	10981
R^2	0.014	0.060	0.023	0.053

注：(1) 以上模型采用的是 OLS 估计方法，并使用稳健性标准误；(2) 被解释变量为各地级市分行业的区位熵 lq_2c；(3) *、** 以及 *** 分别表示显著性水平为 10%、5% 以及 1%。

4.5 交通可达性的空间溢出效应

4.5.1 研究问题

地理学第一定律（First Law of Geography）指出，“所有事物都与其他事物相关联，但较近的事物比较远的事物关联更紧密”（Tobler，1970）。随着交通基础设施建设的加速推进，不同城市（群）之间的时间距离不断缩短，经济贸易互动逐渐增多，由交通一体化所带来的区域同城化效应逐步显现（张学良，2012）。

交通基础设施具有典型的外部性与网络性。大规模的交通基础设施投资建设对地区内与地区间的产业空间分布的影响非常深远。本章前文已经验证过，政府交通基础设施投资在促进制造业产业向该地集聚的过程中，发挥着显著的正向作用。本节关心的问题是，在中国地级市这一空间尺度上，由于城市可达性改善带来的经济影响是否会扩散到周边区域，在分析交通基础设施对产业空间分布的影响效应时，是否应该考虑空间溢出效应。换句话说，本地级市的交通可达性除对当地制造业产业集聚产生影响效应外，是否会对周边外地的制造业空间分布也产生显著影响；如果可以产生溢出效应，那么到底是以正的促进作用为主，还是产生负的空间溢出效应？深入研究这一问题对如何准确评估判断政府交通投资政策具有很重要的参考借鉴价值。

近些年来，空间统计及空间计量经济学蓬勃发展并进入主流。由于地理信息系统（GIS）的发展，空间数据或包括地理信息的数据日益增多。同时，以克鲁格曼为代表的一大批经济学家努力将空间维度引入国际经济学和产业集聚问题的研究为空间经济学理论和应用创造大量的需求。本节将使用中国地级市层面的数据，运用空间计量的估计方法，在引入不同意义的空间权重矩阵考察其对地区制造业空间分布的空间溢出效应。

4.5.2 文献述评与理论分析

(1) 文献述评。

伴随新增长理论的不断发展，从新增长理论视角出发研究交通基础设施投资对经济增长及产业发展的空间溢出效应的研究逐渐增多，但现有研究没有一致的结论。一方面，某地交通基础设施改善可以在一定程度上降低邻近地区的运输成本，对邻近地区的经济及产业发展产生正向空间溢出效应（Munnell，1992；Berechman et al.，2006；Del Bo & Florio，2012）；另一方面，外地交通基础设施会吸引本地的经济活动向外地发生空间转移，降低本地经济产出以及长期就业活动的数量，从而产生负向的空间溢出效应（Boarnet，1998）。宝纳特（Boarnet，1998）发现美国公路对存在生产要素竞争的邻近地区的生产力存在明显的负向溢出效应。一些后继学者不断验证了这一结论（Ozbay et al.，2007；Sloboda & Yao，2008）。

近几年国内也开始出现一些类似的研究。刘勇（2010）利用改革开放至2008年省级面板数据分析各类交通基础设施投资对区域经济增长的空间溢出作用，结论发现，从全国范围看，外省公路和水运交通对本省区域经济增长存在着显著的正向效应，而且这种溢出效应随着时间推移不断增大。张学良（2012）构建了交通基础设施对区域经济增长的空间溢出模型，通过利用1993~2008年的全国省级面板数据展开讨论，证实了交通基础设施对区域经济增长具有显著的空间溢出效应，但正的空间溢出效应和负的空间溢出效应都存在。张志、周浩（2012）利用1998~2007年省级面板数据分析交通基础设施的空间溢出效应。实证结果表明，交通基础设施的空间溢出效应更多地是通过经济联系发生作用，且对第二产业的溢出效应大于第三产业。李涵、唐丽淼（2015）构建了一个空间固定效应模型，从微观渠道估计我国省级层面的公路交通对企业库存的空间溢出效应。研究发现空间溢出效应确实存在，而且外省公路设施的空间溢出效应在后期更加显著。张浩然、衣保中（2012）采用空间杜宾面板模型检验基础设施对全要素生产率的空间溢出效应，但并没有发现交通基础设施能对邻近城市的TFP产生显著的空间溢出效应。

（2）理论分析。

传统经济学理论一般假定空间是匀质的，生产要素、商品及服务在空间上的流动是瞬时完成的，这些产品及生产要素的运输被假设为不需要任何成本，交通基础设施对区域经济发展及产业分布不可能会产生所谓的空间溢出效应。然而现实的经验观察却告诉我们，生产要素及商品的流动或运输成本不可能为零。在新经济地理学看来，假设运输成本存在是其理论模型构建的三大基石之一，运输成本是决定厂商区位选择和产业活动空间分布的不可或缺的关键因素。

交通基础设施具有网络属性以及区域外部性，空间网络化特征使交通基础设施将各个区域的经济活动连为一体，有利于改善区域间要素与商品的流动，降低企业和工人的运输成本，但企业在不同地区间的迁移会使交通基础设施对不同区域可能会产生不同方向的溢出效应：一方面，通过扩散效应，改善地区间交通会促使产业增长过快或产业集聚出现负外部性的地区将部分产业活动迁移到产业发展较为缓慢的落后地区，从而表现为正的空间溢出效应；另一方面，交通基础设施也可能产生负的空间溢出效应，交通可达性会改变所在地区的对外吸引力，提升区域的区位优势，通过集聚效应，吸引劳动力、物质资本等生产要素和产业活动更多的流向原先产业活动较为集中的地区，这些先发地区可能拥有广阔的消费市场、良好的制度环境、强大的科技力量以及优越的人力资本，这些优势会累积起来，可能会造成其他地区经济衰退，一个发达地区的产业增长可能会牺牲其他地区的产业发展。区域经济学理论认为，在要素的空间聚集与扩散过程中，交通基础设施既是优势区域空间聚集的前提，良好的交通运输网络能促进各种生产要素注入先行地区。同时，交通基础设施又是其空间扩散的条件，良好的交通基础设施是落后地区吸引优势地区要素流动与产业梯度转移的必备条件。

4.5.3 实证分析

（1）权重矩阵构建。

在实证分析中，本书利用空间计量经济学的方法，建立一个既包含本地区交通基础设施又包括其他相关区域交通基础设施的计量模型，就交通基础设施对城市制造业产业集聚的空间溢出进行实证分析。进行空间计量分析的前提是度量区域间的空间距离，本书引入空间权重矩阵。构建空间权重矩阵的方法有很多种，在实证研究中，不同学者根据研究目的需要构建相应的空间权重矩阵。本书主要构建以下三类：

1）二进制 0~1 空间权重矩阵。这是近些年来较为常用的构建方法，用于考察地理因素对溢出效应的影响。如果两个城市之间是相邻的，有共同的边界，则对应的权重元素为 1；如果两个城市不相邻，则对应的权重元素为 0。

$$W_{ij}=\begin{cases}1 & \text{当城市 } i \text{ 和城市 } j \text{ 相邻接}\\ 0 & i=j \text{ 或两城市不相邻}\end{cases} \tag{4-27}$$

2）反映地理实际距离的空间权重矩阵。权重矩阵中的各元素为各地级市的实际交通距离，这些交通距离的数据是在 2003 年全国公路网的基础上计算而得。完善交通网络，会将交通网络的各节点城市连接成一个整体，此时一个地区的产业集聚会带动其他周边地区产业的空间分布。

3）反映经济距离的人均地区生产总值空间权重矩阵。对于地区经济发展而言，地理因素并不能完全概括交通基础设施的空间溢出效应，地区间的经济联系紧密度并不仅仅依赖于地理间距离远近而发生相应作用，可能还会受到地区间经济及产业发展水平的影响。因此，本书还选择人均地区生产总值这一指标对溢出效应的影响。计算方式如下：

$$W_{ij}=\frac{1/|X_i-X_j|}{\sum_j 1/|X_i-X_j|} \tag{4-28}$$

其中，X_i 是以在地级市 i 的人均地区生产总值。这里也需要强调，某地区交通基础设施的改善会提高该地区的区位优势，该地区产出的增加可能意味着其他区域产出的减少。由于具有相似人均地区生产总值的区域在吸引生产要素流动方面一般会存在着竞争关系。因此，这两类矩阵可以用来分析交通基础设施对制造业空间分布的空间溢出效应。

W 的所有对角线元素设为 0，W 是个（222×222）矩阵，同时对 W 中各行进行标准化处理，使得其每行的元素之和都为 1。

（2）模型设定。

本书构建地级市制造业集聚影响因素的空间计量分析模型，以检验城市交通基础设施对周边城市的空间外溢效应，本书引入邻近城市制造业区位熵与空间滞后解释变量的影响，构建静态空间杜宾模型（SDM）。本书具体模型设定如下：

$$\ln LQ_{it} = \alpha_0 + \rho w_i' \ln LQ_t + x_{it}'\beta + w_i' X_t \delta + \alpha_i + v_t + \varepsilon_{it} \qquad (4-29)$$

其中，下标 i 表示地级市，t 表示年份；lnLQ 表示被解释变量，即城市制造业区位熵的对数值，w_i'为空间权重矩阵 W 的第 i 行，$w'_i \ln LQ_t = \sum_{j=1}^{n} w_{ij} y_{jt}$，$w_{ij}$为空间权重矩阵 W 的（i，j）元素，W 是一个分块矩阵，矩阵对角线上的每个子块都是一个 222×222 的方阵。该权重矩阵经过行标准化处理，使得每行元素之和为 1；x_{it}表示解释变量集合，α_i 表示地区效应，v_t 表示时间效应，ε_{it} 表示随机扰动项，ρ 为空间滞后回归系数，反映空间依赖性。当 δ=0 时，SDM 模型就可退化为 SLM 模型。

（3）计量结果分析。

1）空间相关性检验。

在确定使用空间计量模型进行分析前，首先要考察数据是否存在空间依赖性。如果不存在，则使用标准的计量方法展开估计即可。目前判断变量间是否存在空间相关性所采用的最重要的两个指标分别是 Moran's I 指数和 Geary's C 指数。Moran's I 指数的具体计算方法为：

$$MoranI = \frac{\sum_{i=1}^{n}\sum_{j=1}^{n} W'_{ij}(Y_i - \bar{Y})}{S^2 \sum_{i=1}^{n}\sum_{j=1}^{n} W'_{ij}} \qquad (4-30)$$

其中，$S^2 = \frac{1}{n}\sum_{i=1}^{n}(Y_i - \bar{Y})$ 为样本方差，$\bar{Y} = \frac{1}{n}\sum_{i=1}^{n} Y_i$。

Moran's I 指数取值一般介于 -1 到 1 之间，系数为正表示变量存在正自相关，即高值与高值相邻，低值与低值相邻，且系数越大，变量之间的空间相关性越强；系数为负表示变量存在负自相关关系，即高值与低值相邻；如果 Moran's I 指数接近于 0，则表示变量的空间分布是随机的，不存在空间自相关。

Geary's C 指数的具体计算方法为：

$$C = \frac{(n-1)\sum_{i=1}^{n}\sum_{j=1}^{n} w_{ij}(y_i - y_j)^2}{2\left(\sum_{i=1}^{n}\sum_{j=1}^{n} w_{ij}\left(\sum_{i=1}^{n}(y_i - y_j)^2\right)\right)} \qquad (4-31)$$

Geary's C 指数取值范围为（0，2），大于 1 表示负相关，等于 1 表示不相关，小于 1 表示正相关。因此，Moran's I 指数与 Geary's C 指数呈反向变动。

表 4－17 列示了 1998 年、2003 年以及 2007 年三年中国 222 个地级市制造业区位熵的空间自相关检验结果①。该表显示，这三年内各年份中，无论是以二进制（0－1）相邻关系为空间权重矩阵还是以城市间“经济距离”的人均地区生产总值为空间权重矩阵，Moran I 值都通过了 1% 统计水平下的显著性检验，均强烈拒绝“无空间自相关”的原假设。其中，二进制（0－1）相邻关系作为空间权重矩阵的 Moran I 值都为正值，但以经济距离为空间权重矩阵的 Moran I 值却为负值。对于 Geary's C 指数，同样发现在 1998 年、2003 年以及 2007 年，无论是以二进制（0－1）相邻关系为空间权重矩阵还是以城市间“经济距离”的人均地区生产总值为空间权重矩阵，其 Geary's C 值都显著通过了 1% 统计水平下的检验（除了 1998 年以人均地区生产总值为空间权重矩阵的空间相关性检验不显著以外），且都为正值，这表明我国地级市的产业集聚的确在空间上存在明显正的相互依赖性。与此同时，本书还计算了局部空间自相关指标——局部莫兰指数（local Moran's I）及检验结果，对于某些地级市，可以强烈拒绝“无空间自相关”的原假设，这与全局空间自相关的检验结果相一致。

表 4－17　　　　空间自相关性检验

年份	权重矩阵			
	Moran I 值		Geary's C 指数	
	二进制 W_{0-1}	人均地区生产总值 W_{pgdp}	二进制 W_{0-1}	人均地区生产总值 W_{pgdp}
1998	0.296***（p 值为 0.00）	－0.045***（p 值为 0.00）	0.607***（p 值为 0.00）	1.076（p 值为 0.227）
2003	0.286***（p 值为 0.00）	－0.123***（p 值为 0.00）	0.547***（p 值为 0.00）	1.206***（p 值为 0.00）
2007	0.364***（p 值为 0.00）	－0.142***（p 值为 0.00）	0.494***（p 值为 0.00）	1.213***（p 值为 0.00）

注：表中括号列出的数字为 z 检验值，且 *、** 以及 *** 分别表示显著性水平为 10%、5% 以及 1%。

① 为适用于该节下文估计空间平衡面板模型，本书将 1998 年、2003 年以及 2007 年的地级市数量调整为平衡数据，即以 1998 年的地级市数量 222 个为基准。

2）估计结果与讨论。

由于空间相关性的存在，模型不再满足 OLS 估计所需的基本假设条件，如果仍然运用 OLS 进行模型估计会得出有偏或无效的结果。本书采用拟极大似然法（QMLE）进行参数估计。估计结果如表 4 – 18 所示。表 4 – 18 给出了基于三种不同空间权重构建方式下的估计结果，每个空间权重又分别列出固定效应和随机效应的估计结果，以及这两类模型的检验值。根据豪斯曼检验结果，对于二进制空间权重模型，应选择随机效应模型；对于实际距离空间权重模型，应选择固定效应模型；对于经济距离（人均地区生产总值）空间权重模型，应选择随机效应模型。下面将根据相应模型估计结果展开讨论。

表 4 – 18　　空间面板估计结果

被解释变量：lnlq						
变量	二进制 W_{0-1}		实际距离 $W_{distance}$		人均地区生产总值 W_{pgdp}	
	随机效应	固定效应	随机效应	固定效应	随机效应	固定效应
Wlnlq	**0.339***** **(0.041)**	0.281*** (0.040)	−0.745*** (0.203)	**−0.812***** **(0.173)**	**−1.265***** **(0.289)**	−1.023** (0.431)
lnacc	**0.756**** **(0.381)**	1.017** (0.402)	1.147*** (0.219)	**1.627***** **(0.269)**	**0.760***** **(0.179)**	1.306*** (0.179)
lnfdi	0.008 (0.012)	−0.028*** (0.01)	0.015 (0.013)	−0.024** (0.011)	0.006 (0.011)	−0.027*** (0.01)
lnendow	−0.008 (0.013)	0.005 (0.013)	−0.013 (0.014)	−0.003 (0.013)	−0.015 (0.013)	−0.001 (0.013)
lnhuman	**−0.206***** **(0.069)**	−0.118* (0.068)	−0.151** (0.074)	**−0.135**** **(0.061)**	**−0.151**** **(0.070)**	−0.20*** (0.059)
lncong	−0.146*** (0.026)	−0.251*** (0.023)	−0.177*** (0.027)	−0.279*** (0.024)	−0.211*** (0.025)	−0.302*** (0.022)
lnprot	0.015 (0.036)	0.009 (0.035)	0.051 (0.04)	0.005 (0.038)	0.098*** (0.038)	0.039 (0.037)
lnwage	−0.075*** (0.024)	−0.052** (0.021)	0.015 (0.037)	−0.030 (0.03)	−0.033 (0.036)	−0.025 (0.029)

续表

被解释变量：lnlq						
变量	二进制 W_{0-1}		实际距离 $W_{distance}$		人均地区生产总值 W_{pgdp}	
	随机效应	固定效应	随机效应	固定效应	随机效应	固定效应
resource	-0.116* (0.071)		-0.111 (0.076)		-0.120* (0.070)	
capital	0.240** (0.099)		0.151 (0.106)		0.035 (0.095)	
port	0.215*** (0.073)		0.232*** (0.078)		0.028 (0.073)	
Wlnacc	**0.210** **(0.424)**	-0.004 (0.447)	-0.416 (0.618)	**1.237** **(1.169)**	**-7.600**** **(3.180)**	-13.78** (5.671)
Wlnhuman	**0.205***** **(0.066)**	0.199** (0.084)	-0.997 (0.645)	**-1.407**** **(0.574)**	**0.773**** **(0.374)**	-0.257 (1.908)
Wlncong			0.836* (0.469)	**1.301***** **(0.421)**	**-0.693**** **(0.298)**	0.148 (1.450)
Wlnwage			-0.254*** (0.069)	**-0.155***** **(0.057)**	**-0.185**** **(0.084)**	0.0252 (0.188)
常数项	-0.284 (0.238)		-2.987* (1.553)		1.718* (0.928)	
省份效应	控制	控制	控制	控制	控制	控制
豪斯曼检验	-69		1603		-92	
N	666	666	666	666	666	666
Log L	-195	208	-217	201	-179	228

注：（1）以上模型估计包括1998年、2003年以及2007年各年222个地级市（共666个城市样本点）；（2）表中括号列出的数字为z检验值，且*、**以及***分别表示显著性水平为10%、5%以及1%。加粗加黑数字表示核心解释变量。

从实证结果看，与本章前文所分析的一致，反映城市交通基础设施通达性的指标lnacc对本地区的产业集聚有显著的正向影响，三类估计方法的相应系数值分别为0.756、1.627以及0.76，且都至少在5%的统计水平下显著。

这进一步验证了前面关于城市交通可达性的产业集聚效应的稳定性。

考察外地城市交通可达性对本地产业集聚的作用，即考察交通基础设施的空间溢出效应是本节的重点。从二进制和实际距离空间权重矩阵变量的估计值看，Wlnacc 的系数并不显著，外地交通基础设施对本地制造业产业集聚并没有呈现出明显的正空间溢出效应。需要指出的是，在人均地区生产总值空间权重矩阵构建的随机效应实证模型中，其系数估计值为负，且在 5% 的统计水平下显著，外地交通基础设施对本地区制造业产业集聚有负的空间溢出效应。各城市对外交通基础设施改善可能会吸引其他地区企业和产业向该地区进行空间转移，从而降低其他地区的产业集聚程度。因此，换个视角理解就是外地交通基础设施对本地产业经济活动的空间分布会表现出负的空间溢出效应。出现这一结果可以结合我国实际情况进行如下解释。受制于政治经济体制，中国地方政府扩大本地生产能力，加剧了对当地经济资源的控制，各种具有地方保护主义形式的原材料争夺战不断上演，甚至出现了诸侯经济。由于政治激励和财政激励的作用，地方官员通常“为增长而竞争”（张军和周黎安，2008），采取的渠道或举措包括：①对内招商引资（徐现祥等，2010）、加码基础设施投资（王世磊等，2008）、大力发展第二产业（徐现祥等，2007）；②对外致力于市场分割（周黎安，2004）或区域市场一体化（皮建才，2008）；③标尺竞争（yardstick competion）。地方政府为辖区内经济发展进行资源争夺和竞争，有可能扭曲和抑制区域间合理有序的经济合作，进而阻碍一体化发展。在两地经济发展差异不大的情况下，地方政府及官员会加强对生产要素以及其他经济资源的竞争，改善彼此间交通可达性反而会加剧这一争夺力度（如相邻地区交通人为出现“断头路”）。

再看其他一些关键控制变量空间滞后项的系数估计情况。Wlnhuman 的系数估计值在二进制和经济距离空间权重矩阵模型下显著为正。这恰好验证了人力资本的正的空间溢出效应这一新经济地理中的结论。邻近地区（包括地理空间或经济距离邻近）的人力资本能够通过近距离面对面交流提升学习效应和技术外溢，从而增加本地区产业活动数量和强度，促进该地区的经济集聚度。Wlnwage 的系数估计值为负，且在 1% 的统计水平下显著。这一实证结论比较符合实际。一般而言，邻近地区能够支付职工较高的工资，确实能够促使本地的劳动力和人力资本向外地流动，从而不利于本地产业经济活动的集聚发展。

4.6 本章小结

产业地理集中和地区专业化是描述产业空间分布的两个基本形态。首先，本章借鉴井原隆介（Ryusuke Ihara，2004）以及邓慧慧（2009）的两国三地区的空间简化模型，为我国改革开放后制造业向东部沿海地区集聚这一事实提供理论框架意义上的诠释。实证研究表明，国内交通基础设施投资对产业经济活动的空间分布会产生显著影响，改善交通可达性可以吸引本地或外地企业进入本地，促进当地产业经济活动的地理集中。本书采用了工具变量估计法，提出采用“明朝驿站”作为城市交通可达性的工具变量，通过一系列计量检验的分析步骤，得出较为稳健的估计结果。在一系列稳健性检验中，本书也有一些有意义的发现。在1998～2007年，中国城市运输成本与该市制造业集聚之间依然处于倒“U”形的上升阶段，不断降低交通运输成本有助于地区制造业地理集中。在中小城市，提升对外交通连接程度能更有效地促进制造业向该地区集中，但改善交通可达性几乎不会对大城市制造业空间分布产生影响。

接下来，本章考察运输成本与产业集聚的另一个重要维度的关系，即地区专业化。在分行业回归中，结果显示交通可达性对地区专业化的影响存在显著的行业异质性。改善地区对外运输条件，不利于劳动密集型企业向该地区集聚，但有利于技术型企业的空间集中，对于资本密集型企业影响甚微，市场距离不是影响资本密集型企业的主要因素。本章还进行了拓展研究，更换被解释变量，采用城市各制造业人数占该市总制造业人数的份额这一指标来度量，继续按照劳动密集型、资本密集型和技术密集型制造业分类回归，结果表明，改善城市对外交通运输条件不利于促进本地劳动密集型产业的就业份额增加，但有利于本地技术密集型产业的增长。

由于公路交通具有网络外部性，改善本地交通运输条件对区内以及地区间的产业分布都可能产生显著的影响。为此，本章还考察交通可达性对制造业空间分布的空间溢出效应。估计结果发现：其一，各城市制造业集中度之间存在显著的空间依赖性，邻近城市的制造业产业集聚会正向或负向影响城市自身的制造业集中程度；其二，从二进制和实际距离空间权重矩阵变量的估计值看，改善外地交通基础设施对本地制造业产业集聚并没有呈现出明显的正空间溢出效应，但以人均地区生产总值空间权重矩阵构建的随机效应实证模型中，估计结果发现外地交通基础设施对本地区制造业产业集聚有负的空间溢出效应。

第5章
交通可达性与制造业结构

本章构建制造业结构变动指标和行业集中度指标，探讨中国城市交通可达性与制造业内部结构变动间的关系。实证结果发现，优化提升城市交通可达性对促进城市制造业结构变动具有显著的正效应，这一结果非常稳健。进一步的行业分析表明，城市交通可达性尤其是对那些交通依赖度较高行业的增长而言影响更为显著。本章结构安排为：第一部分为文献评述及理论分析；第二部分为模型设定和数据说明；第三部分为描述性统计分析；第四部分为模型检验和结果分析；第五部分为拓展分析；第六部分为小结。

5.1 文献评述及理论分析

5.1.1 产业结构变动研究

产业结构变动是生产要素在不同生产部门间重新配置的表现，它既是以往经济发展的结果，又是未来经济发展的基础，因为经济发展本质上就是技术、产业不断创新，结构不断变化的过程（林毅夫，2012）。克拉克（1940）通过比较40多个国家三次产业的劳动投入和总产出，指出了产业结构变动的一般规律，为近代产业结构分析奠定了基础。库兹涅茨（Kuznets，1957，1973）则从三次产业中劳动力和国民收入的比重论证了产业结构变动的规律，即 Kuznets 事实。新古典增长理论认为 Kuznets 事实在长期经济增长中普遍存在，产业结构会随着经济发展得到优化和改进。然而，目前大多数研究关注的是三次产业之间的结构变动，却较少关注制造业产业内部之间的变动及其影响因素。现有研究把引起产业结构变动的因素归纳为以下几类：消费者偏好变化；产业技术进步差异；对外开放政策；产业转移与全球服务业兴起（Kongsamut et al.，2001；Ngai & Pissarides，2007；Mao & Yao，2012）。有少数学者从不同视角探讨影响制造业结构变动的原因。如宋凌云等（2013）考察政府补贴政策对产业结构变动的影响，结果发现政府补贴能显著加快产业结构变动，但这一结构变动效应具有短期性。政府补贴的结构变动效应与行业外部融资依赖度、资本密集度和国有化程度显著正相关。李力行等（2015）深入考察经济开发区设立对于产业结构调整的影响，结果发现设立经济开发区可以有效地推动城市制造业内部的产业结构变动，尤其是开发区所设置的目标行业的各项经济指标有显著提升。进一步的研究表明，当设置的目标行业符合当地的比较优势时，经济开发区的积极作用尤为明显。

5.1.2 交通基础设施与产业结构

（1）理论层面。

根据新经济地理相关理论，基础设施状况会直接决定企业运输成本的高低，当一个地区的交通基础设施状况较差（初始运输成本高）时，就会导致进入该地区的外地企业的产品成本比本地企业高，意味着外地企业只有具备更高的生产效率时才能进入该地区，因此落后的基础设施实际上就为本地企业提供了一种保护，既限制了进入该地区的潜在竞争对手的数量，也导致本地企业和成功进入的外地企业的产品成本出现差距，进而带来资源配置的低效率，不利于产业结构的变动或优化。改善交通基础设施（降低运输成本）将会增加不同地区产品间的可替代性，减弱企业的本地优势，高生产率企业能够在一定程度上从低生产率企业所在地区抢占市场份额，从而挤占低生产率企业的生存空间，提高了均衡状态中的生产率离散程度（Syverson，2003，2004；Durate et al.，2010；Banerjee et al.，2012）。在成熟的市场经济体中，这种优胜劣汰的市场竞争机制显著地促进了企业间跨部门跨区域的资源配置。

新贸易理论和新经济地理理论认为企业及产业区位由运输和要素成本决定（Krugman，1991）。改善交通基础设施水平，降低区际间运输成本，有利于加快推进市场一体化进程。一方面，能增加生产要素资源的跨区域流动性，提高产品市场（包括中间品市场）和要素市场的流动性和竞争强度，改善不同企业间的生产要素配置状况，影响企业和劳动力（包括拥有高素质人力资本者）的空间区位选择，进而改变产业经济活动的空间分布状况；另一方面，交通基础设施具有很强的跨区域网络性，尤其是在经济全球化和区域市场一体化程度越来越高的背景下，一个地区的交通设施不仅会作用于本地的经济活动，也会通过交通网络对周边地区的经济活动产生跨地区影响，即产生空间溢出效应，既包括正向溢出效应（Munnell，1992；Berechman et al.，2006；Del Bo & Florio，2012；胡鞍钢等，2009；刘勇，2010；张学良，2012；李涵等，2015），同时外地交通设施会使本地的经济活动发生转移，从而产生负向溢出效应（Ozbay et al.，2007；Sloboda & Yao，2008；Gomez - Antonio & Fingleton，2009）。

（2）实证层面。

尽管我国大规模的交通投资建设为区域经济学、城市经济学、产业经济学以及公共经济学等诸多领域提供了得天独厚的实验土壤。但现有研究中，关于交通基础设施与产业结构调整的关系鲜有讨论。学术界关注欧美发达国家交通基础设施与产业发展的研究相对较多。雷菲安和艾泽曼（Rephann & Isserman，1994）以及钱德拉和汤普森（Chandra & Thompson，2000）发现在美国20世纪60年代后期有新建公路经过的地区出现向工业和服务业集中发展的结构重组。海恩斯和马戈（Haines & Margo，2006）发现美国1850～1860年铁路交通可得性增加了当地企业参与服务业的概率，从而降低耕地面积的份额以及农业产值。迈克尔斯（2008）研究表明美国20世纪50年代高速公路穿过的地区显著增加了与贸易相关的经济活动，同时也增加了对熟练制造工人的需求。霍尔（2004）利用西班牙企业微观数据，研究发现公路交通对西班牙制造业空间分布产生显著影响，并且影响程度随着部门和区域性差异而变化。曼纽尔·加尔卡·桑塔纳和罗伯托拉莫斯（Manuel García - Santana & Roberto Ramos，2014）强调了交通基础设施在解释印度企业和行业资源错配中所扮演的重要角色。他们从理论层面论证了由低质量交通引致的高运输成本会增加企业间市场力量的分散程度。进一步地，他们采用印度黄金高速公路（Golden Quadrilateral）这一自然实验，发现位于新建公路附近地区的产品价格比其他地区低 20%。

王洋等（2014）利用青藏铁路建设所提供的自然实验，采用倍差法研究青藏铁路对沿线县市经济及产业发展的影响，发现该铁路主要通过促进第二、第三产业的发展来影响本地经济，其中第二产业受益最大，农业基本不受影响。蒋冠宏等（2012）基于省级—行业数据，实证检验地区基础设施、产业基础设施依赖度对相关产业增长的影响，结论发现交通基础设施对整体工业增长存在显著正效应，但是那些高度依赖交通物流运输的产业并没有在交通基础设施发达地区增长更快，交通基础设施和产业发展没有得到优化配置。盛丹等（2011）运用中国 1998 ~2001 年工业企业数据检验包括交通设施在内的基础设施与企业出口行为之间的关系，发现基础设施水平的提高能够改善企业的出口决策，使更多的企业选择出口。他们进一步发现，基础设施对出口决策的影响要明显高于出口数量，这说明中国基础设施更多的是促进出口贸易扩展的边际增长。董晓霞等（2006）研究了北京周边地区地理区位、交通基础设施发展对种植业结构调整的影响。研究发现，农村交通基础设施的完善不仅促进了地区种植业结构调整，而且大大削弱了生产地与中心消费地之间的地理距离（地理区位）对农业生产空间选择的影响。

综合以往研究，除了理论分析外，部分学者已经开始实证检验交通基础设施的行业（包括制造业）增长效应，但关于交通基础设施能否促进或阻碍制造业内部结构变动方面的研究却没有引起足够的重视。为了弥补关于交通基础设施与制造业结构变动研究的不足，本章实证检验城市交通可达性是否能够促进制造业结构变动。在研究样本与思路上，与大多数已有文献使用国家或省级层面宏观数据不同，本书采用微观企业数据加总后的制造业及城市层面的匹配数据，以更精确地探究制造业内部行业间的差异。同时，通过利用城市和行业两个维度的数据，在模型回归中能控制省份及行业的固定效应，以消除不可观测的异质性因素的干扰，尽可能准确地识别出城市交通可达性对制造业结构变动的因果关系。

5.2 实证模型与变量数据

5.2.1 数据来源

本书将构造中国地级市交通可达性与市辖区两位数制造业结构变动相匹配的面板数据。构建制造业结构变动指数所需要的数据来自全国国有及规模以上工业企业数据库（1998～2007 年），地级市交通可达性指标计算与第 4 章一致。本书使用 1998 年和 2003 年的中国工业企业数据库构造衡量制造业结构变动的指标。选取这两年作为制造业结构变动跨年对比的初始年份是基于以下两点考虑：其一，国家开始在全国范围内大规模投资公路等交通设施始于 1998 年，积累了大量的交通数据，为研究其对制造业结构变动的影响提供了充分的信息和资料；其二，为便于数据的整合，选中这两年一定程度上也是为了与计算的城市交通可达性数据相匹配。

本书对工业企业数据进行了以下处理：①删掉采矿业，电力、燃气及水的生产和供应业数据，仅保留制造业数据；②删掉关键变量缺失的企业数据；③对 2003 年以前的行业类别按照国民经济行业代码 UB/T4754－2002 进行了重新调整；④对 2004 年增加值、销售额和总产值、新产品产值、出口交货值等变量的缺失值进行了填补处理；⑤与《中国城市统计年鉴》中每年地级市数量匹配。另外要强调的是，在计算市级制造业结构变动指标时，各市辖区内两位数行业名称及数量要在各跨时期内（分别为 1998～2003 年以及 2003～2007 年）保持一致，需要删掉一部分不匹配的企业及行业数据①。

5.2.2 变量设定

借鉴宋凌云等（2013a）、李力行等（2015）的研究成果，本书采用的制

① 举个例子，假设某地级市在 1998 年存在二位数代码为 35 的行业，但是在 2003 年这个代码为 35 的二位数行业消失了，那么代码为 35 的这一行业就应该剔除掉，不能用于计算产业结构变动指数。

造业结构变动指数（Structure Change Index，SCI）为：

$$SCI_c = 0.5 \times \sum_{i=1}^{I} |indshare_{ic,t} - indshare_{ic,t-n}| \tag{5-1}$$

其中，SCI_c 为城市 c 分别从 1998～2003 年以及从 2003～2007 年产业结构发生的变动；$indshare_{ic,t}$为 t 年城市 c 二位数行业 i 在制造业总额中的份额。因此，$indshare_{ic,t} - indshare_{ic,t-n}$度量的是在城市 c 中行业 i 在 t 与 t－n 年间制造业总额中的份额变动。由于每个产业份额所占比重有时会上升，有时会下降，因此，本书对产业份额变动其绝对值，然后加总所有行业变动的绝对值，进而得到该市所有行业的累计变动值。从公式上看，制造业结构变动指数越大，就代表制造业结构变动愈加剧烈，即生产要素在制造业内部各行业重新配置的幅度越大。需要说明的是，该指标并不能度量产业结构的升级状况。

为了检验结果的稳健性，本书在后面对指标和计算时期进行了相应调整：①为了从多个角度度量产业结构变化情况，本书除了前面使用制造业总额外，还使用行业从业人员数、工业总产值、工业销售产值、固定资产和营业收入其他五个指标重新计算制造业结构变动指数。②在制造业结构变动指数公式中，n 表示时间跨度，度量的是制造业结构变动的跨度是 n 年。本书除了度量 1998～2003 年以及 2003～2007 年这两个跨度外，还度量了 1998～1999 年、1998～2000 年、1998～2001 年、1998～2002 年以及 2003～2004 年、2003～2005 年、2003～2006 年这些跨年度的制造业结构变动指标，这样总共构成了九个跨年度的制造业结构变动指标数。

5.2.3 实证模型

本章旨在考察城市交通可达性是否对城市辖区内制造业结构变动产生影响，估计公式为：

$$SCI_{c,t} = \beta_0 + \beta_1 lnacc_{c,t} + \theta X_{c,t} + \alpha_c + \varepsilon_{c,t} \tag{5-2}$$

其中，$SCI_{c,t}$为城市 c 的制造业产业结构变动指数，$lnacc_{c,t}$为城市交通可达性，β_1 是本书关心的核心回归系数。与此同时，本书还尽可能控制了其他一些重要因素。选取了 α 控制地区因素。X 和 θ 分别是控制变量向量及其对应的回归系数向量。参照宋凌云等（2013）、李力行等（2015）的做法，本书主要选取了以下几类控制变量：①该城市辖区行业新产品产值与工业总产值的比例（innov）和全市高校及中学在校学生数占全市总人口比重（human）。由于制造业结构变动有可能是由城市中不同部门的生产率或技术水平差异所导致的生产要素资源重新配置所引起的，本书采用以上两个指标捕捉这些影响。②城市职工平均工资（元）和全市出口交货值占营业收入合计的比重。收入水平和工资水平上升会导致需求能力和需求结构的提升，进而驱动产业结构的相应变化（Echevarria，1997；Foellmi & Zweimuller，2002）。以上两个指标分别代表国内需求和国外需求状况。③城市特征，包括用采矿就业人数占全单位从业人数比重衡量城市对资源的依赖程度，用赫芬达尔指数衡量的产业专业化程度；各市每平方公里上的就业人数与全国均值之比衡量城市相对人口密度；用城市当年实际使用外资金额这个指标度量城市对外开放程度；地方政府财政支出占地区生产总值比重衡量的是地方政府预算支出；省会城市虚拟变量度量城市级别。④一些重要的企业特征。用行业加总到城市层面的国有资金占全部资金比重代表国有企业市场份额；用行业加总到城市层面的港澳台资金占全部资金比重衡量港澳台企业市场份额；用企业员工多于100 人的企业人数占总就业比例代表大企业的市场份额。

主要变量度量方法及数据来源见表 5 – 1。

表 5 – 1　　主要变量度量方法及数据来源

类别	变量名称	变量符号	度量方法	数据来源
因变量	制造业结构变动指数	SCI	公式（5 – 1）计算	工业企业数据库
核心解释变量	交通可达性	lnacc	参考本书第 3 章	参考本书第 4 章部分
供给因素	城市大中学生占比	human	全市高校及中学在校学生数占全市总人口比重	城市统计年鉴
	创新能力	innov	行业新产品产值与工业总产值的比例	工业企业数据库
需求因素	年平均工资	wage	全市职工平均工资（元）	城市统计年鉴
	出口额占比	share_exp	全市出口额占工业总产值的比值	工业企业数据库
行业特征	赫芬达尔指数	hhi_staff	各行业就业份额平方的累加和	工业企业数据库

续表

类别	变量名称	变量符号	度量方法	数据来源
企业特征	国有企业份额	share_sta	用行业加总到城市层面的国有资金占全部资金比重	工业企业数据库
	港澳台企业份额	share_gaot	行业加总到城市层面的港澳台资金占全部资金比重	工业企业数据库
	大企业市场份额	share_e100	企业员工多于 100 的企业人数占总就业比例	工业企业数据库
对外开放	利用外资程度	fdi	城市当年实际使用外资金额	城市统计年鉴
政府财政	政府预算支出占比	protection	地方政府财政支出占地区生产总值比重	城市统计年鉴
城市级别	省会城市与否	capital	一组虚拟比例，如果属于直辖市、特区和省会城市则为 1，否则为 0	城市统计年鉴

5.3 描述性统计

本节对主要变量进行了简单的描述，表 5 - 2 中的变量是根据 1998 年和 2003 年这两年全国地级市为样本量进行统计的。从制造业结构变动（以从业人员数为度量）这一指标看，随着跨年份时间越长，制造业结构变动指数就越大，这也与我们的经济直觉比较一致。就从业人员度量的制造业结构变动指数而言，1998 ~2003 年这 5 年间的制造业结构变动值分别是其他 4 年、3 年、2 年及 1 年的 1.3 倍、1.5 倍、1.8 倍和 2.6 倍。

表 5 - 2　　主要变量描述性统计

变量名	观测值	均值	标准差	最小值	最大值
制造业结构变动（从业人员，1998 ~2003 年）	222	0.185291	0.0724701	0.0193801	0.5846766

续表

变量名	观测值	均值	标准差	最小值	最大值
制造业结构变动（从业人员，1998～2002年）	222	0.1412817	0.0672306	0.0191259	0.5586767
制造业结构变动（从业人员，1998～2001年）	222	0.1206168	0.0590503	0.0170008	0.5215566
制造业结构变动（从业人员，1998～2000年）	222	0.1007254	0.0527939	0.0154477	0.4092681
制造业结构变动（从业人员，1998～1999年）	222	0.0716842	0.0527939	0.0118355	0.2220943
制造业结构变动（从业人员，2003～2007年）	268	0.1873508	0.0802058	0.0309813	0.4377779
制造业结构变动（从业人员，2003～2006年）	268	0.1394549	0.0589276	0.0162407	0.3353307
制造业结构变动（从业人员，2003～2005年）	268	0.1238334	0.0656619	0.0163892	0.6035966
制造业结构变动（从业人员，2003～2004年）	268	0.1108116	0.0571412	0.021027	0.4103609
交通可达性（取对数）	490	0.027732	0.223889	-0.96842	0.372876
大中学生占城市人口比例	490	0.068052	0.017067	0.03346	0.140533
城市人均工资	490	9743.497	4104.323	3712	31052.6
就业密度	490	1.037637	1.632896	0.0378194	15.62541
全市行业新产品产值占比	490	0.070849	0.079872	0	0.767265
全市出口额占比	490	0.119379	0.130939	0	0.74757
全市国有资金占比	490	0.493266	0.250826	0.010201	0.984816
全市港澳台资金占比	490	0.082475	0.128401	0	0.858399
赫芬达尔指数	490	0.153628	0.147457	0.011035	1
大企业市场份额	490	0.93015	0.044926	0.730575	1
政府预算支出占比	490	0.0431482	0.0283393	0.0058906	0.1926774
是否省会城市	490	0.122449	0.3281386	0	1
是否资源型城市	490	0.3591837	0.4802515	0	1
是否港口城市	490	0.2163265	0.4121602	0	1

本书将核心变量与因变量的关系以散点图的方式粗略地呈现出来。图 5 - 1 是全国地级市制造业结构变动与交通可达性（取对数）的散点图，从图中显然可以看出，基于从业人数计算的制造业结构变动指数与城市交通可达性有着明显的负相关关系。

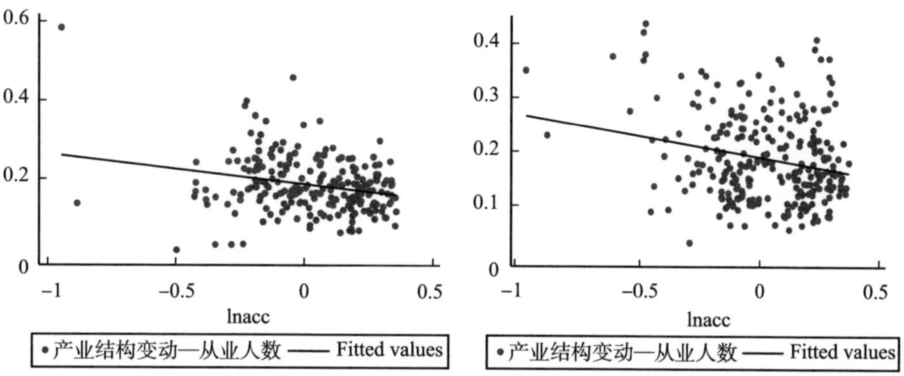

a.制造业结构变动（从业人员数，1998~2003年）与1998年交通可达性散点图　b.制造业结构变动（从业人员数，2003~2007年）与2003年交通可达性散点图

图 5 - 1　制造业结构变动与交通可达性散点图

资料来源：根据《中国工业企业数据库》作者整理。

5.4　实证分析

5.4.1　城市交通可达性对制造业结构变动的影响

基准回归结果见表 5 - 3。表 5 - 3 第 1 列是将 1998 ~ 2003 年制造业结构变动（以从业人数度量）作为因变量的回归结果，但没有加入其他控制变量，第 2 列是加入控制变量时的情形，第 3 列到第 6 列列出来的因变量分别是 1998 ~ 2002 年、1998 ~ 2001 年、1998 ~ 2000 年以及 1998 ~ 1999 年以从业人员数度量的制造业结构变动。

表 5－3　基本回归结果（1998～2003 年）

制造业结构变动期限	1998～2003 年	1998～2003 年	1998～2002 年	1998～2001 年	1998～2000 年	1998～1999 年
lnacc	**－0.120*** (0.045)**	**－0.120*** (0.044)**	**－0.080* (0.048)**	**－0.081** (0.039)**	**－0.029 (0.037)**	**0.013 (0.015)**
human		－0.109 (0.500)	－0.464 (0.431)	－0.289 (0.409)	－0.323 (0.364)	－0.0741 (0.247)
lnwage		－0.006 (0.034)	－0.008 (0.034)	0.012 (0.033)	0.012 (0.028)	－0.012 (0.012)
congestion		0.0004 (0.002)	0.0029 (0.005)	0.0001 (0.002)	－0.0008 (0.001)	0.0015 (0.001)
innov		0.222** (0.095)	－0.075 (0.050)	0.015 (0.080)	－0.008 (0.073)	0.015 (0.032)
share_exp		－0.085 (0.082)	－0.097 (0.082)	－0.161** (0.075)	－0.025 (0.056)	－0.006 (0.03)
share_sta		－0.070 (0.043)	－0.060 (0.044)	－0.088** (0.044)	－0.033 (0.034)	0.018 (0.020)
share_gaot		0.095 (0.072)	0.009 (0.079)	0.058 (0.068)	－0.008 (0.048)	0.057* (0.031)
hhi_staff		0.005 (0.036)	－0.032 (0.027)	－0.022 (0.025)	0.013 (0.029)	0.028* (0.017)
share_e100		－0.420*** (0.157)	－0.375** (0.184)	－0.273** (0.138)	－0.119 (0.104)	－0.085 (0.108)
gover		－0.0007 (0.289)	0.319 (0.407)	0.155 (0.306)	0.177 (0.230)	－0.181 (0.129)
capital		－0.022 (0.019)	0.0005 (0.020)	－0.020 (0.015)	－0.008 (0.012)	0.0001 (0.007)
resource		－0.009 (0.013)	0.007 (0.010)	0.003 (0.010)	0.001 (0.009)	0.004 (0.006)

续表

制造业结构变动期限	1998 ~ 2003 年	1998 ~ 2003 年	1998 ~ 2002 年	1998 ~ 2001 年	1998 ~ 2000 年	1998 ~ 1999 年
port		-0.008 (0.011)	0.002 (0.011)	-0.010 (0.009)	-0.013 * (0.008)	-0.007 (0.005)
_cons	0.180 *** (0.013)	0.684 ** (0.327)	0.653 ** (0.328)	0.382 (0.300)	0.179 (0.232)	0.286 * (0.146)
地区变量	控制	控制	控制	控制	控制	控制
N	222	222	222	222	222	222
R^2	0.105	0.254	0.174	0.227	0.178	0.251

注：(1) 模型中被解释变量为以从业人数度量的制造业结构变动指数；(2) 括号内数字是异方差稳健标准误，*、**、*** 分别代表在 10%、5%、1% 的统计水平上显著。加粗黑体为核心解释变量。

如表5 -3 第1 列所示，在没有控制其他变量的情况下，交通可达性（通达时间下降）系数显著为负，表明城市的交通可达性越好（表现为通达时间下降），制造业结构变动就越大。模型的其他计量统计指标都较符合基本预期，表面模型的设定是合理的，从而前面的理论预期得到了初步的验证，也就是说城市对外通达性条件改善有助于推动城市制造业结构变动。如果加入其他控制变量，本书发现城市交通可达性改善对城市产业结构的影响依然显著。在加入了其他控制变量后，lnacc 的回归系数依然非常稳健，基本没有发生变化。

表5 -3 第1 列和第2 列考察的是 1998 ~2003 年这 5 年间制造业结构变动情况。为了使研究结论更加稳健，本书不断缩短制造业结构变动的跨年数量，依次缩短 4 年、3 年、2 年和 1 年，实证结果呈现在第 3 列至第 6 列。从回归结果基本反映了这一事实，城市交通可达性改善对城市制造业结构变动产生的影响是存在时间滞后效应的，其在短期内对产业结构调整的影响并不显著，随着时间不断滞后，其对城市产业调整提供了充分的空间余地，微观企业需要耗费一定的时间来调度其内外部资源，并整合优化资源配置结构。

本书进一步加入了其他可以反映城市特征的一些控制变量，考察地区特征对制造业结构变动可能产生的影响。如表5 -3 中第2 列所示，城市人力资本对制造业结构变动的影响不显著。可能的解释是提升城市人力资本可能对城市行业部门之间的就业形成替代，促进或带动人力资本素质要求较高的行业发展，但是也挤压了部分对人力资本依赖度较低的行业的发展，从而对城市整体而言，造成的就业影响不太显著。城市职工工资和城市就业密度对制造业结构变动的影响也不显著。这有点出乎意料，按照城市经济学的相关理论，高工资对应着的是企业高昂的劳动力成本，会影响城市内部资源要素在各行业间的重新配置，以及在不同空间的重新选址。地区产业增长对本地自然资源禀赋的依赖程度并不高。出现这一现象的原因可能在于：公路、铁路等交通基础设施水平的迅速提高大大降低了跨省货物运输成本，从而减弱了产业发展对自然资源的依赖。那些基础设施水平较高的地区，可以低成本地从其他地区获得资源和中间投入，从而可以不必严格依赖于当地的自然资源禀赋。

同理，表5-4中，第1列是将2003～2007年制造业结构变动（以从业人数度量）作为因变量的回归结果，但没有加入其他控制变量，第2列是加入控制变量时的情形，第3列至第5列列出来的因变量分别是2003～2006年、2003～2005年以及2003～2004年以从业人员数度量的制造业结构变动。

表5-4　　改变期限后的回归结果

制造业结构变动期限	2003～2007年	2003～2007年	2003～2006年	2003～2005年	2003～2004年
lnacc	**-0.112*** ** **(0.025)**	**-0.103*** ** **(0.021)**	**-0.067*** ** **(0.019)**	**-0.082** ** **(0.032)**	**-0.078** ** **(0.033)**
human		-0.238 (0.298)	-0.145 (0.264)	-0.373 (0.263)	-0.257 (0.277)
lnwage		-0.0028 (0.007)	-0.008 (0.006)	0.0003 (0.007)	-0.002 (0.008)
congestion		-0.004 (0.003)	-0.005* (0.003)	-0.006*** (0.002)	-0.004** (0.002)
innov		-0.183*** (0.041)	-0.125*** (0.035)	-0.175*** (0.042)	-0.113*** (0.031)

续表

制造业结构变动期限	2003～2007 年	2003～2007 年	2003～2006 年	2003～2005 年	2003～2004 年
share_exp		-0.110** (0.048)	-0.068 (0.041)	-0.086** (0.042)	-0.043 (0.042)
share_sta		-0.056** (0.024)	-0.024 (0.021)	0.004 (0.019)	0.018 (0.02)
share_gaot		0.015 (0.050)	0.053 (0.04)	0.092** (0.043)	0.0694* (0.04)
hhi_staff		-0.07 (0.053)	-0.113*** (0.032)	0.006 (0.109)	-0.111*** (0.037)
share_e100		-0.007 (0.103)	-0.213** (0.084)	-0.156* (0.082)	-0.103 (0.078)
gover		0.331* (0.190)	0.225 (0.142)	0.433*** (0.162)	0.322** (0.156)
capital		0.003 (0.015)	-0.006 (0.013)	-0.009 (0.012)	-0.02* (0.011)
resource		0.062*** (0.009)	0.010 (0.007)	-0.002 (0.011)	-0.001 (0.008)
port		-0.009 (0.009)	-0.006 (0.008)	0.002 (0.008)	-0.004 (0.007)
_cons	0.211*** (0.015)	0.278** (0.113)	0.469*** (0.095)	0.292*** (0.097)	0.258*** (0.098)
地区变量	控制	控制	控制	控制	控制
N	268	268	268	268	268
R^2	0.205	0.450	0.336	0.283	0.262

注：（1）模型中被解释变量为以从业人数度量的制造业结构变动指数；（2）括号内数字是异方差稳健标准误，*、**、*** 分别代表在 10%、5%、1% 的统计水平上显著。加粗黑体为核心解释变量。

5.4.2 稳健性检验

在上述最小二乘法的估计结果中，对制造业结构变动度量时采用的是从业人数数据。那么，前面的结论是否是由于本书构造的因变量测度所造成的呢？为了从不同角度度量产业结构变化程度，本书分别从工业总产值、固定资产、工业增加值 3 个角度重新度量制造业结构变动，构造 3 类结构调整指数，每类指数的跨度分别为 4 年或 5 年，因此总共出现 6 类因变量。

从表 5 -5 的回归结果看，在改用其他 3 个指标衡量的制造业结构变动后，城市交通可达性的回归系数仍然显著（除了用工业总产值衡量 1998 ~ 2003 年的制造业结构变动外），只是显著性有所减弱。以表 5 -5 第 2 列回归结果为例，回归系数由原来的 -0.103 变为 -0.081，t 值由原来的 4.9 变为现在的 2.04。这说明城市交通可达性确实是影响城市制造业结构变动的重要因素，对产业结构调整具有较强的解释力度。

表 5 -5　　　　替换被解释变量时的估计结果

	被解释变量：制造业结构变动指数					
变动期限	1998 ~ 2003 年（工业总产值）	1998 ~ 2003 年（固定资产）	1998 ~ 2003 年（工业增加值）	2003 ~ 2007 年（工业总产值）	2003 ~ 2007 年（固定资产）	2003 ~ 2007 年（工业增加值）
lnacc	**-0.049** **(0.042)**	**-0.081** ** **(0.040)**	**-0.082** * **(0.045)**	**-0.055** * **(0.031)**	**-0.059** * **(0.035)**	**-0.076** ** **(0.038)**
human	0.536 (0.764)	0.228 (0.727)	0.176 (0.824)	-0.964 ** (0.420)	0.142 (0.475)	-0.396 (0.516)
lnwage	-0.026 (0.036)	-0.012 (0.034)	-0.104 *** (0.039)	0.007 (0.008)	-0.001 (0.009)	0.007 (0.009)
congestion	0.004 (0.004)	-0.004 (0.004)	0.006 (0.005)	-0.008 * (0.004)	-0.012 ** (0.005)	-0.010 * (0.005)
innov	0.495 *** (0.094)	0.212 ** (0.089)	0.499 *** (0.101)	-0.114 * (0.067)	-0.109 (0.075)	-0.127 (0.082)

续表

	被解释变量：制造业结构变动指数					
变动期限	1998 ~ 2003 年（工业总产值）	1998 ~ 2003 年（固定资产）	1998 ~ 2003 年（工业增加值）	2003 ~ 2007 年（工业总产值）	2003 ~ 2007 年（固定资产）	2003 ~ 2007 年（工业增加值）
share_exp	-0.002 (0.096)	-0.075 (0.092)	-0.020 (0.104)	-0.044 (0.062)	0.070 (0.070)	-0.066 (0.076)
share_sta	0.028 (0.056)	-0.033 (0.053)	-0.071 (0.060)	-0.020 (0.028)	-0.014 (0.0321)	-0.005 (0.035)
share_gaot	0.204 ** (0.096)	0.213 ** (0.092)	0.141 (0.104)	0.069 (0.057)	-0.012 (0.064)	0.095 (0.07)
hhi_staff	-0.058 (0.043)	-0.120 *** (0.041)	-0.102 ** (0.046)	-0.239 *** (0.055)	-0.224 *** (0.062)	-0.292 *** (0.067)
share_e100	-0.654 ** (0.263)	-0.181 (0.250)	-0.316 (0.283)	0.003 (0.124)	-0.080 (0.140)	-0.154 (0.153)
gover	0.881 ** (0.348)	0.547 * (0.331)	1.162 *** (0.375)	0.106 (0.213)	0.156 (0.241)	0.309 (0.262)
capital	-0.052 ** (0.025)	-0.049 ** (0.024)	-0.058 ** (0.027)	-0.006 (0.021)	-0.015 (0.024)	-0.024 (0.026)
resource	-0.001 (0.016)	-0.001 (0.016)	0.007 (0.018)	0.015 (0.011)	0.017 (0.013)	0.016 (0.014)
port	-0.019 (0.017)	-0.004 (0.016)	-0.009 (0.019)	-0.002 (0.014)	-0.014 (0.015)	-0.008 (0.017)
_cons	0.967 ** (0.405)	0.508 (0.386)	1.430 *** (0.437)	0.255 * (0.131)	0.342 ** (0.147)	0.376 ** (0.160)
地区变量	控制	控制	控制	控制	控制	控制
N	222	222	222	268	268	268
R^2	0.244	0.182	0.241	0.224	0.174	0.200

注：(1) 以上模型中因变量度量的 1998 ~ 2003 年的制造业结构变动情况；(2) 括号内数字是异方差稳健标准误，*、**、*** 分别代表在 10%、5%、1% 的统计水平上显著。加黑粗体表示核心解释变量。

5.5 扩展分析——交通可达性制造业增长效应的异质性

上节集中讨论的是交通可达性对制造业内部结构配置的影响，研究发现确实会对制造业内部结构变动产生实质性影响。本节对上一节进行拓展，城市交通可达性的制造业结构变动效应之所以发生，往深层次分析就在于交通基础设施对制造业内部不同行业产生的影响存在异质性进而引起不同生产要素在制造业内部的跨行业重新配置。因此，本节实证分析的关键是要深入验证交通可达性对制造业增长效应是否存在行业异质性。

国外部分研究指出公路交通可达性对行业生产率能产生显著为正的影响（Rice，Venables & Patacchini，2006），但由于不同的行业对交通基础设施有不同的需求，交通可达性完善所带来的影响也会因行业而异（Chandra & Thompson，2000）。事实上，大量对美国交通系统的研究文献已经表明，交通对不同产业确实具有不同的影响（Terance Rephann et al.，1994；Chandra & Thompson，2000；Haines & Margo，2006）。例如，弗赖伊（Frye，2014）使用1962～1996年美国县级层面的面板数据库验证交通基础设施与产业增长和产业集中度的关系，发现接通高速公路的县与没有接通高速的县之间在就业增长方面存在显著差异，而且在农业、零售业以及交通与公共事业部门更加显著，而在制造业部门增长差异不明显；在有高速穿过的县（与无高速穿过的县相比）中，其就业增长集中在某些特定行业，而且高速公路会吸引规模更大的制造业企业。杜兰顿、莫罗和特纳（Duranton，Morrow & Turner，2013）检验美国几个主要城市间的贸易联系，发现拥有更多高速公路里程数的城市更专业化于重工业产品生产，但对产值并无影响。迈克尔斯（2008）发现在美国县区，州际高速公路会增加零售业和货车运输业的收益，同时会增加熟练劳动力的需求。另外，还有部分文献关注德国柏林的铁路网络（Ahlfeldt & Wendland，2011）、殖民时期的印度铁路（Donaldson，2010）。

在国内研究方面，很少有学者特别关注交通基础设施行业增长效应的差异性。仅有的部分文献包括：周浩等（2013）研究铁路增速带来的可达性提升对第二产业与第三产业的促进作用是否存在差异性，他们发现，铁路提速对第二产业的促进作用较第三产业更为显著。由于全国绝大部分城市仍处于工业化的进程中，制造业依然是城市经济的支柱。所以，区域内可达性改善虽然促进了第三产业的发展，但对整个经济的促进作用还是有限的。王洋等（2014）发现青藏铁路的建成对第二产业的正向影响最为显著，对第三产业的影响远小于第二产业，农业几乎不受影响；制造业和服务业的增长可能是由其他地区对青海、西藏投资增加引起的；旅游业曾被看作是铁路开通后的服务业增长点，但可能由于旅游业主要集中在一些特定区域，如拉萨、西宁，而对整个沿线县市的平均影响较小。但以上研究都仅仅关注交通基础设施对第一、第二、第三产业增长的差异性，对制造业内部行业增长的差异性还缺乏深入分析，这也是本节的研究主题。

5.5.1 模型设定及变量

本节借鉴拉詹和辛加勒斯（Rajan & Zingales，1998）的方法，引入地区和产业特征的交互项，尽可能清晰地展现传导机制。公式设定如下：

$$y_{ij} = \lambda_i + \mu_j + \alpha \ln acc_i + \gamma * Contrl_{ij} + \xi_{ij} \quad (5-3)$$

$$y_{ij} = \lambda_i + \mu_j + \beta \ln acc_i * ind_j + \gamma * Contrl_{ij} + \xi_{ij} \quad (5-4)$$

在公式（5-3）中，y_{ij}表示城市 i 中的产业 j 在该市制造业相关总经济指标中所占的份额，λ_i 和 μ_j 分别表示省份和产业固定效应，$\ln acc_i$ 表示城市 i 的交通可达性。如果该项系数显著为正，则说明城市交通可达性促进了产业增长。ξ_{ij}表示误差项。Control 表示一系列控制变量。主要包括：地区对外开放（fdi），用城市当年实际使用外资金额度量；地区自然禀赋（endowment），用城市采矿就业人数占全单位从业人数比重度量；地区人力资本（human），用城市高校及中学在校学生数占全市总人口比重度量；地区拥挤成本（congestion），用城市每平方公里上的就业人数与全国均值之比度量；劳动力成本（wage），用城市职工平均工资来度量；地区国外市场潜能（fmp），度量方法与前文相同；地方政府干预（govern），用地区财政收入占地区生产总值比重来度量；城市是否属于省会或首都（capital），构造虚拟变量。以上变量控制了部分（新）经济增长因素、传统比较优势因素、新经济地理中的关键要素以及制度政策性因素。

公式（5－4）除核心解释变量外，其他变量与公式（5－3）一致。公式（5－4）是为了检验城市交通基础设施能否促进制造业行业资源合理配置。按照比较优势理论，国家或地区要根据要素禀赋和技术水平，生产具有比较优势的产品。如劳动力充裕低廉的国家应该生产劳动密集型产品，技术先进国家可以多生产技术密集型产品。借鉴比较优势理论，良好的交通基础设施也能作为地区比较优势的重要来源，交通基础设施发达地区应该促进对交通设施依赖较多的产业更快增长。如果交通基础设施依赖较多的产业能够在交通基础设施发达地区增长更快，我们则认为交通基础设施和产业达到了优化配置。公式（5－4）中，$lnacc_i * ind_j$ 为核心解释变量，也是本节关注的焦点，它是城市交通可达性和产业交通设施依赖的交互项。另外，本节还选择将行业的关联强度作为核心解释变量，考察产业关联度对行业的增长是否也受交通基础设施改善所影响。由于其他控制变量与前文类似，本节不予赘述，该节重点说明两个关键性行业特征的度量。

（1）城市行业交通依赖度。

产业交通基础设施依赖是指产业运行中需要交通基础设施的介入程度。蒋冠宏、蒋殿春（2012）的做法是根据2002年的投入产出表，用产业所有投入中基础设施投入所占比重表示产业交通基础设施依赖。由于他们考察的基础设施不仅包括交通基础设施，还涉及邮电信息依赖和能源依赖度。不过，由于他们考察的是2000～2007年的产业增长问题，但仅采用了2002年的投入产出表，而且他们度量的仅仅是全国平均的行业交通依赖度，这种计算方式不尽合理。本书作了以下调整：首先由于本书的研究时期为1998～2007年，为此选择1997年、2002年以及2007年三年的投入产出表；其次，本书还搜集整理这三年不同省份的投入产出表，将不同地区的行业差异性考虑在内；最后，本书仅考察交通依赖度这一行业特征，为此具体计算公式为：行业交通运输仓储业投入占所有中间投入比重。经过以上调整及改进后，得出研究需要的城市交通依赖度，具体的计算结果参见本书附录4。

（2）产业关联度。

本书采取经典投入产业理论中的中间投入率这一指标测量产业直接关联强度。产业中间投入率高说明本产业对其他产业的整体依存度较高，参与社会分工的程度深。本书的产业关联强度仅由2007年投入产出表计算而得。表

5 -6 列出的是二位数制造业产业关联强度。

表 5 -6　　二位数制造业产业关联强度

二位数行业	产业联系强度	二位数行业	产业联系强度
石油加工、炼焦及核燃料加工业	0.9291	纺织业	0.7595
黑色金属冶炼及压延加工业	0.9064	电气机械及器材制造业	0.7320
有色金属冶炼及压延加工业	0.9064	废弃资源和废旧材料回收加工业	0.7317
化学原料及化学制品制造业	0.8950	木材加工及木、竹、藤、棕、草制品业	0.7169
医药制造业	0.8950	家具制造业	0.7169
化学纤维制造业	0.8950	通用设备制造业	0.7028
橡胶制品业	0.8950	专用设备制造业	0.7028
塑料制品业	0.8950	交通运输设备制造业	0.6847
非金属矿物制品业	0.8435	农副食品加工业	0.6422
仪器仪表及文化、办公用机械制造业	0.8348	食品制造业	0.6422
造纸及纸制品业	0.8243	饮料制造业	0.6422
印刷业和记录媒介的复制	0.8243	烟草制造业	0.6422
文教体育用品制造业	0.8243	工艺品及其他制造业	0.5802
金属制品业	0.7868	纺织服装、鞋、帽制造业	0.5683
通信设备、计算机及其他电子设备制造业	0.7723	皮革、毛皮、羽毛（绒）及其制品业	0.5683

注：根据 2007 年投入产出表计算整理。

5.5.2　估计结果分析

表 5 -7 列示了基准回归结果。表 5 -7 第 1 列列示的是全样本数据，结果显示：全国整体城市层面来说，平均而言，改善城市对外的交通运输条件，降低了物流运输成本、库存等多种企业生产成本，提高了企业生产效率；完善交通条件还可以促进企业对外的技术交流与学习，有助于城市内部制造业

份额的增加，促进了制造业的增长。表 5 - 7 中第 2 列是采用 1998 年的交通可达性作为自变量，因变量为 1999 ~ 2002 年的城市行业份额数据，研究结论仍比较稳健。

再看一些控制变量的估计结果。国内市场潜能（dmp）显著为负，这一结果与理论预期不一致。一般而言，国内市场潜能代表的是企业面临的潜在消费市场，消费市场越大，企业越有可能被吸引进入该城市生产。因此，这一结果值得进一步研究。另外，国外市场潜能系数为正，但不显著。政府干预系数为正，且在 1% 的统计水平下显著，这说明政府的“有形之手”在一定程度上促进了制造业发展，如产业扶持政策、工业园区建设、搭建产学研平台、优化营商环境等，有助于制造业发展壮大。省会城市虚拟变量显著为负，这进一步验证了前文的讨论。省会城市一般承载着过多的行政及服务功能，服务经济或者总部经济强大，这会倒逼一部分制造业（尤其是低端制造业）企业迁出城市中心。

表 5 - 7　　基本回归结果

被解释变量：行业就业份额		
变量	(1)	(2)
lnacc	0.016** (0.008)	0.115** (0.055)
lndmp	-0.046*** (0.016)	-0.089** (0.041)
lnfmp	0.031 (0.073)	0.011 (0.041)
lnhuman	-0.037 (0.033)	0.001 (0.012)
lnfdi	-0.002 (0.002)	0.002 (0.002)
lnwage	0.012 (0.017)	0.035 (0.023)

续表

被解释变量：行业就业份额		
变量	(1)	(2)
lncong	0.007 (0.005)	-0.006 (0.005)
lngover	-0.008 (0.008)	0.014*** (0.004)
lnendow	-0.002 (0.006)	0.003 (0.002)
capital	-0.020** (0.009)	-0.035*** (0.013)
_cons	-0.104 (0.150)	0.137 (0.173)
年份效应	控制	控制
城市效应	控制	控制
行业效应	控制	控制
N	49701	19834
R^2	0.210	0.234

注：（1）以上模型采用的是 OLS 估计方法，并使用稳健性标准误；（2）被解释变量为各地级市分行业就业份额，第二个估计方程表示的是用 1998 年的交通可达性作为自变量，因变量为 1999 ~ 2002 年的数据；（3）*、** 以及 *** 分别表示显著性水平为 10%、5% 以及 1%。括号内数字是异方差稳健标准误。

表 5-7 是本节研究的重点。表 5-7 已经证实了从整体行业层面看，改善城市对外交通基础设施条件有利于行业份额的增加，表 5-8 重点考察交通基础设施与行业特征交互后的估计结果，研究的重点在于改善对外交通条件是否有利于促进对交通运输依赖度较高的行业增长，以及能否促进高行业关联度的行业增长。按照比较优势理论，企业一般会选择能发挥自身优势的区位进行生产，如果某企业高度依赖于交通物流业（如非金属制品企业），那么改善该地区的交通运输条件应该会助推该企业的快速增长；同理，如果某产业属于产业关联度较高的行业（如汽车制造业企业），那么改善该区的对外运输条件，有助于该企业极大地降低物流费用，节省生产成本，提高经济

效益。表5-8共报告了7个回归结果，其中前5列为考察城市行业交通依赖度与交通可达性的交互项，被解释变量包括5个衡量指标，分别为行业就业人数份额，行业产值份额，行业固定资产份额，行业增加值份额，后两列同时考察交通可达性与交通依赖度以及产业关联度的交互项。

估计结果证实了前文的预测，前5列回归结果显示，交通依赖度较高的行业确实能在城市交通可达性好的城市实现更快的增长。无论采取哪个被解释变量，都得到较为一致的结论。这说明我国交通基础设施与产业发展实现了一定程度的优化配置，行业交通依赖度越高，改善交通运输条件越有利于增加该行业在城市的份额。在制造业部门中，一些高运输成本为特征的部门，如非金属矿物及食品饮料业，以及建筑部门等，交通基础设施改进有助于加速地理集中的进程。对于与低运输成本相关的部门，如机械行业和塑料及其他制造业，由于运输成本对该行业而言不重要，改善交通基础设施对这些行业带来的影响并不明显，避免了高市场潜能地区，更多地迁往外围地区，承担更低的工资成本，因此，改善交通基础设施能促进这些行业的分散化。

类似地，本书进一步考察产业关联度这一行业属性与地区交通可达性的交互影响，实证结果符合前文的理论预期。从理论上说，马歇尔（1920）提出促进产业集聚的三大因素：劳动力市场、知识外溢以及上下游投入产出关联。维纳布尔斯（Venebles，1996）更是从投入产出的纵向关联视角分析产业集聚形成的机制。产业关联度高的企业需要与上下游企业更多地进行资源、信息和要素交流以及供需对接，产生更多的经济联系与互动。在这一较长的产业链中，运输成本在其中的作用或地位毋庸置疑。当地区运输成本较高时，对于高产业关联的企业或行业而言是不利的。因为它们要承担更多的交易成本，这些交易成本不仅仅指物理运输增加带来的显性成本，还涉及由于远距离造成的沟通、协调以及时间成本等隐性成本。

表5-8　加入行业交互项后的估计结果

变量	(1)	(2)	(3)	(4)	(5)	(6)	(7)
	就业人数	总产值	行业销售值	固定资产	增加值	就业人数	就业人数
lnacc	0.013 (0.008)	-0.005 (0.011)	-0.005 (0.011)	-0.008 (0.011)	-0.004 (0.011)	-0.017 (0.011)	-0.010 (0.011)

续表

变量	(1)	(2)	(3)	(4)	(5)	(6)	(7)
	就业人数	总产值	行业销售值	固定资产	增加值	就业人数	就业人数
trandp	0.050 *** (0.012)	0.061 *** (0.016)	0.048 *** (0.017)	0.107 *** (0.016)	0.083 *** (0.016)		0.049 *** (0.012)
lnacc_trandp	0.161 *** (0.044)	0.138 *** (0.058)	0.142 *** (0.062)	0.215 *** (0.059)	0.168 *** (0.059)		0.133 *** (0.045)
iconnet						-0.021 * (0.012)	-0.027 ** (0.013)
lnacc_iconnet						0.042 *** (0.009)	0.033 *** (0.010)
lndmp	-0.049 ** (0.020)	0.013 (0.027)	0.011 (0.025)	0.010 (0.027)	0.009 (0.027)	-0.045 ** (0.020)	-0.049 ** (0.020)
lnfmp	0.024 (0.058)	-0.064 (0.076)	0.097 (0.082)	-0.056 (0.077)	-0.067 (0.077)	0.030 (0.058)	0.024 (0.058)
lnhuman	-0.036 (0.024)	-0.033 (0.031)	0.029 (0.023)	-0.028 (0.031)	-0.031 (0.031)	-0.038 (0.023)	-0.037 (0.024)
lnfdi	-0.002 (0.001)	0.0003 (0.002)	-0.003 (0.002)	0.0001 (0.002)	-0.0001 (0.002)	-0.002 * (0.001)	-0.002 (0.001)
lncong	0.007 * (0.004)	-0.00001 (0.006)	-0.00003 (0.006)	0.0001 (0.006)	0.0005 (0.006)	0.006 (0.004)	0.007 (0.004)
lngover	-0.007 (0.008)	0.006 (0.010)	0.005 (0.013)	0.005 (0.010)	0.005 (0.010)	-0.008 (0.008)	(0.006) (0.008)
lnendow	-0.002 (0.004)	-0.0004 (0.005)	0.010 ** (0.004)	-0.0001 (0.005)	-0.0002 (0.005)	-0.002 (0.004)	-0.002 (0.004)
capital	-0.017 ** (0.008)	-0.013 (0.010)	0.007 (0.012)	-0.009 (0.010)	-0.009 (0.010)	-0.02 *** (0.008)	-0.018 ** (0.008)
_cons	-0.044 (0.128)	0.058 (0.167)	-0.032 (0.168)	-0.0483 (0.168)	0.087 (0.169)	-0.110 (0.127)	-0.045 (0.128)
年份效应	控制	控制	控制	控制	控制	控制	控制

续表

变量	(1)	(2)	(3)	(4)	(5)	(6)	(7)
	就业人数	总产值	行业销售值	固定资产	增加值	就业人数	就业人数
城市效应	控制	控制	控制	控制	控制	控制	控制
行业效应	控制	控制	控制	控制	控制	控制	控制
N	48930	48930	43297	48930	48930	49701	48930
R^2	0.209	0.160	0.157	0.175	0.149	0.210	0.210

注：括号内数字是标准误，*、**、*** 分别代表在 10%、5%、1% 的统计水平上显著。

5.6 本章小结

关于交通基础设施能否促进或阻碍制造业内部结构变动方面的研究没有引起足够的重视。为了弥补现有文献对交通基础设施与制造业结构变动关系的不足，本章将实证检验城市交通可达性能否影响制造业结构变动。在研究样本与思路上，与大多数现有文献使用国家或省级层面宏观数据不同，本书采用微观企业数据加总后的制造业及城市层面的匹配数据，以更精确地探究制造业内部行业间的差异。利用 1998～2007 年的中国工业企业数据库进行实证检验，研究结果发现，优化提升城市交通可达性对促进城市制造业结构变动具有显著的正效应，这一结果非常稳健。与此同时，本章还研究拓展另两个与交通运输成本密切相关的行业属性，一个是行业的交通依赖度，一个是行业的产业关联强度。一般认为，对于高度依赖于交通运输的行业而言，改善地区对外交通运输条件，可以促进该行业的增长；类似地，行业产业关联强度越高，越需要与产业链上下游的相关企业进行分工协作，因此近距离对于产业关联度高的行业而言显得很重要。本书的实证检验结果证实了以上推论，改善城市交通可达性有利于对交通物流运输依赖度高的行业增长，同时也有利于产业关联度更高的行业的增长。

第6章 交通可达性与新建企业选址

6.1 引　言

作为微观企业最重要的经济活动之一，企业选址决策往往决定着企业的市场范围与未来的竞争优势。新建企业的区位选择影响并映射着产业空间分布的变化。因此，要深入探讨中国制造业的空间分布状况以及变动趋势，研究透彻新建企业的区位选择问题就显得很有必要。既然改善公路交通网络、提升交通可达性有助于增加企业潜在的需求市场/供给市场，那么从经验层面分析，中国的公路交通网络是否可对制造业企业的区位选址产生影响？为此，本章以中国地级及以上城市为空间分析单元，以新建制造业企业为研究对象，通过前文构造的城市交通可达性指标，考察了1998～2007年城市交通可达性对制造业企业选址的影响。

本章边际贡献在于：其一，降低空间分析尺度，选择地级市作为新建企业选址空间单元，以尽可能避免因加总数据导致的偏误；其二，关于企业选址的估计方法较常用的是Logit模型，但本章采用在企业备选空间数量较多情况下更为合理的泊松（Poisson）模型进行估计。本章余下结构安排如下：第2节是文献评述；第3节是模型设定、数据来源与变量选取；第4节是估计结果与分析；第5节是小结。

6.2 文献评述

关于运输成本对企业区位选择的影响，早在A. 韦伯的工业区位论以及A. 勒施的市场区位论中就已经被提及，交通运输因此被认为是影响企业利润的最重要因素之一，深刻影响企业的区位分布。在关于运输成本的经验研究中，哈里斯（Harris，1954）的贡献居功至伟。其提出了交通可达性指标，将市场需求与运输成本有机结合，为后继者的经验分析提供了可靠的度量工具。由于劳动力与资本要素是自由流动的，改善交通可达性对企业选址的影响是双向的，一方面，对于已经位于“核心”地区的企业，扩大与外部市场的广泛联系增加了企业潜在市场需求和利润，强化了“核心”地区内企业的凝聚力；另一方面，对于“外围地区”，由于交通可达性提升导致运输成本降低，这些地区能够较易获得来自“核心”地区的生产要素供给以及各种溢出效应，增强了“核心”地区的离散力量。事实上，对于微观企业自身而言，不是所有企业都愿意选择在较大的市场，因为拥有较大市场的地区一般竞争强度也较大，由于运输成本的存在，部分企业愿选址在较小的市场，享受低成本的生产要素带来的好处，同时降低了价格竞争。因此，从理论上看，交通可达性对企业的利润及其区位选址的影响并不明确，需要大量实证的检验（Venables，1996；Puga，1999）。

影响企业区位选择的因素很多，囿于本章的研究主题，本书选择仅从微观层面综述影响企业选址决策的文献。麦克法登（McFadden，1974）开创性地使用Logit模型将企业区位选址问题转化为企业实现利润最大化的选择过程，从而为企业选址决策的估计奠定坚实的微观基础。早期研究的空间分析尺度一般较大，最早从卡尔顿（Carlton，1983）研究美国大都会区层面的企业选址问题开始，此后大量国外研究追随。如甘马雷斯等（Guimaraes et al.，2000）实证检验葡萄牙国内外资企业选址问题，赫德和迈耶（Head & Mayer，2004）研究日本企业在欧洲选址的影响因素等。但在较大空间分析单元内，分析其交通基础设施状况（可达性）与产业分布面临两个问题：其一是交通可达性指标的准确性问题，如在省级区域，由于空间较大，加总后的省级交通可达性会掩盖省内各城市交通可达性可能存在的巨大差异；其二是可能存在的内生性问题。由于交通可达性指标是基于地区交通基础设施情况构建的，但交通基础设施与经济发展在宏观层面存在紧密的相互作用。因此，使用国家或省区层面考察企业区位选择问题可能会存在内生性偏误。

得益于 GIS 技术的应用与推广，经济地理学者终于能够采用较小的空间分析单元进行相关问题的研究。与此同时，库格林和塞戈夫（Coughlin & Segev，2000）、李斯特和麦克龙（List & Mchone，2000）从理论上将企业区位选择问题转换成新企业数量在空间位置上的分布，这为学者采用较小空间单元研究企业选址问题提供了可能性。霍尔（2004）、钱德拉和汤普森（2000）是较早采用城市和县这一级别的空间分析单元的学者。霍尔从 2004 年开始持续关注公路网络体系对西班牙制造业企业区位选址问题。霍尔（2004）利用 1986～1997 年西班牙市级数据，分析公路交通网络引致的供给与需求邻近性对新企业诞生的影响，对于大多数制造业企业而言，非常愿意选址在高速公路附近。研究结论进一步发现，增加跨区域需求邻近性会降低六大类行业（包括采矿业、金属制品及机械、食品饮料业、纺织服装业、造纸印刷业以及木材家具业）新开工的概率，但无法吸引任何行业类别的企业新进入；改善区域内需求邻近性同样会降低五类制造业行业（包括采矿业、金属制品及机械、食品饮料业、纺织服装业以及木材家具业）新企业的进入；但改进地区供给邻近性有助于吸引制造业的进入。钱德拉和汤普森（2000）分析美国 1969～1993 年间州际高速公路以及企业数据，研究发现新企业更多地选择在州际高速公路直接穿过的郡县落户。同样，公路交通可达性对企业选址的影响也存在行业差异，如对工业、零售业和服务业企业增长效应存在明显差异。

国内关于企业区位选址的实证研究正不断丰富，现有研究在探讨影响企业区位选址的因素中，主要关注以下几类因素：集聚经济因素——城市化经济与地方化经济（刘修岩等，2010；王俊松，2011；周浩等，2015）；市场潜力或市场获得（刘修岩等，2010；赵永亮等，2011）；交通可达性（周浩，余壮雄，杨铮，2015）；劳动力蓄水池（徐瑛等，2015）；环境规制（周浩和郑越，2015；王芳芳等，2011）；FDI 集聚效应（余佩和孙永平，2011）等。但大多数研究所选择的空间单元为省级层面，采用微观企业数据展开讨论的也不多见。还有些研究尽管也采用微观企业数据进行相关研究，但这些研究主要集中于 FDI 的区位选择（张俊妮等，2006；余佩等，2011）。因此，关于中国制造业企业选址问题的研究还有待进一步补充。

与本章研究直接关联的文献不多，周浩等（2015）根据微观企业数据，用泊松模型估计地级市可达性对新建制造业企业选址的影响，研究发现多类可达性指标对新制造业企业区位选择影响比较模糊，区域间需求可达性促使新企业向外地扩散，区域内需求则是吸引新企业向省内经济核心靠近的重要力量；另外，供给可达性也会吸引新企业向“核心”地区靠拢。另外，王俊松（2011）也采用2007 年 12035 家新建制造业企业数据，用条件 Logit 模型分析集聚经济（城市化经济和地方化经济）对企业区位选择的影响，研究结论进一步支持地方化经济（非城市化经济）是影响新企业区位选择的重要因素，新制造业企业更倾向于与同类企业集聚在一起，而不同类的二位数行业的集聚往往会挤掉新企业。

归结起来，关于中国制造业企业选址的研究还存在以下几个不足。首先，中国省级行政区划较大，在基于省区层面构建的交通可达性指标和经济地理指标可能导致由变量测量偏误与相互作用而产生估计的内生性问题（刘钜强和赵永亮，2010）。其次，样本选择问题。现有研究的对象一般都是所有企业，而不是针对新建企业的，这种处理方法会导致估计的偏误。因为当研究期限较长时，新建企业和现有企业在进行区位选择决策时所面临的内外部条件与环境可能差异明显。关于中国企业区位选择的研究多数采用 Logit 模型作为估计方法（余佩和孙永平，2011；王俊松，2011）。在考察交通可达性与外部集聚性等因素对企业区位选择的时候，独立不相关的假设很难被满足，尤其是当企业选址空间的样本个数较大时，各空间点之间的相互联系和影响不言而喻。虽然很多研究通过引入地区虚拟变量来弥补这个问题，但作用还是较为有限的。本章将基于中国公路交通网络和城市制造企业数据，构建城市的交通可达性和集聚经济指标，运用泊松模型主要考察交通可达性对制造业部门新建企业选址问题的影响。

6.3 模型设定与变量选择

6.3.1 实证模型

在企业选址的经验分析中，OLS、Logit、Tobit、泊松模型以及负二项回归在内的估计方法都常被采用。具体选择何种方法，依赖于研究对象以及问题的性质。本节主要探讨的问题是在地级市层面考虑交通可达性对制造业企业选址的影响。参考李斯特和麦克龙（2000）的思路，本节构造泊松分布及估计的逻辑框架大致如下：对于一个微观企业而言，地区的利润情况往往会成为其是否进入该地区的主要依据。假设城市是企业选址的空间单元，π_{jkt}表示在t时期属于地区j中k行业的期望利润，X_{jkt}表示一系列影响企业选址的因素。

$$\pi_{jkt} = f(X_{jkt}) + e_{jkt} \tag{6-1}$$

显然，一个城市新企业数量与该地区的期望利润密切相关，期望利润越高，越会吸引新企业进入该地区，促进该区总企业数增加。一个城市的新企业数可用下式表示，

$$N_{jkt} = f(X_{jkt}) + u_{jkt} \tag{6-2}$$

其中，N_{jkt}表示t年城市j中的k行业的新企业数量，u_{jkt}表示随机扰动项。由于每个城市中，每年各行业新建企业数为大于等于零的非负整数，即使也存在某年在某些城市中的某些行业出现N_{jkt}为零的情况。因此，非连续的新企业进入数可以被认为是具有随机性，采用泊松分布来描述这个随机过程较为合适。因此，假设N_{jkt}服从泊松分布。那么在t年城市j中的k行业有n_{jkt}个新建企业的概率为：

$$\mathrm{Prob}(N_{jkt}) = \frac{\exp(-\lambda_{jkt})\lambda_{jkt}^{N_{jkt}}}{N_{jkt}!},\ \lambda > 0,\ n_{jkt} = 0,\ 1,\ 2,\ \cdots,\ n, \tag{6-3}$$

其中，泊松分布参数λ_{jkt}为某年t城市j中的k行业出现新建企业数量n_{jkt}的平均发生率（或者叫泊松到达率）。在企业选址时，当备选空间数较多时，可

能出现城市的新企业数为零的情况。根据泊松分布的一般假设，新企业进入的均值与方差符合以下关系：

$$E(N_{jkt}) = var(N_{jkt}) = \lambda_{jkt} \tag{6-4}$$

假设 N_{jkt}的期望和 λ_{jkt}的对数与解释变量存在线性关系，即

$$\ln(\lambda_{jkt}) = \beta_k' X_{jt} \tag{6-5}$$

其中，β_k 是一组待估参数，X_{jt}为可观察到的城市特征因素向量。

与条件 Logit 模型相比，泊松回归的一大优势是即使在备选空间单元很多的情况下，也可以较好地处理因变量为零的情况。斯密德亨尼等（Schmidheiny et al.，2011）和甘马雷斯等（2003）证明了当回归元是刻画备选空间性质的变量时，Logit 模型和泊松模型的估计结果并没有差异，这为采用泊松模型考察企业空间选址问题奠定了一定的经济理论基础。但对于企业空间选址问题，要满足期望和方差都等于泊松到达率这一假设条件有时候存在一定困难，一些难以观测的异质性因素会导致新建企业数出现更大的波动，使得方差值大于期望值，出现过度分散（overdispersion）的问题。此时，可引入随机变量 $\nu \sim Gamma(1, \alpha)$，用 $\lambda\nu$ 代替 λ。在该假定下，新建企业数量 N 的分布就修正为负二项分布（the negative binomial distribution），记为 $NB(\lambda, \alpha)$。这允许新建企业数量 N 方差大于均值。与此同时，在现实中，一些不可观测的或者难以测量的地区因素（如地理与气候特征）、行业特征或宏观经济环境因素同样会影响企业的区位选址。因此，本节还将引入省份、年份以及行业变量以尽可能控制不可观测的影响因素。

6.3.2 数据来源

实证部分主要采用两个数据集。第一个数据集是中国工业企业数据库。该数据库包含的企业为全部国有工业企业及规模以上非国有工业企业，行业范围涉及 30 个行业门类（以二位数行业代码计算）。本节选取 1998 ~ 2007 年制造业企业作为考察对象。根据数据集中关于企业地理位置、行业、开工时间等信息，本节整理 1998 年、2003 年以及 2007 年间各地级市中各行业的新建企业情况。第二个数据集是《中国城市统计年鉴》。本书中的 282 个地级市作为制造业企业区位选址的空间集合。同时，本书根据年鉴中提供的城市

经济、人口等相关指标构建回归模型中所需的关于城市特征的解释变量。

6.3.3 新建企业描述

表 6－1 列出的是 1998 年、2003 年以及 2007 年这三年新建企业所属行业分布情况。各行业的新建企业数存在明显差异，增长较多的行业主要涉及非金属矿物制品业、农副食品加工业、纺织业、化学原料及化学制品制造业，新建企业数量均高于 1600 家，加总所占份额超过 34%；新建企业较少的行业主要包括：烟草制造业、化学纤维制造业、废弃资源和废旧材料回收加工业以及文教体育用品制造业等，新建企业数量均低于 250 家，加总所占份额不超过 3%。

表 6－1　新建企业所属行业频数分布

二位数行业	具体行业	频次	百分比	累计百分比
13	农副食品加工业	1824	8.28	8.28
14	食品制造业	612	2.78	11.06
15	饮料制造业	448	2.03	13.09
16	烟草制造业	9	0.04	13.13
17	纺织业	1805	8.19	21.33
18	纺织服装、鞋、帽制造业	1064	4.83	26.16
19	皮革、毛皮、羽毛（绒）及其制品业	590	2.68	28.83
20	木材加工及木、竹、藤、棕、草制品业	916	4.16	32.99
21	家具制造业	295	1.34	34.33
22	造纸及纸制品业	561	2.55	36.88
23	印刷业和记录媒介的复制	257	1.17	38.05
24	文教体育用品制造业	236	1.07	39.12
25	石油加工、炼焦及核燃料加工业	194	0.88	40
26	化学原料及化学制品制造业	1689	7.67	47.66
27	医药制造业	347	1.58	49.24
28	化学纤维制造业	88	0.4	49.64

续表

二位数行业	具体行业	频次	百分比	累计百分比
29	橡胶制品业	264	1.2	50.84
30	塑料制品业	954	4.33	55.17
31	非金属矿物制品业	2062	9.36	64.53
32	黑色金属冶炼及压延加工业	677	3.07	67.6
33	有色金属冶炼及压延加工业	583	2.65	70.25
34	金属制品业	1128	5.12	75.37
35	通用设备制造业	1358	6.16	81.53
36	专用设备制造业	795	3.61	85.14
37	交通运输设备制造业	851	3.86	89.01
39	电气机械及器材制造业	893	4.05	93.06
40	通信设备、计算机及其他电子设备制造业	711	3.23	96.29
41	仪器仪表及文化、办公用机械制造业	292	1.33	97.61
42	工艺品及其他制造业	358	1.63	99.24
43	废弃资源和废旧材料回收加工业	168	0.76	100
总数		22029	100	

注：笔者根据工业企业数据库整理。

从三年的新建企业总量来看，企业数基本呈现逐年递增的趋势，1998 年为 4426 家，2003 年为 5782 家，到 2007 年达到 11821 家（见表 6－2）。

表 6－2　　1998 年、2003 年及 2007 年新建企业数量

新建企业数（按地级市分类）					
年份	观测值	均值	标准差	最小值	最大值
1998	4426	67.3	83.8	1	335
2003	5782	65.1	65.8	1	262
2007	11821	105.4	82.1	1	288
总体	22029	87.1	80.9	1	335

注：根据工业企业数据库整理。

从 1998 年、2003 年以及 2007 年新建企业的企业规模分布情况看，超过一半企业的企业职工数在 20 ~ 100 名，职工数小于 20 名的企业份额不到 5%，超过 300 名职工以上的中大型企业超过 10%（见表 6 – 3）。

表 6 – 3　　1998 年、2003 年及 2007 年新建企业的企业规模分布　　单位：人

新建企业数的规模分布			
企业职工数	企业数	所占份额	累积份额
职工数 < 20	1038	4.71	4.71
20 ≤ 职工数 < 100	11682	53.03	57.74
100 ≤ 职工数 < 300	6701	30.42	88.16
300 ≤ 职工数 < 1000	2142	9.72	97.88
职工数 > 1000	466	2.12	100
总数	22029	100	

注：根据工业企业数据库整理。

观察这些新建企业的地区空间分布情况，从 1998 年、2003 年以及 2007 年三年企业地区分布情况看，新建企业主要集中在广东、山东、浙江、江苏等东部沿海发达省份，东部地区新建企业数历年占比均在 58% 以上，企业分布表现出明显的空间集聚特征。而在经济相对滞后、基础设施建设配套不足的西部十省份，三年间新建企业数占全国新建企业总数的比例仅占 8% ~ 10%（见表 6 – 4、图 6 – 1、表 6 – 5）。

表 6 – 4　　1998 年、2003 年及 2007 年新建企业的地区分布

地区	新建企业数（家）				增幅（%）	增幅（%）
	三年加总	1998 年	2003 年	2007 年	1998 ~ 2003 年	2003 ~ 2007 年
北京	213	95	31	87	– 67	181
天津	263	140	18	105	– 87	483
河北	974	307	304	363	– 1	19
山东	3329	344	822	2163	139	163

续表

地区	新建企业数（家）				增幅（%）	增幅（%）
	三年加总	1998 年	2003 年	2007 年	1998～2003 年	2003～2007 年
上海	686	335	159	192	-53	21
江苏	1574	666	197	711	-70	261
浙江	2514	456	532	1526	17	187
福建	1053	154	408	491	165	20
广东	2698	442	862	1394	95	62
海南	14	10	3	1	-70	-67
东部地区	13318	2949	3336	7033	13	111
辽宁	1349	224	273	852	22	212
吉林	285	0	64	221		
黑龙江	388	145	124	119	-14	-4
东北部地区	2022	369	461	1192	25	159
山西	256	12	141	103	1075	-27
安徽	788	67	248	473	270	91
江西	728	24	222	482	825	117
河南	839	360	4	475	-99	11775
湖北	923	161	364	398	126	9
湖南	1001	86	380	535	342	41
内蒙古	206	25	43	138	72	221
中部地区	4741	735	1402	2604	91	86
甘肃	53	0	1	52		5100
广西	379	38	136	205	258	51
贵州	74	20	34	20	70	-41
宁夏	24	4	16	4	300	-75
青海	7	3	3	1	0	-67
陕西	205	69	47	89	-32	89
四川	802	134	223	445	66	100
新疆	30	22	2	6	-91	200

续表

地区	新建企业数（家）				增幅（%）	增幅（%）
	三年加总	1998 年	2003 年	2007 年	1998～2003 年	2003～2007 年
云南	95	17	40	38	135	-5
重庆	279	66	81	132	23	63
西部地区	1948	373	583	992	56	70

注：根据工业企业数据库整理。

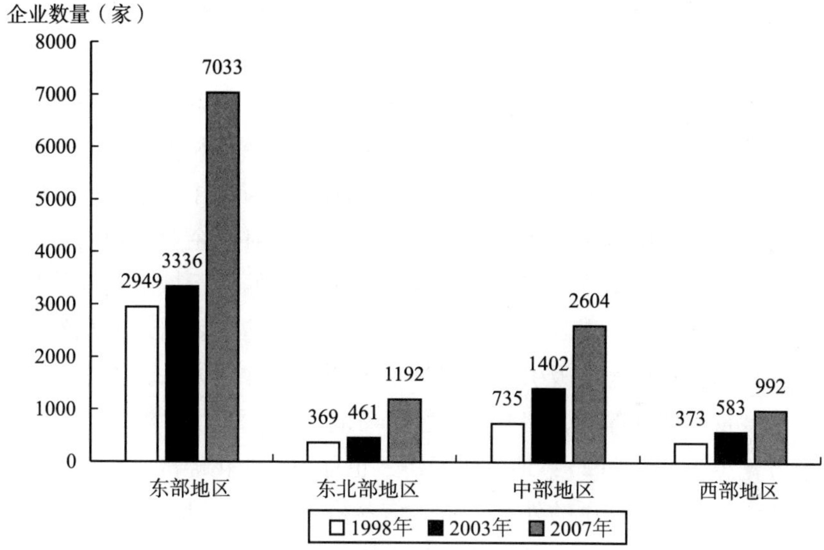

图 6-1　新建企业的地区分布情况

注：根据工业企业数据库整理。

表 6-5　各地区新建企业所占份额　单位：%

地区	1998 年	2003 年	2007 年
东部地区	66.6	57.7	59.5
东北部地区	8.3	8.0	10.1
中部地区	16.7	24.2	22
西部地区	8.4	10.1	8.4

注：根据工业企业数据库整理。

6.3.4 变量设定

在新经济地理学模型中，市场接近效应和生活成本效应构成经济活动空间集中的循环累积因果机制。然而随着企业不断向核心区域集聚，加剧核心区域内企业之间的竞争强度，又会导致部分缺乏竞争力的企业由核心区向外围地区转移，形成经济活动向外空间扩散的分散力，称为“市场拥挤效应”（也称为“市场竞争效应”）。本书根据新经济地理学基本理论框架及其最新研究进展，将影响企业区位选择的因素分为以下几个方面。

（1）集聚外部性。

集聚外部性是影响企业区位选择的重要性因素。大量研究考察过集聚经济对企业选址的影响。大部分研究通常构造城市化经济和地方化经济两个指标测度集聚经济，以此考察其对企业区位选择的影响。甘马雷斯等（2000）指出在大城市中，城市化经济和服务业的集聚经济对新企业落户的影响力更大些，德博克和范奥尔特（2011）认为迁移企业也偏好于城市化经济较强的区域，但霍尔（2004）基于大样本城市数据的研究结论表明地方化经济对制造业企业反而具有更大的吸引力。根据前人研究的常用方法，本书主要选择两类指标度量集聚外部性，即城市化经济与地方化经济。

地方化经济（special）：地方化经济，也称为专业化经济，指由同一产业部门中的企业集聚而产生的外部经济。借鉴格莱泽等（Glaeser et al.，1992）的方法，本书构建的地方化经济计算公式如下：

$$\text{special}_{ijt} = \frac{L_{ijt}}{L_{jt}} \tag{6-6}$$

其中，special_{ijt}表示 t 年 i 地区 j 行业的专业化水平，L_{ijt}表示 t 年 i 地区 j 行业的从业人员数，L_{jt}表示 t 年 j 行业全国从业人员数。

城市化经济（diversity）：城市化经济又称为多样化经济，是不同行业之间的集聚所产生的外部经济。本书采用亨德森等（1995）提出的地区行业多样化指标，也即赫芬达尔指数的倒数。具体计算方式如下：

$$\text{diversity}_{it} = \frac{1}{\sum_j L_{ijt}^2} \tag{6-7}$$

其中，$diversity_{it}$表示t年i地区产业多样化指数，L_{ijt}表示t年i地区j行业的从业人员数。$diversity_{it}$指数越大，表明该地区产业多样化水平越高。

（2）其他影响因素。

其他一些影响企业利润进而影响企业空间区位选址的因素，主要是涉及城市相关特征（见表6－6），包括国内市场潜能（dmp）以及国外市场潜能（fmp）、城市规模（pop）、用工成本（wage）、人力资本（human）、城市对外直接投资（fdi）、拥挤成本（cong）、地方保护（govn）、自然禀赋（endow）、省会城市虚拟变量（capital）。这些变量在前文都已提及，在此不予赘述。

表6－6　主要控制变量描述性分析

变量	测量	观测量	均值	标准差	最小值	最大值
地方化经济	公式（6－6）	22029	0.0135	0.0188	9.90e－07	0.2027
城市化经济	公式（6－7）	22029	4794	31792	10	1445554
城市规模	城市人口	22029	575.37	405.86	26.31	3235.32
国内市场潜能	第4章	22029	188.58	40.82	32.09	366.64
国外市场潜能	第4章	22029	58.93	9.68	31.74	83.56
城市人力资本	第4章	22029	0.076	0.022	0.034	0.174
对外直接投资	第4章	22029	69.02	109.91	0	602.2
自然禀赋	第4章	22029	0.035	0.068	0	0.661
拥挤成本	第4章	22029	1.75	2.81	0.01	21.19
地方保护	第4章	21935	0.048	0.033	0.006	0.193

资料来源：笔者计算整理。

6.4 实证结果

任何实证分析策略的选择都要依赖于获得的数据类型。如果采用离散的空间数据，如地级市或县一级的数据，内生性问题相对会减少，因为交通基础设施投资决策一般由更高层级的政府决定（Melo，Graham & Noland，

2010)。霍尔采用葡萄牙和西班牙的公路数据和微观企业数分析企业区位选址问题时，也支持这一说法，因为葡萄牙和西班牙的高速公路体系很大程度上是由欧盟资助建设，这一外生的资助更多的是为构建欧洲交通网络体系，而不仅仅是为了鼓励单个城市的经济增长。同样，对于该章节的经验分析，本书认为内生性问题并不严重，正如梅洛、格雷厄姆和诺兰（2010）以及霍尔（2004a）所认为的，如果采用的空间数据离散程度越高，内生性问题越不严重。与采用省级层面数据相比，本节采用地级城市数据，空间数据更细致，分析尺度更加微小，备选空间数量较大，内生性问题并不严重。

6.4.1 基本回归

表6-7列出了对整个制造业企业的基本估计结果。估计模型（1）给出了OLS估计结果；模型（2）到模型（4）列出泊松分布的三种估计结果——混合回归、随机效应和固定效应；模型（5）和模型（6）分别是负二项回归的随机效应和固定效应估计结果。前文已提到，使用泊松回归的一大前提条件是因变量的均值与方差必须相等。对于企业选址这一问题，往往会出现方差大于均值的情况。本节模型中的被解释变量新建企业数（newfirm）均值为87.14，方差为6547.93，方差为均值的75倍，故可能存在过度分散情况，使用负二项回归更有效率。在检验使用固定效应与随机效应的负二项回归分析时，豪斯曼检验中卡方值为1.07对应的概率为0.8984，结果支持使用随机效应的负二项回归。因此，本节主要依据随机效应的负二项回归的估计结果进行阐述。另外，为有效控制由于遗漏变量可能造成的内生性问题，本书还通过引入省份、年份以及行业的虚拟变量以尽可能缓解这一问题。

（1）交通可达性。

交通可达性的系数为0.743，且在1%的统计水平下显著。这一检验结果表明，在公路交通网络改善地区内以及区域间市场一体化硬件的条件下，企业可以延伸到更广阔的外地市场，新建企业更倾向于靠近交通可达性较好的区域。从新经济地理学视角看，一方面，改善地区间交通基础设施可以降低产品的运输成本，直接扩大了企业跨区域间的产品覆盖范围，从而增强了高可达性地区对新企业加入的吸引力；但与此同时，需求可达性高的地区一般也是经济发达地区，虽然可达性提升有助于促进该区市场需求规模的增加，但是由于现存企业数量较多，市场竞争较为激烈，企业开工建设面临的各类成本也在攀升，这反而提高了“中心”地区对新建企业的离散力。以上结果显示，在研究样本期限内，交通基础设施改善有助于促进“中心”地区发挥其集聚优势，促进需求可达性以及生产要素同方向向其靠拢。新建企业数与城市交通可达性关系见图 6 – 2。

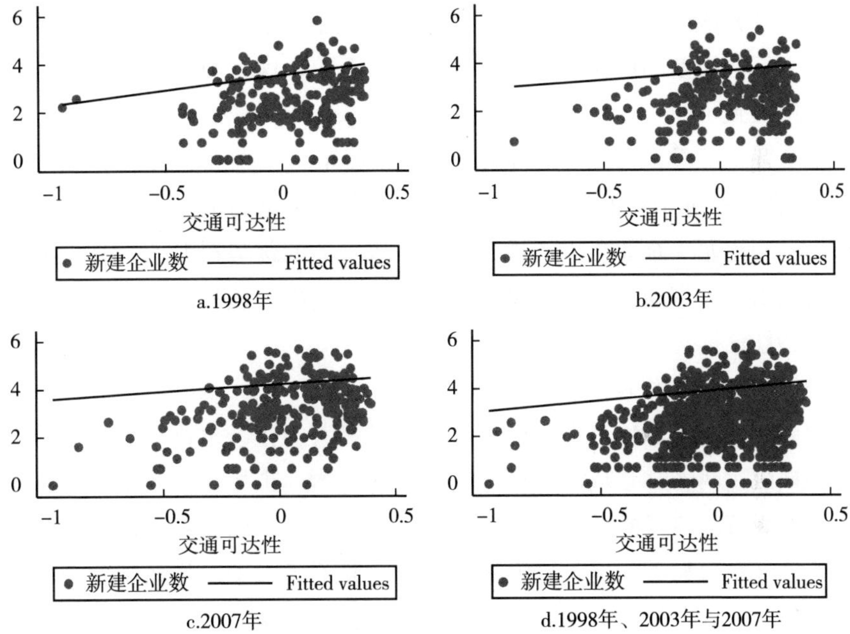

图 6 – 2　新建企业数与城市交通可达性

资料来源：笔者整理。

与此同时，我们还可从供给层面理解这一结论。交通可达性除了影响需求可达性，也就是增加潜在消费市场需求外，还可能增加中间产品供给这一供给可达性。企业可以更接近中间投入品市场，有助于在寻找中间投入品时“货比三家”，进而与上游供货商建立稳定可靠的供应关联，为企业对中间投入品的需求提供充足的保障，进而提升“中心”地区集聚的吸引力。

（2）集聚外部性。

集聚经济因素显然也深刻影响着企业的生产效率与方式，进而对企业潜在利润产生显著的影响，从而成为影响企业区位选择的重要因素。本节采用集聚经济的两类主要形式，即地方化经济和城市化经济具体考察其影响。地方化经济（lnspe）的估计系数为0.032，城市化经济（lndiv）的估计系数为-0.179，两者都通过了1%的显著性检验。这说明地方化经济能显著正向影响新企业的进入，地方化经济越强的地区，越可以吸引新企业；城市化经济不利于吸引新企业进入该地区。新企业更倾向于集聚在同类产业集聚的地区，但尽量避开其他产业集聚的区域。总之，新建企业总倾向于与同类产业的企业集聚，不同类型的产业集聚往往会挤掉新企业，这也与王俊松（2011）的研究结论一致。

从实际情况看，当前一些地方政府的招商正从“招商引资”转向“招商选资”，注重引进企业的质量与结构，以大项目和龙头企业为吸引增量投资的核心，利用龙头企业在生产规模和技术水平上的优势提升本地在产业方面的专业化水平，带动地方经济发展。以上估计结果为这种引资行为和策略提供了支持性证据。

（3）其他城市经济环境因素。

国内市场潜能和城市人口的估计系数都显著为正，也符合新经济地理的理论预期。这两者都是从需求层面刻画企业的本地市场规模，本地市场需求越大，企业可能获得的潜在利润越高，对新企业的吸引力就越高。国外市场潜能的估计系数显著为负。这说明新建企业并不倾向于选择在国外市场需求较大的地区，这可能与新建企业的类型有关，如果是属于出口导向型，则可能会倾向于选择国外市场需求较大的地区；相反，如果企业的目标市场主要瞄准国内或区域内部，则企业并不愿意选择在国外市场潜能较大的地区，因为国外市场潜能较大的地区一般也位于东部沿海地区，用工成本、土地租金等生产要素成本相对高昂。

平均工资的估计系数显著为负。平均工资度量的是企业的用工成本，对企业选址能产生影响，一般而言，企业用工成本越高，部分程度上会降低企业的利润，制约着新企业的进入意愿。过高的用工成本会起到离心力的作用，企业可能宁愿牺牲掉一部分运输成本换取更低的生产要素成本，选择工资或土地价格低廉的地区进行生产。人力资本的作用显著为负，这说明城市人力资源禀赋水平在平均情况下对吸引新制造业企业进入反而有可能产生不利的影响。同样，农业资源禀赋的系数也显著为负。政府干预（goven）的估计系数为负，且在 1% 的统计水平下显著，这表明地方政府干预并不利于新企业的布局，新企业更有意愿选择政府干预较少、市场化水平较高的地区。

表 6 –7　　　　基本回归结果

变量	估计方法					
	(1)	(2)	(3)	(4)	(5)	(6)
	最小二乘法	混合泊松回归	随机效应的泊松回归	固定效应的泊松回归	随机效应的负二项回归	固定效应的负二项回归
lnacc	60.71 *** (6.809)	1.016 *** (0.096)	0.670 *** (0.079)	1.016 (1.007)	0.743 *** (0.078)	0.768 *** (0.077)
lnspe	3.509 *** (0.298)	0.035 *** (0.004)	0.048 *** (0.004)	0.035 *** (0.012)	0.032 *** (0.003)	0.031 *** (0.003)
lndiv	-12.9 *** (0.369)	-0.224 *** (0.004)	-0.189 *** (0.004)	-0.224 *** (0.035)	-0.179 *** (0.004)	-0.179 *** (0.004)
lncpop	15.79 *** (0.909)	0.259 *** (0.010)	0.245 *** (0.011)	0.259 *** (0.085)	0.170 *** (0.009)	0.174 *** (0.009)
lndmp	18.38 *** (4.627)	0.761 *** (0.057)	0.646 *** (0.055)	0.761 (0.497)	0.651 *** (0.053)	0.645 *** (0.053)
lnfmp	74.87 *** (5.973)	0.502 *** (0.071)	0.427 *** (0.080)	0.502 (0.669)	-0.211 *** (0.067)	-0.191 *** (0.067)
lnwage	-30.3 *** (4.583)	-0.351 *** (0.027)	-0.176 *** (0.024)	-0.351 (0.307)	-0.187 *** (0.020)	-0.228 *** (0.020)
lnhuman	-19.9 *** (1.878)	-0.289 *** (0.024)	-0.283 *** (0.024)	-0.289 (0.254)	-0.229 *** (0.021)	-0.168 *** (0.022)
lnfdi	7.168 *** (0.381)	0.104 *** (0.005)	0.111 *** (0.004)	0.104 ** (0.043)	0.112 *** (0.004)	0.113 *** (0.004)

续表

变量	估计方法					
	(1)	(2)	(3)	(4)	(5)	(6)
	最小二乘法	混合泊松回归	随机效应的泊松回归	固定效应的泊松回归	随机效应的负二项回归	固定效应的负二项回归
lnendow	-2.54*** (0.267)	-0.009*** (0.003)	-0.005* (0.003)	-0.009 (0.042)	-0.040*** (0.003)	-0.044*** (0.003)
lncong	-1.396** (0.611)	-0.059*** (0.007)	-0.085*** (0.007)	-0.059 (0.049)	-0.109*** (0.007)	-0.102*** (0.007)
lnprot	-2.217** (0.876)	-0.101*** (0.008)	-0.160*** (0.009)	-0.101 (0.115)	-0.138*** (0.008)	-0.125*** (0.008)
resource	-2.31*** (0.846)	-0.174*** (0.012)	-0.142*** (0.011)	-0.174 (0.126)	-0.065*** (0.010)	-0.049*** (0.011)
capital	-11.4*** (1.599)	-0.057*** (0.015)	0.035** (0.016)	-0.057 (0.212)	-0.003 (0.015)	-0.046*** (0.016)
常数项	-353*** (47.26)	-3.960*** (0.327)	-3.482*** (0.348)	—	-2.548*** (0.327)	-2.257*** (0.334)
省份效应	控制	控制	控制	控制	控制	控制
年份效应	控制	控制	控制	控制	控制	控制
行业效应	控制	控制	控制	控制	控制	控制
Log-likelihood		-199218	-96626	-199054	-95431	-95063
R^2	0.682					
N	20425	20425	20425	20425	20425	20425

注：（1）以上模型被解释变量为：城市新建企业数量（newfirm）；（2）最小二乘法使用稳健性标准误，括号内数字为 t 值，其他各列估计方法的括号内数字为 z 值；混合泊松回归使用聚类稳健标准误；随机效应和固定效应的泊松回归都使用普通标准误；（3）*、**、*** 分别代表在 10%、5%、1% 的统计水平上显著。

（4）稳健性检验。

鉴于交通可达性指标的内生性可能是因为使用同期变量引起的，为避免由此可能带来的内生性问题，本章分别选择 2003 年以及 2007 年两类子样本分别进行回归。其中，将交通可达性这一关键被解释变量分别换成 1998 年以及 2003 年。在 2003 年的子样本中，用 1998 年的交通可达性替换掉原先 2003 年的交通可达性；在 2007 年的子样本中，用 2003 年的交通可达性替换掉原先 2007 年的交通可达性，并且仍保留其他变量不变，新的交通可达性指标分别为 lnacc_98 和 lnacc_03。估计结果见表 6 - 8。结果发现，总体上看，基于内生性处理的稳健性检验与基本回归的估计结果非常相似。

表 6 - 8　　　　采用滞后交通可达性后的回归结果

变量	负二项回归法			
	2003 年		2007 年	
	不加控制变量	加控制变量	不加控制变量	加控制变量
lnacc_98	1.188*** (0.179)	1.818*** (0.209)		
lnacc_03			1.301*** (0.074)	1.599*** (0.160)
lnspe		0.036*** (0.006)		0.026*** (0.004)
lndiv		-0.234*** (0.009)		-0.169*** (0.006)
lnpop		0.286*** (0.025)		0.286*** (0.013)
lndmp		-0.255* (0.132)		0.542*** (0.089)
lnfmp		3.757*** (0.165)		0.148* (0.079)
lnwage		-0.607*** (0.103)		-0.055 (0.038)
lnhuman		0.629*** (0.091)		-0.613*** (0.037)

续表

变量	负二项回归法			
	2003 年		2007 年	
	不加控制变量	加控制变量	不加控制变量	加控制变量
lnfdi		-0.155*** (0.011)		0.128*** (0.006)
lnendow		0.135*** (0.008)		-0.018*** (0.004)
lncong		-0.040** (0.018)		0.001 (0.008)
lnprot		-0.283*** (0.026)		-0.046*** (0.010)
resource		-0.600*** (0.028)		-0.159*** (0.014)
capital		0.259*** (0.035)		-0.099*** (0.021)
常数项	控制	控制	控制	控制
省份效应	控制	控制	控制	控制
行业效应	控制	控制	控制	控制
Log - likelihood	-24876	-20398	-58058	-49114
N	5115	4710	11283	10390

注：（1）以上模型被解释变量为：城市新建企业数量（newfirm）；（2）括号内数字为 z 值，*、**、*** 分别代表在 10%、5%、1% 的统计水平上显著。

6.5 本章小结

作为微观企业最重要的经济活动之一，企业选址决策往往决定着企业的市场范围与未来竞争优势。新建企业的区位选择影响产业空间分布的最新变化。分析研究中国制造业的空间分布状况以及变动趋势，一个更深层次或更现实的课题就是探讨新建企业的区位选择问题。

基于前面构建的城市交通可达性数据，本章利用中国 1998 ~ 2007 年中国制造业企业的微观数据，以城市新建企业数为被解释变量，重点考察交通可达性对新建企业区位选择的影响。本章选择全国地级市作为企业的选址单元，主要采用泊松回归以及负二项回归的估计方法。结果显示，交通基础设施改善有助于促进“中心”地区发挥其集聚优势，促进需求可达性以及生产要素同方向向其靠拢。同时，本章还发现，集聚经济是吸引或排斥新企业落户的重要因素。地方化经济能显著正向影响新企业的进入，地方化经济越强的地区，越可以吸引新企业；城市化经济不利于吸引新企业进入该地区。新企业更倾向于集聚在同类产业集聚的地区，但尽量避开其他产业集聚的区域。最后，本书还发现交通可达性对企业选址的影响存在明显的行业差异。

第7章
总结与展望

7.1 主要研究结论

20世纪90年代兴起的新经济地理学由于引入空间维度，把空间从经济理论的边缘带回到中心，在解释产业集聚问题上相对于传统经济学更具有说服力。由此，关于制造业活动的空间分布研究重新引起广泛的关注。伴随改革开放发展战略率先在东部沿海地区的实施，我国制造业活动的空间分布发生了显著的变化，最显著的特征就是以地理集中和地区专业化表征的制造业集聚不断在东部沿海地区加深与扩展。新经济地理学将运输成本纳入空间经济分析中，从理论机制上探讨运输成本在影响经济活动空间中扮演的关键角色，并取得大量成熟的理论成果，但是该领域的实证研究总是落后于理论进展。因此，从该层面说，研究交通基础设施对产业活动空间分布的影响也主要是个实证问题（Gibbons，2012）。

本书对1998～2007年我国城市层面的制造业产业活动空间分布状况进行系统而全面的经验描述，紧接着结合中国地级市数据以及制造业微观企业数据展开深入分析。本书通过理论分析和计量模型估计相结合的方法对我国制造业空间分布的关键性决定机制——运输成本进行了考察。其中，本书构建了一个测度运输成本的变量——交通可达性，并具体而言，主要得出如下几个基本的研究结论：

（1）新经济地理理论认为，交通基础设施作为影响和制约生产要素流动，并最终影响制造业空间分布的必备条件和重要因素，具有显著的制造业集聚效应。本书根据数理模型分析以及相应的实证研究，找到交通基础设施可以显著影响制造业空间分布的直接证据。

产业地理集中和地区专业化是描述产业空间分布的两个基本形态，为此，本书将研究问题集中在两个部分，分别考察交通可达性对制造业地理集中和制造业地区专业化的影响。通过借鉴井原隆介（Ryusuke Ihara，2004）以及邓慧慧（2009）的两国三地区的空间简化模型，为我国改革开放后制造业向东部沿海地区集聚这一事实提供理论框架意义上的诠释。在实证分析中，本书发现在控制其他变量后，城市交通可达性对制造业区位熵在1%的统计水平上有着显著的正向影响。就全国层面的城市而言，改善对外交通条件能够为吸引制造业进入创造有利条件。通过一系列稳健性检验，表明以上研究结论相当稳健。

（2）改善交通基础设施条件或增加交通基础设施投资对制造业空间分布的影响是否已经出现拐点，实证研究否认了这一假设。换句话说，1998～2007年，中国城市对外交通运输成本与该市制造业集聚之间依然处于倒"U"形的上升段，不断降低对外交通运输成本有助于地区制造业地理集中。由于不同城市规模下的制造业集聚存在显著差异，因此，本书试图检验交通可达性对制造业集聚的影响是否存在城市规模异质性。为此，本书将全样本划分为大城市及中小城市两类分别估计。实证结果表明这种差异是存在的，在中小城市，提升对外交通连接程度能更有效地促进制造业向该地区集中；但是，改善大城市的对外交通条件几乎不会对制造业空间分布产生影响。

（3）由于公路交通具有网络外部性，改善本地交通运输条件对区内以及地区间的产业分布都可能产生显著的影响，但无法判断是正效应还是负效应。为此，本书进一步进行拓展分析，考察交通可达性对制造业空间分布的空间溢出效应。本书采取静态空间杜宾模型，并构建三类空间权重矩阵，分别为二进制空间权重矩阵、基于实际距离的空间权重矩阵以及基于经济距离的空间权重矩阵。估计结果发现：其一，各城市制造业集中度之间存在显著的空间依赖性，邻近城市的制造业产业集聚会正向或负向影响城市自身的制造业集中程度；其二，从二进制空间权重矩阵和实际距离空间权重矩阵变量的估计值看，改善外地交通基础设施对本地制造业产业集聚并没有呈现出明显的正空间溢出效应，但以人均地区生产总值空间权重矩阵构建的随机效应实证模型中，估计结果发现外地交通基础设施对本区制造业产业集聚有负的空间溢出效应。

（4）运输成本与产业集聚的另一个重要维度——地区专业化的关系在于探讨城市交通可达性会加速城市中哪些行业更加集聚，不利于哪些行业集聚，或者对哪些行业的空间分布不能产生影响？实证结果显示城市交通可达性对地区专业化的影响的确存在显著的行业异质性。将制造业划分为劳动密集型、资本密集型和技术密集型三类分别进行回归，发现改善地区对外运输条件，不利于劳动密集型企业向该地区集聚，但有利于技术型企业的空间集中，对于资本密集型企业影响甚微，市场距离不是影响资本密集型企业的主要因素。与地区专业化密切相关的重要问题不同，制造业增长的影响存在结构性差异。

（5）大多数现有文献几乎没有关注运输成本与制造业内部结构之间的关系，本书采用微观企业数据加总后的制造业及城市层面的匹配数据，以更精确地探究交通可达性是否促进制造业内部各行业增长。利用 1998 ~ 2007 年的中国工业企业数据库进行实证检验，研究发现，优化提升城市交通可达性对促进城市制造业结构变动具有显著的正效应，这一结果非常稳健。与此同时，本书还研究拓展另两个与交通运输成本密切相关的行业属性，一个是行业的交通依赖度，一个是行业的产业关联强度。实证检验结果表明，改善城市交通可达性既有利于对交通物流运输依赖度高的行业增长，同时也有利于产业关联度更高的行业的增长。

（6）作为微观企业最重要的经济活动之一，企业选址决策往往决定着企业的市场范围与未来潜在竞争力。新建企业的区位选择，是影响及反映产业空间分布的风向标。分析研究中国制造业的空间分布状况以及变动趋势，一个更深层次或更现实的课题就是探讨企业的区位选址问题。利用中国 1998 ~ 2007 年中国制造业企业微观数据，以城市新建企业数为被解释变量，本书重点考察交通可达性对新建企业区位选择的影响。通过采用泊松回归以及负二项回归的估计方法，结果显示，交通基础设施改善有助于促进“中心”地区发挥其集聚优势，促进需求可达性以及生产要素同方向向其靠拢。与此同时，本书还发现，集聚经济是吸引或排斥新企业落户的重要因素。地方化经济能显著正向影响新企业的进入，地方化经济越强的地区，越可以吸引新企业；城市化经济不利于吸引新企业进入该地区。新企业更倾向于集聚在同类产业集聚的地区，但尽量避开其他产业集聚的区域。最后，本书还发现交通可达性对企业选址的影响存在明显的行业差异。

7.2 政策建议

基于上述研究结论，本书提出针对交通基础设施建设和制造业产业集聚的政策建议：

（1）从国家层面看，合理分配交通基础设施投资资金，大力加快西部地区内部及连通中东部地区的交通基础设施建设，努力降低地区间运输成本。从东部地区的发展经验来看，对外贸易成本的优势是东部地区制造业集聚的初始条件，运输成本不仅是经济发展的先决条件，更是促进制造业集聚的催化剂，贸易成本对于一个地区制造业的发展至关重要。东部地区的建设重点应在现有路网的基础上以提高现有运输线路效率为主，尤其是高速公路建设应合理布局并形成网络化优势，尽可能降低通行费用。中西部地区应该充分发挥后发优势，投资建设一批交通基础设施来支持地方经济发展，提高路网密度，完善交通运输网络，为加快全国城镇化和区域经济一体化提供有效保障。

（2）在行业层面，地方政府应根据行业特性突出不同因素的作用，如果要提高技术密集型制造业或者交通依赖度和产业关联度较高的制造业的集聚度，就应该重点加强交通基础设施建设，完善对外交通连接度。提高劳动密集型制造业的集聚度应该着力于扩大本地市场需求规模或市场潜能。

（3）为尽快清除各种隐性运输成本，需要扫除限制商品或要素流动的制度性和隐性障碍。各地政府应破除城市及区域间的行政障碍，打破地方保护主义，撕裂地区间行政分割格局。同时建立国家战略层面的跨区域规划和跨区域协调机制。促使地方关系更加趋于分工协作，既不要重复投资建设，造成资源浪费甚至无序竞争，也要摆脱“老死不相往来”的窘境。同时也要加快公路收费制度改革，加强监管体系建设，维护正常规范的公路收费管理秩序。

附　　录

附录 1　中华人民共和国交通部公布的全国主要港口城市名单（2004 年）

沿海港口/内河港口	城市
沿海主要港口（25 个）	大连港、营口港、秦皇岛港、天津港、烟台港、青岛港、日照港、连云港港、上海港、南通港、苏州港、镇江港、南京港、宁波港、舟山港、温州港、福州港、厦门港、汕头港、深圳港、广州港、珠海港、湛江港、防城港港、海口港
内河主要港口（28 个）	哈尔滨港、佳木斯港、济宁港、徐州港、无锡港、泸州港、重庆港、宜昌港、荆州港、武汉港、黄石港、长沙港、岳阳港、南昌港、九江港、芜湖港、安庆港、马鞍山港、合肥港、蚌埠港、杭州港、嘉兴港、湖州港、南宁港、贵港港、梧州港、肇庆港、佛山港

附录 2　全国资源型城市名单（2013 年）

省（区、市）	地级行政区
河北（5）	张家口市、承德市、唐山市、邢台市、邯郸市
山西（19）	大同市、朔州市、阳泉市、长治市、晋城市、忻州市、晋中市、临汾市、运城市、吕梁市
内蒙古（5）	包头市、乌海市、赤峰市、呼伦贝尔市、鄂尔多斯市
辽宁（6）	阜新市、抚顺市、本溪市、鞍山市、盘锦市、葫芦岛市
吉林（6）	松原市、吉林市*、辽源市、通化市、白山市*、延边朝鲜族自治州
黑龙江（9）	黑河市*、大庆市、伊春市*、鹤岗市、双鸭山市、七台河市、鸡西市、牡丹江市*、大兴安岭地区*
江苏（2）	徐州市、宿迁市
浙江（1）	湖州市

续表

省（区、市）	地级行政区
安徽（9）	宿州市、淮北市、亳州市、淮南市、滁州市、马鞍山市、铜陵市、池州市、宣城市
福建（3）	南平市、三明市、龙岩市
江西（5）	景德镇市、新余市、萍乡市、赣州市、宜春市
山东（7）	东营市、淄博市、临沂市、枣庄市、济宁市、泰安市、莱芜市
河南（7）	三门峡市、洛阳市、焦作市、鹤壁市、濮阳市、平顶山市、南阳市
湖北（2）	鄂州市、黄石市
湖南（4）	衡阳市、郴州市、邵阳市、娄底市
广东（2）	韶关市、云浮市
广西（3）	百色市、河池市、贺州市
重庆（1）	重庆市
四川（10）	广元市、南充市、广安市、自贡市、泸州市、攀枝花市、达州市、雅安市、阿坝藏族羌族自治州、凉山彝族自治州
贵州（5）	六盘水市、安顺市、毕节市、黔南布依族苗族自治州、黔西南布依族苗族自治州
云南（7）	曲靖市、保山市、昭通市、丽江市*、普洱市、临沧市、楚雄彝族自治州
陕西（6）	延安市、铜川市、渭南市、咸阳市、宝鸡市、榆林市
甘肃（7）	金昌市、白银市、武威市、张掖市、庆阳市、平凉市、陇南市
青海（1）	海西蒙古族藏族自治州
宁夏（1）	石嘴山市
新疆（3）	克拉玛依市、巴音郭楞蒙古自治州、阿勒泰地区

注：（1）带*的城市表示森工城市；（2）资源型城市名单将结合资源储量条件、开发利用情况等进行动态评估调整。

附录3　　明代驿站与地级市对照表

序号	地级市	明代驿站名	序号	地级市	明代驿站名
1	北京	京师	4	唐山	永平府、遵化驿
2	天津	天津三卫（天津左卫、天津右卫、天津卫）	5	秦皇岛	山海关
3	石家庄	真定府	6	邯郸	广平府

续表

序号	地级市	明代驿站名	序号	地级市	明代驿站名
7	邢台	顺德府	34	沈阳	沈阳中卫
8	保定	保定府	35	大连	金州卫（金州驿）
9	张家口	宣府驿、万全都司、万全左卫、怀安卫	36	鞍山	鞍山驿
10	承德		37	抚顺	抚顺驿
11	沧州	沧州	38	本溪	
12	廊坊		39	丹东	
13	衡水	阜城驿	40	锦州	广宁城
14	太原	太原府	41	营口	盖州卫（盖州驿）
15	大同	大同府	42	阜新	广宁后屯卫
16	阳泉	平定州	43	辽阳	辽东都司（辽阳在城驿）
17	长治	潞安府	44	盘锦	盘山驿、高平驿
18	晋城	泽州	45	铁岭	铁岭卫
19	朔州	朔州	46	朝阳	
20	晋中		47	葫芦岛	宁远卫
21	运城	泓芝驿	48	长春	阿木河站
22	忻州	忻州（九原驿）	49	吉林	
23	临汾	平阳府（建雄驿）	50	四平	韩州城
24	吕梁		51	辽源	
25	呼和浩特		52	通化	
26	包头		53	白山	
27	乌海		54	松原	
28	赤峰	大宁都司（大宁卫）	55	白城	
29	通辽		56	哈尔滨	
30	鄂尔多斯		57	齐齐哈尔	
31	呼伦贝尔		58	鸡西	
32	巴彦淖尔		59	鹤岗	
33	乌兰察布		60	双鸭山	

续表

序号	地级市	明代驿站名	序号	地级市	明代驿站名
61	大庆		89	衢州	衢州府（上杭埠驿）
62	伊春		90	舟山	
63	佳木斯		91	台州	台州府（赤城驿）
64	七台河		92	丽水	处州府（括苍驿）
65	牡丹江		93	合肥	庐州府（金斗驿）
66	黑河		94	芜湖	芜湖（橹港驿）
67	绥化		95	蚌埠	凤阳府（濠梁驿）
68	上海		96	淮南	
69	南京	南京（龙江驿）	97	马鞍山	采石驿
70	无锡	锡山驿	98	淮北	王庄驿
71	徐州	徐州	99	铜陵	铜陵（大通驿）
72	常州	常州（毗邻驿）	100	安庆	安庆府（同安驿）
73	苏州	苏州（姑苏驿）	101	黄山	
74	南通		102	滁州	滁州
75	连云港		103	阜阳	
76	淮安	淮安（淮阴驿）	104	宿州	宿州（睢阳驿）
77	盐城		105	六安	
78	扬州	扬州府	106	亳州	
79	镇江	镇江府	107	池州	池口驿
80	泰州		108	宣城	
81	宿迁	宿迁（锺吾驿）	109	福州	福州府（三山驿）
82	杭州	杭州府（吴山驿）	110	厦门	
83	宁波	宁波府（四明驿）	111	莆田	兴化府（蒲阳驿）
84	温州	温州府（象浦驿）	112	三明	归化（明溪驿）
85	嘉兴	嘉兴府（西水驿）	113	泉州	泉州府（康店驿）
86	湖州	湖州府（苕溪驿）	114	漳州	漳州府（丹霞驿）
87	绍兴	绍兴府（蓬莱驿）	115	南平	邵武府（樵川驿）
88	金华	金华府（双溪驿）	116	龙岩	

续表

序号	地级市	明代驿站名	序号	地级市	明代驿站名
117	宁德		145	菏泽	
118	南昌	南昌府（南浦驿）	146	郑州	郑州（管城驿）
119	景德镇	饶州府（舟山驿）	147	开封	开封府
120	萍乡		148	洛阳	河南府（周南驿）
121	九江	九江府（浔阳驿）	149	平顶山	裕州（赭阳驿）
122	新余	新喻（罗溪驿）	150	安阳	彰德府（邺城驿）
123	鹰潭	安仁（紫云驿）	151	鹤壁	卫辉府（卫源驿）
124	赣州	赣州府（水溪驿）	152	新乡	新乡（崇宁驿）
125	吉安	吉安府（螺川驿）	153	焦作	怀庆府（覃怀驿）
126	宜春	袁州府（秀江驿）	154	濮阳	
127	抚州	抚州府（孔家渡驿）	155	许昌	许州（许州驿）
128	上饶	广信府（葛阳驿）	156	漯河	郾城（郾城驿）
129	济南	济南府（谭城驿）	157	三门峡	峡州（甘棠驿）
130	青岛		158	南阳	南阳府（宛城驿）
131	淄博	临淄（金领镇驿）	159	商丘	归德府（商丘驿）
132	枣庄	兖州府（昌平驿）	160	信阳	
133	东营		161	周口	
134	烟台		162	驻马店	汝宁府（汝阳驿）
135	潍坊	青州府（青社驿）	163	武汉	汉阳府
136	济宁	济宁州（南城驿）	164	黄石	新阳驿
137	泰安		165	十堰	郧阳府（郧阳驿）
138	威海		166	宜昌	夷陵州（凤栖驿）
139	日照		167	襄阳	襄阳府（汉江驿）
140	莱芜		168	鄂州	武昌府
141	临沂		169	荆门	荆门州（荆山驿）
142	德州	德州（德州驿）	170	孝感	德安府
143	聊城	东昌府（崇武驿）	171	荆州	荆州（荆南驿）
144	滨州		172	黄冈	蕲水（蕲川驿）

续表

序号	地级市	明代驿站名	序号	地级市	明代驿站名
173	咸宁	咸宁（咸宁驿）	201	河源	河源（义合驿）
174	随州	随州	202	阳江	
175	长沙	长沙府（临湘驿）	203	清远	清远
176	株洲	荷塘驿	204	东莞	
177	湘潭	湘潭（湘潭驿）	205	中山	
178	衡阳	衡州府（临烝驿）	206	潮州	潮州府（鳳城驿）
179	邵阳		207	揭阳	
180	岳阳	岳州府（岳阳驿）	208	云浮	罗定州（泷水驿）
181	常德	常德府（府河驿）	209	南宁	南宁府（建武驿）
182	张家界	澧州	210	柳州	柳州府
183	益阳		211	桂林	桂林府（东江驿）
184	郴州		212	梧州	梧州府（府门驿）
185	永州	永州府（湘口驿）	213	北海	廉州府（连珠驿）
186	怀化	辰州府（辰阳驿）	214	防城港	
187	娄底		215	钦州	钦州（太平驿）
188	广州	广州府（五羊驿）	216	贵港	贵县（怀泽驿）
189	韶关	韶州府（芙蓉驿）	217	玉林	北流（宝圭驿）
190	深圳		218	百色	田州（平马驿）
191	珠海		219	贺州	
192	汕头	朝阳（灵山驿）	220	河池	庆阳府（宜阳驿）
193	佛山		221	来宾	来宾（在城驿）
194	江门		222	崇左	太平府（左江驿）
195	湛江	雷州府（雷阳驿）	223	海口	琼州府（琼台驿）
196	茂名	高州府（古潘驿）	224	三亚	崖州义宁驿
197	肇庆	肇庆府（松台驿）	225	重庆	重庆府（朝天驿）
198	惠州	惠州府（莫村驿）	226	成都	成都府（锦官驿）
199	梅州	程乡（榄谭驿）	227	自贡	
200	汕尾	海丰（南丰驿）	228	攀枝花	会川卫

续表

序号	地级市	明代驿站名	序号	地级市	明代驿站名
229	泸州	泸州（泸州驿）	257	铜川	耀州（顺义驿）
230	德阳	五城驿	258	宝鸡	凤翔府（岐阳驿）
231	绵阳	绵州（金山驿）	259	咸阳	咸阳（渭水驿）
232	广元	保宁府（锦屏驿）	260	渭南	渭南（丰原驿）
233	遂宁		261	延安	延安府（金明驿）
234	内江	内江（安仁驿）	262	汉中	
235	乐山	嘉定州（凌云驿）	263	榆林	榆林（榆林驿）
236	南充	顺庆府（嘉陵驿）	264	安康	
237	眉山	眉州（眉州驿）	265	商洛	
238	宜宾	叙州府（汉川驿）	266	兰州	兰州（兰泉驿）
239	广安	广安州（盘龙驿）	267	嘉峪关	
240	达州		268	金昌	永昌卫（真景驿）
241	雅安	雅州（雅安驿）	269	白银	靖虏卫
242	巴中		270	天水	秦州
243	资阳	资阳（南津驿）	271	武威	凉州卫（怀安驿）
244	贵阳	贵阳府（贵州驿）	272	张掖	陕西行都司（在城驿）
245	六盘水		273	平凉	平凉府（高平驿）
246	遵义		274	酒泉	肃州卫（酒泉驿）
247	安顺	安顺州（普利驿）	275	庆阳	庆阳府（弘化驿）
248	昆明	云南府（滇阳驿）	276	定西	延寿驿
249	曲靖	曲靖府（南宁驿）	277	西宁	西宁卫（在城驿）
250	玉溪	临安府（新建驿）	278	银川	宁夏卫
251	保山	永昌府（金齿驿）	279	石嘴山	
252	昭通	乌撒府（乌撒驿）	280	吴忠	
253	丽江	丽江府（在城驿）	281	固原	固原州（永宁驿）
254	普洱		282	乌鲁木齐	
255	临沧		283	克拉玛依	
256	西安	西安府（京兆驿）			

附录 4

分地区和行业交通依赖度表

地区	行业														
	农副食品加工业	农副食品加工业	农副食品加工业	食品制造业	食品制造业	食品制造业	饮料制造业	饮料制造业	饮料制造业	烟草制造业	烟草制造业	烟草制造业	纺织业	纺织业	纺织业
	97	02	07	97	02	07	97	02	07	97	02	07	97	02	07
北京	0.022	0.034	0.039	0.022	0.034	0.039	0.022	0.034	0.039	0.022	0.034	0.039	0.049	0.023	0.031
天津	0.032	0.064	0.060	0.032	0.064	0.060	0.032	0.064	0.060	0.032	0.064	0.060	0.059	0.044	0.074
河北	0.010	0.047	0.044	0.010	0.047	0.044	0.010	0.047	0.044	0.010	0.047	0.044	0.014	0.028	0.031
山西	0.024	0.031	0.015	0.024	0.031	0.015	0.024	0.031	0.015	0.024	0.031	0.015	0.017	0.029	0.008
内蒙古	0.039	0.033	0.060	0.039	0.033	0.060	0.039	0.033	0.060	0.039	0.033	0.060	0.059	0.017	0.047
辽宁	0.035	0.031	0.023	0.035	0.031	0.023	0.035	0.031	0.023	0.035	0.031	0.023	0.040	0.035	0.015
吉林	0.035	0.040	0.029	0.035	0.040	0.029	0.035	0.040	0.029	0.035	0.040	0.029	0.040	0.020	0.019
黑龙江	0.035	0.081	0.051	0.035	0.081	0.051	0.035	0.081	0.051	0.035	0.081	0.051	0.040	0.039	0.045
上海	0.018	0.028	0.046	0.018	0.028	0.046	0.018	0.028	0.046	0.018	0.028	0.046	0.010	0.027	0.031
江苏	0.021	0.008	0.034	0.021	0.008	0.034	0.021	0.008	0.034	0.021	0.008	0.034	0.013	0.005	0.020
浙江	0.030	0.028	0.024	0.030	0.028	0.024	0.030	0.028	0.024	0.030	0.028	0.024	0.014	0.018	0.016
安徽	0.024	0.040	0.035	0.024	0.040	0.035	0.024	0.040	0.035	0.024	0.040	0.035	0.017	0.027	0.025
福建	0.011	0.039	0.024	0.011	0.039	0.024	0.011	0.039	0.024	0.011	0.039	0.024	0.027	0.107	0.069
江西	0.024	0.042	0.042	0.024	0.042	0.042	0.024	0.042	0.042	0.024	0.042	0.042	0.017	0.028	0.022
山东	0.010	0.058	0.026	0.010	0.058	0.026	0.010	0.058	0.026	0.010	0.058	0.026	0.014	0.028	0.014
河南	0.024	0.005	0.040	0.024	0.005	0.040	0.024	0.005	0.040	0.024	0.005	0.040	0.017	0.017	0.028
湖北	0.024	0.055	0.016	0.024	0.055	0.016	0.024	0.055	0.016	0.024	0.055	0.016	0.017	0.026	0.043
湖南	0.024	0.049	0.028	0.024	0.049	0.028	0.024	0.049	0.028	0.024	0.049	0.028	0.017	0.026	0.027
广东	0.040	0.035	0.026	0.040	0.035	0.026	0.040	0.035	0.026	0.040	0.035	0.026	0.162	0.022	0.028
广西	0.024	0.042	0.037	0.024	0.042	0.037	0.024	0.042	0.037	0.024	0.042	0.037	0.124	0.059	0.014
海南	0.024	0.023	0.158	0.024	0.023	0.158	0.024	0.023	0.158	0.024	0.023	0.158	0.124	0.013	0.045
重庆	0.037	0.043	0.043	0.037	0.043	0.043	0.037	0.043	0.043	0.037	0.043	0.043	0.049	0.019	0.023
四川	0.026	0.053	0.040	0.026	0.053	0.040	0.026	0.053	0.040	0.026	0.053	0.040	0.030	0.032	0.013
贵州	0.026	0.057	0.048	0.026	0.057	0.048	0.026	0.057	0.048	0.026	0.057	0.048	0.030	0.043	0.026

续表

地区	行业														
	农副食品加工业	农副食品加工业	农副食品加工业	食品制造业	食品制造业	食品制造业	饮料制造业	饮料制造业	饮料制造业	烟草制造业	烟草制造业	烟草制造业	纺织业	纺织业	纺织业
	97	02	07	97	02	07	97	02	07	97	02	07	97	02	07
云南	0. 026	0. 061	0. 078	0. 026	0. 061	0. 078	0. 026	0. 061	0. 078	0. 026	0. 061	0. 078	0. 030	0. 043	0. 051
陕西	0. 012	0. 038	0. 029	0. 012	0. 038	0. 029	0. 012	0. 038	0. 029	0. 012	0. 038	0. 029	0. 012	0. 026	0. 010
甘肃	0. 057	0. 066	0. 042	0. 057	0. 066	0. 042	0. 057	0. 066	0. 042	0. 057	0. 066	0. 042	0. 067	0. 014	0. 015
青海	0. 039	0. 037	0. 019	0. 039	0. 037	0. 019	0. 039	0. 037	0. 019	0. 039	0. 037	0. 019	0. 059	0. 009	0. 049
宁夏	0. 039	0. 091	0. 045	0. 039	0. 091	0. 045	0. 039	0. 091	0. 045	0. 039	0. 091	0. 045	0. 059	0. 027	0. 007
新疆	0. 039	0. 094	0. 074	0. 039	0. 094	0. 074	0. 039	0. 094	0. 074	0. 039	0. 094	0. 074	0. 059	0. 070	0. 049

地区	行业														
	纺织服装、鞋、帽制造业	纺织服装、鞋、帽制造业	纺织服装、鞋、帽制造业	皮革、毛皮、羽毛（绒）及其制品业	皮革、毛皮、羽毛（绒）及其制品业	皮革、毛皮、羽毛（绒）及其制品业	木材加工及木、竹、藤、棕、草制品业	木材加工及木、竹、藤、棕、草制品业	木材加工及木、竹、藤、棕、草制品业	家具制造业	家具制造业	家具制造业	造纸及纸制品业	造纸及纸制品业	造纸及纸制品业
	97	02	07	97	02	07	97	02	07	97	02	07	97	02	07
北京	0. 066	0. 038	0. 033	0. 066	0. 038	0. 033	0. 062	0. 040	0. 033	0. 062	0. 040	0. 033	0. 091	0. 033	0. 032
天津	0. 039	0. 058	0. 063	0. 039	0. 058	0. 063	0. 057	0. 055	0. 058	0. 057	0. 055	0. 058	0. 039	0. 055	0. 080
河北	0. 022	0. 033	0. 026	0. 022	0. 033	0. 026	0. 030	0. 043	0. 034	0. 030	0. 043	0. 034	0. 029	0. 059	0. 041
山西	0. 018	0. 055	0. 012	0. 018	0. 055	0. 012	0. 035	0. 119	0. 060	0. 035	0. 119	0. 060	0. 027	0. 025	0. 016
内蒙古	0. 101	0. 034	0. 073	0. 101	0. 034	0. 073	0. 093	0. 037	0. 117	0. 093	0. 037	0. 117	0. 058	0. 039	0. 092
辽宁	0. 047	0. 023	0. 024	0. 047	0. 023	0. 024	0. 059	0. 043	0. 045	0. 059	0. 043	0. 045	0. 049	0. 054	0. 029
吉林	0. 047	0. 012	0. 033	0. 047	0. 012	0. 033	0. 059	0. 051	0. 037	0. 059	0. 051	0. 037	0. 049	0. 026	0. 017
黑龙江	0. 047	0. 032	0. 021	0. 047	0. 032	0. 021	0. 059	0. 040	0. 065	0. 059	0. 040	0. 065	0. 049	0. 069	0. 050
上海	0. 009	0. 041	0. 115	0. 009	0. 041	0. 115	0. 021	0. 024	0. 112	0. 021	0. 024	0. 112	0. 021	0. 026	0. 035
江苏	0. 020	0. 022	0. 028	0. 020	0. 022	0. 028	0. 031	0. 041	0. 040	0. 031	0. 041	0. 040	0. 030	0. 012	0. 029
浙江	0. 010	0. 021	0. 018	0. 010	0. 021	0. 018	0. 030	0. 028	0. 029	0. 030	0. 028	0. 029	0. 035	0. 030	0. 024

续表

地区	行业														
	纺织服装、鞋、帽制造业	纺织服装、鞋、帽制造业	纺织服装、鞋、帽制造业	皮革、毛皮、羽毛（绒）及其制品业	皮革、毛皮、羽毛（绒）及其制品业	皮革、毛皮、羽毛（绒）及其制品业	木材加工及木、竹、藤、棕、草制品业	木材加工及木、竹、藤、棕、草制品业	木材加工及木、竹、藤、棕、草制品业	家具制造业	家具制造业	家具制造业	造纸及纸制品业	造纸及纸制品业	造纸及纸制品业
	97	02	07	97	02	07	97	02	07	97	02	07	97	02	07
安徽	0.018	0.039	0.037	0.018	0.039	0.037	0.035	0.073	0.055	0.035	0.073	0.055	0.027	0.066	0.036
福建	0.027	0.029	0.048	0.027	0.029	0.048	0.087	0.101	0.066	0.087	0.101	0.066	0.063	0.078	0.080
江西	0.018	0.031	0.023	0.018	0.031	0.023	0.035	0.138	0.085	0.035	0.138	0.085	0.027	0.054	0.054
山东	0.022	0.032	0.017	0.022	0.032	0.017	0.030	0.034	0.021	0.030	0.034	0.021	0.029	0.048	0.019
河南	0.018	0.007	0.030	0.018	0.007	0.030	0.035	0.057	0.047	0.035	0.057	0.047	0.027	0.025	0.050
湖北	0.018	0.014	0.010	0.018	0.014	0.010	0.035	0.041	0.056	0.035	0.041	0.056	0.027	0.035	0.045
湖南	0.018	0.034	0.045	0.018	0.034	0.045	0.035	0.059	0.049	0.035	0.059	0.049	0.027	0.060	0.028
广东	0.055	0.023	0.021	0.055	0.023	0.021	0.061	0.060	0.038	0.061	0.060	0.038	0.066	0.024	0.020
广西	0.042	0.041	0.014	0.042	0.041	0.014	0.068	0.048	0.030	0.068	0.048	0.030	0.059	0.043	0.028
海南	0.042	0.020	0.072	0.042	0.020	0.072	0.068	0.019	0.044	0.068	0.019	0.044	0.059	0.018	0.095
重庆	0.027	0.028	0.021	0.027	0.028	0.021	0.042	0.035	0.040	0.042	0.035	0.040	0.054	0.040	0.031
四川	0.031	0.021	0.022	0.031	0.021	0.022	0.066	0.035	0.052	0.066	0.035	0.052	0.049	0.039	0.042
贵州	0.031	0.033	0.053	0.031	0.033	0.053	0.066	0.078	0.028	0.066	0.078	0.028	0.049	0.095	0.041
云南	0.031	0.025	0.061	0.031	0.025	0.061	0.066	0.083	0.076	0.066	0.083	0.076	0.049	0.052	0.054
陕西	0.027	0.034	0.033	0.027	0.034	0.033	0.046	0.023	0.021	0.046	0.023	0.021	0.036	0.054	0.019
甘肃	0.032	0.019	0.048	0.032	0.019	0.048	0.096	0.038	0.017	0.096	0.038	0.017	0.086	0.052	0.040
青海	0.101	0.009	0.142	0.101	0.009	0.142	0.093	0.000	0.156	0.093	0.000	0.156	0.058	0.007	0.081
宁夏	0.101	0.048	0.045	0.101	0.048	0.045	0.093	0.036	0.035	0.093	0.036	0.035	0.058	0.094	0.028
新疆	0.101	0.053	0.030	0.101	0.053	0.030	0.093	0.182	0.065	0.093	0.182	0.065	0.058	0.110	0.055

续表

地区	行业														
	印刷业和记录媒介的复制	印刷业和记录媒介的复制	印刷业和记录媒介的复制	文教体育用品制造业	文教体育用品制造业	文教体育用品制造业	石油加工、炼焦及核燃料加工业	石油加工、炼焦及核燃料加工业	石油加工、炼焦及核燃料加工业	化学原料及化学制品制造业	化学原料及化学制品制造业	化学原料及化学制品制造业	医药制造业	医药制造业	医药制造业
	97	02	07	97	02	07	97	02	07	97	02	07	97	02	07
北京	0.091	0.033	0.032	0.091	0.033	0.032	0.084	0.022	0.199	0.051	0.034	0.051	0.051	0.034	0.051
天津	0.039	0.055	0.080	0.039	0.055	0.080	0.072	0.044	0.237	0.075	0.068	0.125	0.075	0.068	0.125
河北	0.029	0.059	0.041	0.029	0.059	0.041	0.034	0.068	0.053	0.032	0.053	0.046	0.032	0.053	0.046
山西	0.027	0.025	0.016	0.027	0.025	0.016	0.115	0.273	0.135	0.039	0.053	0.024	0.039	0.053	0.024
内蒙古	0.058	0.039	0.092	0.058	0.039	0.092	0.037	0.073	0.178	0.073	0.047	0.126	0.073	0.047	0.126
辽宁	0.049	0.054	0.029	0.049	0.054	0.029	0.050	0.042	0.031	0.052	0.049	0.034	0.052	0.049	0.034
吉林	0.049	0.026	0.017	0.049	0.026	0.017	0.050	0.004	0.008	0.052	0.028	0.021	0.052	0.028	0.021
黑龙江	0.049	0.069	0.050	0.049	0.069	0.050	0.050	0.034	0.013	0.052	0.048	0.055	0.052	0.048	0.055
上海	0.021	0.026	0.035	0.021	0.026	0.035	0.107	0.059	0.034	0.028	0.035	0.038	0.028	0.035	0.038
江苏	0.030	0.012	0.029	0.030	0.012	0.029	0.077	0.012	0.026	0.042	0.023	0.031	0.042	0.023	0.031
浙江	0.035	0.030	0.024	0.035	0.030	0.024	0.102	0.014	0.003	0.034	0.032	0.024	0.034	0.032	0.024
安徽	0.027	0.066	0.036	0.027	0.066	0.036	0.115	0.073	0.028	0.039	0.050	0.042	0.039	0.050	0.042
福建	0.063	0.078	0.080	0.063	0.078	0.080	0.047	0.139	0.037	0.049	0.111	0.042	0.049	0.111	0.042
江西	0.027	0.054	0.054	0.027	0.054	0.054	0.115	0.073	0.110	0.039	0.068	0.044	0.039	0.068	0.044
山东	0.029	0.048	0.019	0.029	0.048	0.019	0.034	0.005	0.028	0.032	0.050	0.029	0.032	0.050	0.029
河南	0.027	0.025	0.050	0.027	0.025	0.050	0.115	0.090	0.055	0.039	0.044	0.048	0.039	0.044	0.048
湖北	0.027	0.035	0.045	0.027	0.035	0.045	0.115	0.039	0.051	0.039	0.049	0.053	0.039	0.049	0.053
湖南	0.027	0.060	0.028	0.027	0.060	0.028	0.115	0.094	0.010	0.039	0.075	0.026	0.039	0.075	0.026
广东	0.066	0.024	0.020	0.066	0.024	0.020	0.048	0.026	0.009	0.050	0.035	0.025	0.050	0.035	0.025
广西	0.059	0.043	0.028	0.059	0.043	0.028	0.057	0.031	0.008	0.040	0.050	0.041	0.040	0.050	0.041
海南	0.059	0.018	0.095	0.059	0.018	0.095	0.057	0.011	0.006	0.040	0.030	0.135	0.040	0.030	0.135
重庆	0.054	0.040	0.031	0.054	0.040	0.031	0.156	0.014	0.084	0.049	0.058	0.042	0.049	0.058	0.042

续表

地区	行业														
	印刷业和记录媒介的复制	印刷业和记录媒介的复制	印刷业和记录媒介的复制	文教体育用品制造业	文教体育用品制造业	文教体育用品制造业	石油加工、炼焦及核燃料加工业	石油加工、炼焦及核燃料加工业	石油加工、炼焦及核燃料加工业	化学原料及化学制品制造业	化学原料及化学制品制造业	化学原料及化学制品制造业	医药制造业	医药制造业	医药制造业
	97	02	07	97	02	07	97	02	07	97	02	07	97	02	07
四川	0. 049	0. 039	0. 042	0. 049	0. 039	0. 042	0. 052	0. 037	0. 039	0. 042	0. 063	0. 048	0. 042	0. 063	0. 048
贵州	0. 049	0. 095	0. 041	0. 049	0. 095	0. 041	0. 052	0. 197	0. 072	0. 042	0. 091	0. 084	0. 042	0. 091	0. 084
云南	0. 049	0. 052	0. 054	0. 049	0. 052	0. 054	0. 052	0. 088	0. 186	0. 042	0. 056	0. 079	0. 042	0. 056	0. 079
陕西	0. 036	0. 054	0. 019	0. 036	0. 054	0. 019	0. 036	0. 037	0. 005	0. 055	0. 053	0. 045	0. 055	0. 053	0. 045
甘肃	0. 086	0. 052	0. 040	0. 086	0. 052	0. 040	0. 033	0. 015	0. 005	0. 079	0. 042	0. 028	0. 079	0. 042	0. 028
青海	0. 058	0. 007	0. 081	0. 058	0. 007	0. 081	0. 037	0. 389	0. 021	0. 073	0. 086	0. 041	0. 073	0. 086	0. 041
宁夏	0. 058	0. 094	0. 028	0. 058	0. 094	0. 028	0. 037	0. 206	0. 149	0. 073	0. 137	0. 053	0. 073	0. 137	0. 053
新疆	0. 058	0. 110	0. 055	0. 058	0. 110	0. 055	0. 037	0. 061	0. 020	0. 073	0. 092	0. 080	0. 073	0. 092	0. 080

地区	行业														
	化学纤维制造业	化学纤维制造业	化学纤维制造业	橡胶制品业	橡胶制品业	橡胶制品业	塑料制品业	塑料制品业	塑料制品业	非金属矿物制品业	非金属矿物制品业	非金属矿物制品业	黑色金属冶炼及压延加工业	黑色金属冶炼及压延加工业	黑色金属冶炼及压延加工业
	97	02	07	97	02	07	97	02	07	97	02	07	97	02	07
北京	0. 051	0. 034	0. 051	0. 051	0. 034	0. 051	0. 051	0. 034	0. 051	0. 118	0. 065	0. 074	0. 071	0. 034	0. 028
天津	0. 075	0. 068	0. 125	0. 075	0. 068	0. 125	0. 075	0. 068	0. 125	0. 142	0. 142	0. 118	0. 087	0. 045	0. 158
河北	0. 032	0. 053	0. 046	0. 032	0. 053	0. 046	0. 032	0. 053	0. 046	0. 056	0. 123	0. 076	0. 042	0. 088	0. 057
山西	0. 039	0. 053	0. 024	0. 039	0. 053	0. 024	0. 039	0. 053	0. 024	0. 060	0. 100	0. 037	0. 041	0. 052	0. 020
内蒙古	0. 073	0. 047	0. 126	0. 073	0. 047	0. 126	0. 073	0. 047	0. 126	0. 077	0. 043	0. 167	0. 076	0. 028	0. 111
辽宁	0. 052	0. 049	0. 034	0. 052	0. 049	0. 034	0. 052	0. 049	0. 034	0. 073	0. 094	0. 064	0. 042	0. 084	0. 030
吉林	0. 052	0. 028	0. 021	0. 052	0. 028	0. 021	0. 052	0. 028	0. 021	0. 073	0. 044	0. 031	0. 042	0. 013	0. 016
黑龙江	0. 052	0. 048	0. 055	0. 052	0. 048	0. 055	0. 052	0. 048	0. 055	0. 073	0. 067	0. 088	0. 042	0. 072	0. 053

续表

地区	行业														
	化学纤维制造业	化学纤维制造业	化学纤维制造业	橡胶制品业	橡胶制品业	橡胶制品业	塑料制品业	塑料制品业	塑料制品业	非金属矿物制品业	非金属矿物制品业	非金属矿物制品业	黑色金属冶炼及压延加工业	黑色金属冶炼及压延加工业	黑色金属冶炼及压延加工业
	97	02	07	97	02	07	97	02	07	97	02	07	97	02	07
上海	0.028	0.035	0.038	0.028	0.035	0.038	0.028	0.035	0.038	0.054	0.055	0.055	0.030	0.038	0.046
江苏	0.042	0.023	0.031	0.042	0.023	0.031	0.042	0.023	0.031	0.070	0.026	0.054	0.022	0.021	0.025
浙江	0.034	0.032	0.024	0.034	0.032	0.024	0.034	0.032	0.024	0.054	0.062	0.055	0.036	0.020	0.017
安徽	0.039	0.050	0.042	0.039	0.050	0.042	0.039	0.050	0.042	0.060	0.098	0.063	0.041	0.060	0.035
福建	0.049	0.111	0.042	0.049	0.111	0.042	0.049	0.111	0.042	0.111	0.156	0.066	0.049	0.090	0.092
江西	0.039	0.068	0.044	0.039	0.068	0.044	0.039	0.068	0.044	0.060	0.143	0.077	0.041	0.078	0.100
山东	0.032	0.050	0.029	0.032	0.050	0.029	0.032	0.050	0.029	0.056	0.037	0.062	0.042	0.030	0.026
河南	0.039	0.044	0.048	0.039	0.044	0.048	0.039	0.044	0.048	0.060	0.079	0.075	0.041	0.037	0.027
湖北	0.039	0.049	0.053	0.039	0.049	0.053	0.039	0.049	0.053	0.060	0.060	0.074	0.041	0.051	0.046
湖南	0.039	0.075	0.026	0.039	0.075	0.026	0.039	0.075	0.026	0.060	0.085	0.034	0.041	0.067	0.020
广东	0.050	0.035	0.025	0.050	0.035	0.025	0.050	0.035	0.025	0.099	0.082	0.034	0.069	0.034	0.011
广西	0.040	0.050	0.041	0.040	0.050	0.041	0.040	0.050	0.041	0.098	0.084	0.072	0.075	0.023	0.027
海南	0.040	0.030	0.135	0.040	0.030	0.135	0.040	0.030	0.135	0.098	0.015	0.208	0.075	0.010	0.022
重庆	0.049	0.058	0.042	0.049	0.058	0.042	0.049	0.058	0.042	0.087	0.057	0.038	0.086	0.029	0.017
四川	0.042	0.063	0.048	0.042	0.063	0.048	0.042	0.063	0.048	0.054	0.093	0.064	0.039	0.091	0.051
贵州	0.042	0.091	0.084	0.042	0.091	0.084	0.042	0.091	0.084	0.054	0.113	0.082	0.039	0.115	0.086
云南	0.042	0.056	0.079	0.042	0.056	0.079	0.042	0.056	0.079	0.054	0.042	0.111	0.039	0.064	0.071
陕西	0.055	0.053	0.045	0.055	0.053	0.045	0.055	0.053	0.045	0.056	0.051	0.044	0.050	0.029	0.015
甘肃	0.079	0.042	0.028	0.079	0.042	0.028	0.079	0.042	0.028	0.103	0.072	0.040	0.073	0.048	0.029
青海	0.073	0.086	0.041	0.073	0.086	0.041	0.073	0.086	0.041	0.077	0.030	0.089	0.076	0.076	0.015
宁夏	0.073	0.137	0.053	0.073	0.137	0.053	0.073	0.137	0.053	0.077	0.069	0.140	0.076	0.161	0.046
新疆	0.073	0.092	0.080	0.073	0.092	0.080	0.073	0.092	0.080	0.077	0.277	0.179	0.076	0.189	0.081

续表

地区	行业														
	有色金属冶炼及压延加工业	有色金属冶炼及压延加工业	有色金属冶炼及压延加工业	金属制品业	金属制品业	金属制品业	通用设备制造业	通用设备制造业	通用设备制造业	专用设备制造业	专用设备制造业	专用设备制造业	交通运输设备制造业	交通运输设备制造业	交通运输设备制造业
	97	02	07	97	02	07	97	02	07	97	02	07	97	02	07
北京	0. 071	0. 034	0. 028	0. 067	0. 029	0. 028	0. 051	0. 031	0. 031	0. 051	0. 031	0. 031	0. 039	0. 017	0. 018
天津	0. 087	0. 045	0. 158	0. 064	0. 049	0. 141	0. 036	0. 056	0. 100	0. 036	0. 056	0. 100	0. 027	0. 027	0. 176
河北	0. 042	0. 088	0. 057	0. 038	0. 056	0. 033	0. 026	0. 052	0. 050	0. 026	0. 052	0. 050	0. 022	0. 058	0. 030
山西	0. 041	0. 052	0. 020	0. 061	0. 066	0. 018	0. 037	0. 072	0. 048	0. 037	0. 072	0. 048	0. 037	0. 059	0. 014
内蒙古	0. 076	0. 028	0. 111	0. 099	0. 018	0. 072	0. 118	0. 034	0. 096	0. 118	0. 034	0. 096	0. 071	0. 028	0. 044
辽宁	0. 042	0. 084	0. 030	0. 055	0. 043	0. 042	0. 043	0. 040	0. 030	0. 043	0. 040	0. 030	0. 022	0. 044	0. 023
吉林	0. 042	0. 013	0. 016	0. 055	0. 036	0. 016	0. 043	0. 028	0. 023	0. 043	0. 028	0. 023	0. 022	0. 011	0. 009
黑龙江	0. 042	0. 072	0. 053	0. 055	0. 034	0. 084	0. 043	0. 037	0. 060	0. 043	0. 037	0. 060	0. 022	0. 049	0. 050
上海	0. 030	0. 038	0. 046	0. 031	0. 032	0. 029	0. 022	0. 027	0. 033	0. 022	0. 027	0. 033	0. 012	0. 031	0. 024
江苏	0. 022	0. 021	0. 025	0. 026	0. 036	0. 024	0. 027	0. 022	0. 029	0. 027	0. 022	0. 029	0. 014	0. 027	0. 019
浙江	0. 036	0. 020	0. 017	0. 054	0. 033	0. 028	0. 037	0. 031	0. 027	0. 037	0. 031	0. 027	0. 032	0. 027	0. 022
安徽	0. 041	0. 060	0. 035	0. 061	0. 036	0. 028	0. 037	0. 044	0. 035	0. 037	0. 044	0. 035	0. 037	0. 025	0. 030
福建	0. 049	0. 090	0. 092	0. 046	0. 153	0. 121	0. 087	0. 131	0. 090	0. 087	0. 131	0. 090	0. 031	0. 094	0. 081
江西	0. 041	0. 078	0. 100	0. 061	0. 056	0. 030	0. 037	0. 061	0. 023	0. 037	0. 061	0. 023	0. 037	0. 044	0. 027
山东	0. 042	0. 030	0. 026	0. 038	0. 083	0. 025	0. 026	0. 023	0. 028	0. 026	0. 023	0. 028	0. 022	0. 020	0. 018
河南	0. 041	0. 037	0. 027	0. 061	0. 044	0. 077	0. 037	0. 064	0. 066	0. 037	0. 064	0. 066	0. 037	0. 060	0. 033
湖北	0. 041	0. 051	0. 046	0. 061	0. 035	0. 028	0. 037	0. 041	0. 129	0. 037	0. 041	0. 129	0. 037	0. 031	0. 075
湖南	0. 041	0. 067	0. 020	0. 061	0. 052	0. 023	0. 037	0. 051	0. 035	0. 037	0. 051	0. 035	0. 037	0. 053	0. 046
广东	0. 069	0. 034	0. 011	0. 064	0. 052	0. 022	0. 053	0. 053	0. 022	0. 053	0. 053	0. 022	0. 030	0. 031	0. 024
广西	0. 075	0. 023	0. 027	0. 066	0. 027	0. 033	0. 057	0. 044	0. 031	0. 057	0. 044	0. 031	0. 025	0. 052	0. 025
海南	0. 075	0. 010	0. 022	0. 066	0. 032	0. 050	0. 057	0. 026	0. 034	0. 057	0. 026	0. 034	0. 025	0. 085	0. 074
重庆	0. 086	0. 029	0. 017	0. 043	0. 032	0. 033	0. 031	0. 027	0. 029	0. 031	0. 027	0. 029	0. 027	0. 032	0. 019

续表

地区	行业														
	有色金属冶炼及压延加工业	有色金属冶炼及压延加工业	有色金属冶炼及压延加工业	金属制品业	金属制品业	金属制品业	通用设备制造业	通用设备制造业	通用设备制造业	专用设备制造业	专用设备制造业	专用设备制造业	交通运输设备制造业	交通运输设备制造业	交通运输设备制造业
	97	02	07	97	02	07	97	02	07	97	02	07	97	02	07
四川	0.039	0.091	0.051	0.046	0.052	0.037	0.044	0.069	0.028	0.044	0.069	0.028	0.030	0.044	0.022
贵州	0.039	0.115	0.086	0.046	0.059	0.037	0.044	0.053	0.043	0.044	0.053	0.043	0.030	0.038	0.042
云南	0.039	0.064	0.071	0.046	0.056	0.049	0.044	0.047	0.048	0.044	0.047	0.048	0.030	0.018	0.043
陕西	0.050	0.029	0.015	0.085	0.033	0.017	0.124	0.076	0.038	0.124	0.076	0.038	0.057	0.055	0.009
甘肃	0.073	0.048	0.029	0.107	0.026	0.016	0.054	0.049	0.036	0.054	0.049	0.036	0.065	0.037	0.024
青海	0.076	0.076	0.015	0.099	0.023	0.084	0.118	0.034	0.054	0.118	0.034	0.054	0.071	0.024	0.126
宁夏	0.076	0.161	0.046	0.099	0.036	0.040	0.118	0.049	0.064	0.118	0.049	0.064	0.071	0.065	0.054
新疆	0.076	0.189	0.081	0.099	0.142	0.042	0.118	0.149	0.194	0.118	0.149	0.194	0.071	0.069	0.033

地区	行业														
	电气机械及器材制造业	电气机械及器材制造业	电气机械及器材制造业	通信设备、计算机及其他电子设备制造业	通信设备、计算机及其他电子设备制造业	通信设备、计算机及其他电子设备制造业	仪器仪表及文化、办公用机械制造业	仪器仪表及文化、办公用机械制造业	仪器仪表及文化、办公用机械制造业	工艺品及其他制造业	工艺品及其他制造业	工艺品及其他制造业	废弃资源和废旧材料回收加工业	废弃资源和废旧材料回收加工业	废弃资源和废旧材料回收加工业
	97	02	07	97	02	07	97	02	07	97	02	07	97	02	07
北京	0.046	0.026	0.024	0.027	0.013	0.017	0.026	0.025	0.029	0.102	0.035	0.032			0.130
天津	0.078	0.044	0.091	0.027	0.033	0.118	0.048	0.055	0.128	0.082	0.057	0.069			0.055
河北	0.025	0.064	0.032	0.047	0.061	0.032	0.040	0.059	0.063	0.087	0.055	0.038			0.051
山西	0.036	0.074	0.021	0.107	0.040	0.017	0.056	0.097	0.032	0.056	0.033	0.022	0.063		0.000
内蒙古	0.074	0.055	0.065	0.093	0.015	0.042	0.073	0.128	0.127	0.069	0.055	0.264			0.101
辽宁	0.035	0.048	0.024	0.039	0.034	0.032	0.040	0.048	0.029	0.044	0.050	0.025			0.082
吉林	0.035	0.032	0.018	0.039	0.034	0.029	0.040	0.038	0.039	0.044	0.072	0.080			0.011

续表

地区	行业														
	电气机械及器材制造业	电气机械及器材制造业	电气机械及器材制造业	通信设备、计算机及其他电子设备制造业	通信设备、计算机及其他电子设备制造业	通信设备、计算机及其他电子设备制造业	仪器仪表及文化、办公用机械制造业	仪器仪表及文化、办公用机械制造业	仪器仪表及文化、办公用机械制造业	工艺品及其他制造业	工艺品及其他制造业	工艺品及其他制造业	废弃资源和废旧材料回收加工业	废弃资源和废旧材料回收加工业	废弃资源和废旧材料回收加工业
	97	02	07	97	02	07	97	02	07	97	02	07	97	02	07
黑龙江	0.035	0.050	0.058	0.039	0.024	0.040	0.040	0.049	0.055	0.044	0.125	0.086			0.094
上海	0.018	0.023	0.036	0.015	0.013	0.012	0.016	0.024	0.034	0.025	0.027	0.032			0.004
江苏	0.019	0.030	0.022	0.022	0.031	0.014	0.019	0.011	0.022	0.020	0.012	0.030			0.032
浙江	0.027	0.031	0.023	0.019	0.017	0.023	0.031	0.024	0.027	0.041	0.029	0.024			0.012
安徽	0.036	0.045	0.036	0.107	0.034	0.035	0.056	0.030	0.050	0.056	0.039	0.061	0.063		0.289
福建	0.083	0.095	0.065	0.076	0.117	0.052	0.047	0.109	0.064	0.051	0.100	0.072	0.000		0.045
江西	0.036	0.041	0.023	0.107	0.028	0.019	0.056	0.058	0.032	0.056	0.038	0.042	0.063		0.165
山东	0.025	0.049	0.035	0.047	0.040	0.017	0.040	0.024	0.087	0.087	0.047	0.046			0.121
河南	0.036	0.047	0.040	0.107	0.062	0.042	0.056	0.018	0.054	0.056	0.083	0.063	0.063		0.040
湖北	0.036	0.032	0.033	0.107	0.032	0.019	0.056	0.062	0.053	0.056	0.027	0.077	0.063		0.000
湖南	0.036	0.050	0.037	0.107	0.070	0.035	0.056	0.075	0.045	0.056	0.033	0.061	0.063		0.010
广东	0.028	0.030	0.022	0.020	0.021	0.014	0.037	0.020	0.015	0.025	0.023	0.016			0.030
广西	0.026	0.037	0.027	0.025	0.044	0.020	0.059	0.034	0.026	0.036	0.073	0.048			0.062
海南	0.026	0.019	0.055	0.025	0.014	0.071	0.059	0.011	0.082	0.036	0.027	0.030			0.098
重庆	0.035	0.042	0.017	0.018	0.027	0.008	0.026	0.034	0.072	0.040	0.059	0.016	0.129		0.045
四川	0.033	0.045	0.014	0.024	0.077	0.027	0.034	0.048	0.028	0.114	0.076	0.025	0.050		0.046
贵州	0.033	0.064	0.057	0.024	0.041	0.045	0.034	0.050	0.041	0.114	0.041	0.020	0.050		0.059
云南	0.033	0.043	0.052	0.024	0.012	0.028	0.034	0.028	0.040	0.114	0.046	0.038	0.050		
陕西	0.064	0.050	0.022	0.082	0.056	0.019	0.069	0.026	0.015	0.075	0.018	0.083			
甘肃	0.044	0.041	0.039	0.067	0.009	0.021	0.060	0.023	0.061	0.055	0.040	0.041			0.047
青海	0.074	0.036	0.022	0.093	0.036		0.073	0.013	0.345	0.069		0.345			0.066
宁夏	0.074	0.073	0.042	0.093	0.037	0.050	0.073	0.034	0.060	0.069	0.079	0.117		0.038	0.037
新疆	0.074	0.181	0.052	0.093	0.134	0.046	0.073	0.177	0.044	0.069	0.138	0.103			0.069

参考文献

[1] 白重恩，杜颖娟，陶志刚，仝月婷．地方保护主义及产业地区集中度的决定因素和变动趋势 [J]. 经济研究，2004 (4): 29 – 40.

[2] 蔡昉，王德文．中国产业转型升级的大国雁阵模型分析 [J]. 经济研究，2009 (9): 4 – 14.

[3] 陈松林，陈进栋，韦素琼．福建省综合交通可达性格局及其与制造业空间分布的关系分析 [J]. 地理科学，2012, 32 (7): 807 – 815.

[4] 陈钊，陆铭．分割市场的经济增长——为什么经济开放可能加剧地方保护? [J]. 经济研究，2009 (3): 42 – 52.

[5] 邓慧慧．贸易自由化、要素分布和制造业集聚 [J]. 经济研究，2009 (11): 118 – 129.

[6] 都阳，AlbertPark. 钝化刀锋：中国改革以来的区域经济发展 [J]. 经济学报，2006, 1 (2).

[7] 范剑勇．市场一体化、地区专业化与产业集聚趋势——兼谈对地区差距的影响 [J]. 中国社会科学，2004 (6): 39 – 51.

[8] 高云虹，符迪贤．异质劳动力与工业空间集聚——基于中心—外围模型的扩展分析 [J]. 财经科学，2015 (11): 55 – 66.

[9] 韩峰，柯善咨．空间外部性、比较优势与制造业集聚——基于中国地级市面板数据的实证分析 [J]. 数量经济技术经济研究，2013 (1): 22 – 38.

[10] 韩峰，柯善咨．追踪我国制造业集聚的空间来源：基于马歇尔外部性与新经济地理的综合视角 [J]. 管理世界，2012 (10): 55 – 70.

[11] 何玉梅，刘修岩，李锐．基于连续距离的制造业空间集聚演变及其驱动因素研究［J］．财经研究，2012，38（10）：36－46.

[12] 贺灿飞，潘峰华，孙蕾．中国制造业的地理集聚与形成机制［J］．地理学报，2007（62）：1253－1264.

[13] 贺灿飞，潘峰华．中国制造业地理集聚的成因与趋势［J］．南方经济，2011（6）：38－52.

[14] 贺灿飞，谢秀珍，潘峰华．中国制造业省区分布及其影响因素［J］．地理研究，2008，27（3）：623－635.

[15] 贺灿飞，谢秀珍．中国制造业地理集中与省区专业化［J］．地理学报，2006（2）：212－222.

[16] 贺灿飞，朱彦刚，朱晟君．产业特性、区域特征与中国制造业省区集聚［J］．地理学报，2010（10）：1218－1228.

[17] 黄玖立，黄俊立．市场规模与中国省区的产业增长［J］．经济学（季刊），2008，7（4）：1317－1334.

[18] 黄玖立，李坤望．出口开放、地区市场规模和经济增长［J］．经济研究，2006b（6）：27－38.

[19] 黄玖立，李坤望．对外贸易、地方保护和中国的产业布局［J］．经济学（季刊），2006a，5（3）：733－760.

[20] 黄玖立．对外贸易、区域间贸易与地区专业化［J］．南方经济，2011（6）：7－22.

[21] 蒋冠宏，蒋殿春．基础设施、基础设施依赖与产业增长——基于中国省区行业数据检验［J］．南方经济，2012（11）：116－129.

[22] 金煜，陈钊，陆铭．中国的地区工业集聚：经济地理、新经济地理与经济政策［J］．经济研究，2006（4）：79－89.

[23] 李涵，唐丽淼．交通基础设施投资、空间溢出效应与企业库存［J］．管理世界，2015（4）：126－136.

[24] 梁琦，吴俊．财政转移与产业集聚［J］．经济学（季刊），2008，7（4）：1247－1270.

[25] 梁琦．中国制造业分工、地方专业化及其国际比较［J］．世界经济，2004（12）：32－40.

［26］林理升，王晔倩．运输成本、劳动力流动与制造业区域分布［J］．经济研究，2006（3）：115－125.

［27］林善浪，张惠萍．通达性、区位选择与信息服务业集聚——以上海为例［J］．财贸经济，2011（5）：105－114.

［28］刘荷，王健．交通基础设施对制造业集聚的溢出效应：基于地区和行业的实证分析［J］．东南学术，2014（4）：96－105.

［29］刘秉镰，武鹏，刘玉海．交通基础设施与中国全要素生产率增长——基于省域数据的空间面板计量分析［J］．中国工业经济，2010（3）：54－64.

［30］刘冲，周黎安．高速公路建设与区域经济发展：来自中国县级水平的证据［J］．经济科学，2014（2）：55－67.

［31］刘钜强，赵永亮．交通基础设施、市场获得与制造业区位——来自中国的经验数据［J］．南开经济研究，2010（4）：123－138.

［32］刘生龙，胡鞍钢．基础设施的外部性在中国的检验：1988～2007［J］．经济研究，2010b（3）：4－15.

［33］刘生龙，胡鞍钢．交通基础设施与经济增长：中国区域差距的视角［J］．中国工业经济，2010a（4）：14－23.

［34］刘生龙，郑世林．交通基础设施跨区域的溢出效应研究——来自中国省级面板数据的实证证据［J］．产业经济研究，2013，65（4）：59－69.

［35］刘修岩，殷醒民，贺小海．市场潜能与制造业空间集聚：基于中国地级城市面板数据的经验研究［J］．世界经济，2007，30（11）：56－63.

［36］刘修岩，张学良．集聚经济与企业区位选择——基于中国地级区域企业数据的实证研究［J］．财经研究，2010（11）：83－92.

［37］刘修岩．集聚经济、公共基础设施与劳动生产率——来自中国城市动态面板数据的证据［J］．财经研究，2010（5）：91－101.

［38］刘修岩．空间效率与区域平衡：对中国省级层面集聚效应的检验［J］．世界经济，2014（1）：55－80.

［39］龙小宁，高翔．交通基础设施与制造业企业生产率——来自县级高速公路和中国工业企业数据库的证据［J］．华中师范大学学报（人文社会科学版），2014，53（5）：43－52.

［40］路江涌，陶志刚．我国制造业区域集聚程度决定因素的研究［J］．

经济学（季刊），2007（3）：801－816.

［41］路江涌，陶志刚．中国制造业区域聚集及国际比较［J］．经济研究，2006（3）：103－114.

［42］罗胤晨，谷人旭．1980～2011年中国制造业空间集聚格局及其演变趋势［J］．经济地理，2014，34（7）：82－89.

［43］罗勇，曹丽莉．中国制造业集聚程度变动趋势实证研究［J］．经济研究，2005（8）：106－115.

［44］马歇尔．经济学原理［M］．北京：华夏出版社，2005.

［45］毛琦梁，王菲，李俊．新经济地理、比较优势与中国制造业空间格局演变——基于空间面板数据模型的分析［J］．产业经济研究，2014，69（2）：21－31.

［46］孟德友，陆玉麒．基于铁路客运网络的省际可达性及经济联系格局［J］．地理研究，2012：31（1）：107－122

［47］皮建才．中国地方政府间竞争下的区域市场整合［J］．经济研究，2008（3）：115－124.

［48］曲玥，蔡昉，张晓波．"飞雁模式"发生了吗？——对1998—2008年中国制造业的分析［J］．经济学（季刊），2013，12（3）：757－776.

［49］邵军，吴晓怡．进口开放是否提升了我国制造业国际竞争力？——基于关税减让的分析［J］．世界经济研究，2014（12）：16－21.

［50］沈瑞，丁小义．FDI、产业集聚与技术溢出——基于浙江制造行业数据的实证检验［J］．浙江工业大学学报（社会科学版），2009（4）：373－378.

［51］盛龙，陆根尧．中国生产性服务业集聚及其影响因素研究——基于行业和地区层面的分析［J］．南开经济研究，2013（5）：115－129.

［52］石敏俊，杨晶，龙文，魏也华．中国制造业分布的地理变迁与驱动因素［J］．地理研究，2013，32（9）：1708－1720.

［53］孙军．地区市场潜能、出口开放与我国工业集聚效应研究［J］．数量经济技术经济研究，2009（7）：47－60.

［54］王方方，陈恩．产业转移中的企业自我选择效应分析——基于区域产业结构理论的演变［J］．经济与管理，2011（5）：35－40.

［55］王缉慈．创新的空间［M］．北京：北京大学出版社，2001.

[56] 王俊松．长三角制造业空间格局演化及影响因素 [J]. 地理研究，2014，33（12）：2312－2324.

[57] 王珺．集群成长与区域发展 [M]. 北京：经济科学出版社，2004.

[58] 王任飞，王进杰．基础设施与中国经济增长：基于 VAR 方法的研究 [J]. 世界经济，2007（3）：13－21.

[59] 王世磊，张军．中国地方官员为什么要改善基础设施？——一个关于官员激励机制的模型 [J]. 经济学（季刊），2008，7（2）：383－398.

[60] 王洋，吴斌珍．基础交通建设能否促进当地经济的发展？——以青藏铁路为例 [J]. 经济学报，2014，1（1）：55－80.

[61] 王业强，魏后凯．产业特征、空间竞争与制造业地理集中 [J]. 管理世界，2007（4）：68－77.

[62] 魏后凯，等．中国产业集聚与集群发展战略 [M]. 北京：经济管理出版社，2008.

[63] 文玫．中国工业在区域上的重新定位和聚集 [J]. 经济研究，2004（2）：84－94.

[64] 吴建峰，符育明．经济集聚中马歇尔外部性的识别——基于中国制造业数据的研究 [J]. 经济学（季刊），2012，11（2）：675－690.

[65] 吴三芒，李善同．中国制造业空间分布分析 [J]. 中国软科学，2010（6）：123－131.

[66] 吴学花，杨蕙馨．中国制造业产业集聚的实证研究 [J]. 中国工业经济，2014（10）：36－43.

[67] 吴意云，朱希伟．中国为何过早进入再分散：产业政策与经济地理 [J]. 世界经济，2015（2）：140－166.

[68] 冼国明，文东伟．FDI、地区专业化与产业集聚 [J]. 管理世界，2006（12）：18－31.

[69] 徐现祥，李郇，王美今．区域一体化、经济增长与政治晋升 [J]. 经济学（季刊），2007，6（4）：1075－1096.

[70] 徐现祥，王贤彬．任命制下的官员经济增长行为 [J]. 经济学（季刊），2010，9（4）：1447－1466.

[71] 徐瑛，陈澍．中国工业劳动力蓄水池现状及其对新建企业选址的

影响［J］. 中国人口科学，2015（3）：44－56.

［72］亚当·斯密. 国民财富的性质和原因的研究［M］. 北京：商务印书馆，1986.

［73］颜银根. FDI、劳动力流动与非农产业集聚［J］. 世界经济研究，2014（2）：67－74.

［74］杨洪焦，孙林岩，吴安波. 中国制造业聚集度的变动趋势及其影响因素研究［J］. 中国工业经济，2008（4）：64－72.

［75］叶昌友，王遐见. 交通基础设施、交通运输业与区域经济增长［J］. 产业经济研究，2013（2）：40－47.

［76］余珮，孙永平. 集聚效应对跨国公司在华区位选择的影响［J］. 经济研究，2011（1）：71－82.

［77］张浩然，衣保中. 基础设施、空间溢出与区域全要素生产率——基于中国266个城市空间面板杜宾模型的经验研究［J］. 经济学家，2012（2）：61－67.

［78］张华，贺灿飞. 区位通达性与在京外资企业的区位选择［J］. 地理研究，2007，26（5）：984－1040.

［79］张建华，程文. 中国地区产业专业化演变的U型规律［J］. 中国社会科学，2012（1）：76－97.

［80］张军，周黎安. 为增长而竞争：中国增长的政治经济学［M］. 上海：格致出版社，上海人民出版社，2008.

［81］张俊妮，陈玉宇. 产业集聚、所有制结构与外商投资企业的区位选择［J］. 经济学（季刊），2006，5（4）：1091－1108.

［82］张文武，梁琦. 劳动地理集中、产业空间与地区收入差距［J］. 经济学（季刊），2011，10（2）：691－708.

［83］张学良. 中国交通基础设施促进了区域经济增长吗——兼论交通基础设施的空间溢出效应［J］. 中国社会科学，2012（3）：60－77.

［84］张宇，蒋殿春. FDI、产业集聚与产业技术进步——基于中国制造行业数据的实证检验［J］. 财经研究，2008，34（1）：72－82.

［85］张志，周浩. 交通基础设施的溢出效应及其产业差异——基于空间计量的比较分析［J］. 财经研究，2012，38（3）：124－134.

[86] 赵浚竹，孙铁山，李国平．中国汽车制造业集聚与企业区位选择[J]. 地理学报，2014，69（6）：850－862.

[87] 赵伟，张萃．FDI 与中国制造业区域集聚：基于 20 个行业的实证分析［J]. 经济研究，2007（11）：82－90.

[88] 赵伟，张萃．市场一体化与中国制造业区域集聚变化趋势［J]. 数量经济与技术经济研究，2009（2）：18－32.

[89] 赵增耀，夏斌．市场潜能、地理溢出与工业集聚——基于非线性空间门槛效应的经验分析［J]. 中国工业经济，2012（11）：71－83.

[90] 赵曌，石敏俊，杨晶．市场邻近、供给邻近与中国制造业空间分布——基于中国省区间投入产出模型的分析［J]. 经济学（季刊），2012，11（3）：1059－1078.

[91] 周浩，余金利．铁路提速、可达性与城市经济增长［J]. 经济评论，2013（1）：52－59.

[92] 周浩，余壮雄，杨铮．可达性、集聚和新建企业选址——来自中国制造业的微观证据［J]. 经济学（季刊），2015，14（4）：1393－1416.

[93] 周浩，郑筱婷．交通基础设施质量与经济增长：来自中国铁路提速的证据［J]. 世界经济，2012（1）：78－97.

[94] 周浩，郑越．环境规制对产业转移的影响——来自新建制造业企业选址的证据［J]. 南方经济，2015（4）：12－26.

[95] 周黎安．晋升博弈中政府官员的激励与合作——兼论我国地方保护主义和重复建设问题长期存在的原因［J]. 经济研究，2004（6）：33－40.

[96] 周伟林，林琳，郝前进．市场潜能与我国制造业的空间集聚——以各省制造业（大类）工业总产值为例［J]. 上海经济研究，2011（3）：45－55.

[97] Abdel－Rahman H M. When do cities Specialize in Production?［J]. Regional Science and Urban Economics，1996，26（1）：1－22.

[98] Ahlfeldt G M.，Wendland N. Fifty Years of Urban Accessibility：The Impact of the Urban Railway Network on the Land Gradient in Berlin 1890－1936［J]. Regional Science and Urban Economics，2011，41（2）：77－88.

[99] Aiginger K. and Davies S. W. Industrial Specialisation and Geographic Concentration：Two sides of the Same Coin?［J]. The Journal Apply Economics，

2004, 7 (2): 231 -248.

[100] Aiginger K. and Rossi - Hansberg E. Specialization and Concentration: A Note on theory and evidence. [J]. Empirica, 2006, 33 (4): 225 -266.

[101] Amiti M. , Pissarides C A. Trade and industrial location with heterogeneous labor [J]. Journal of International Economics, 2005, 67 (2): 392 -412.

[102] Aschauer D A. Does public capital crowd out private capital? [J]. Journal of monetary economics, 1989, 24 (2): 171 -188.

[103] Audretsch D B. , Feldman M P. R&D spillovers and the geography of innovation and production [J]. The American economic review, 1996, 86 (3): 630 -640.

[104] Bairoch P. Victoires et déboires: histoire économique et sociale du monde du XVIe siècle à nos jours [M]. 1997.

[105] Baldwin R. , Forslid R. Economic geography and public policy [M]. Princeton University Press, 2005.

[106] Baum - Snow N. Did highways cause suburbanization? [J]. The Quarterly Journal of Economics, 2007: 775 -805.

[107] Baum - Snow N. Urban transport expansions, employment decentralization, and the spatial scope of agglomeration economies [J]. Working paper, 2014.

[108] Baum - Snow N. , Brandt L. , Henderson J V. , et al. Roads, railroads and decentralization of Chinese cities [R]. Working paper, 2015a.

[109] Baum - Snow N. , Henderson J V. , Turner M. Transport Infrastructure, Urban Growth and Market Access in China [J]. Working paper, 2015b.

[110] Behrens K. International trade and internal geography revisited [J]. Working Paper, 2003.

[111] Bishop P. , Gripaios P. Explaining spatial patterns of industrial diversity: an analysis of sub-regions in Great Britain [J]. Urban Studies, 2007, 44 (9): 1739 -1757.

[112] Boarnet M G. Spillovers and the locational effects of public infrastructure [J]. Journal of Regional Science, 1998, 38 (3): 381 -400.

[113] Brakman S., Garretsen H., Schramm M. New economic geography in Germany: testing the Helpman – Hanson model [J]. Joumal of Regional Science, 2004 (44): 437 –466.

[114] Carlton D W. The location and employment choices of new firms: An econometric model with discrete and continuous endogenous variables [J]. The Review of Economics and Statistics, 1983: 440 –449.

[115] Chan K W., Henderson J V., Tsui K Y. Spatial dimensions of Chinese economic development [J]. Cambridge University Press, 2008: 776 –828.

[116] Chandra A., Thompson E. Does public infrastructure affect economic activity?: Evidence from the rural interstate highway system [J]. Regional Science and Urban Economics, 2000, 30 (4): 457 –490.

[117] Cheng Y., Loo B P Y., Vickerman R. High-speed rail networks, economic integration and regional specialisation in China and Europe [J]. Travel Behaviour and Society, 2015, 2 (1): 1 –14.

[118] Ciccone A., Papaioannou E. Human capital, the structure of production, and growth [J]. The Review of Economics and Statistics, 2009, 91 (1): 66 –82.

[119] Claessens S., Laeven L. Financial dependence, banking sector competition, and economic growth [J]. Journal of the European Economic Association, 2005, 3 (1): 179 –207.

[120] Coughlin C C., Segev E. Foreign direct investment in China: a spatial econometric study [J]. The world economy, 2000, 23 (1): 1 –23.

[121] Crozet M., Soubeyran P K. EU enlargement and the internal geography of countries [J]. Journal of Comparative Economics, 2004, 32 (2): 265 –279.

[122] De Bok M., van Oort F. Agglomeration economies, accessibility and the spatial choice behavior of relocating firms [J]. Journal of Transport and Land Use, 2011, 4 (1): 5 –24.

[123] Donaldson D. Railroads of the Raj: Estimating the impact of transportation infrastructure [R]. National Bureau of Economic Research, 2010.

[124] Duflo E., Pande R. Dams [J]. The Quarterly Journal of Economics,

2007: 601 -646.

[125] Duranton G., Puga D. Diversity and specialisation in cities: why, where and when does it matter? [J]. Urban Studies, 2000, 37 (3): 533 -555.

[126] Duranton G., Puga D. Micro-foundations of Urban Agglomeration Economies [J]. Handbook of Regional and Urban Economics, 2004, 4: 2063 -2117.

[127] Duranton G., Overman H G. Testing for localization using micro-geographic data [J]. The Review of Economic Studies, 2005, 72 (4): 1077 -1106.

[128] Duranton G., Turner M A. The fundamental law of road congestion: Evidence from US cities [J]. The American Economic Review, 2011: 2616 -2652.

[129] Duranton G., Turner M A. Urban growth and transportation [J]. The Review of Economic Studies, 2012, 79 (4): 1407 -1440.

[130] Duranton G., Morrow P M., Turner M A. Roads and Trade: Evidence from the US [J]. The Review of Economic Studies, 2014, 81 (2): 681 -724.

[131] Ellison G., Glaeser E L. Geographic Concentration in US Manufacturing Industries: A Dartboard Approach [J]. Journal of Political Economy, 1997, 105 (5). 889 -927.

[132] Ellison G., Glaeser E L. The geographic concentration of industry: does natural advantage explain agglomeration? [J]. The American Economic Review, 1999, 89 (2): 311 -316.

[133] Faber B. Trade integration, market size, and industrialization: evidence from China's National Trunk Highway System [J]. The Review of Economic Studies, 2014, 81 (3): 1046 -1070.

[134] Fernald J G. Roads to prosperity? Assessing the link between public capital and productivity [J]. American Economic Review, 1999: 619 -638.

[135] Frye D. Transportation Networks and the Geographic Concentration of Industry [J]. Working Paper, 2014.

[136] Fujita M., Krugman P and Venable A J. The Spatial Economy: Cities, Regions, and International Trade [M]. Cambridge: MIT Press. 1999.

[137] Fujita M., Mori T. Frontiers of the New Economic Geography [J]. Papers in Regional Science, 2005, 84 (3): 377 -405.

[138] Fujita M., Thisse J F. Economics of agglomeration: cities, industrial location, and globalization [M]. Cambridge University Press, 2013.

[139] Garcia - López M á., Holl A., Viladecans - Marsal E. Suburbanization and highways in Spain when the Romans and the Bourbons still shape its cities [J]. Journal of Urban Economics, 2015 (85): 52 - 67.

[140] Gao T. Regional industrial growth: evidence from Chinese industries [J]. Regional Science and Urban Economics, 2004, 34 (1): 101 - 124.

[141] Ge Y. Globalization and industry agglomeration in China [J]. World development, 2009, 37 (3): 550 - 559.

[142] Gibbons S., Lyytikainen T., Overman H G., et al. New road infrastructure: the effects on firms [J]. SERC Discussion Paper, 2012.

[143] Glaeser E., Kallal H D., Scheinkman J., et al. Growth in Cities [J]. Journal of Political Economy, 1992, 100 (6): 1126 - 52.

[144] Grubel., Herbert. Intra - Industry Specialization and the Pattern of Trade [J]. Canadian Journal of Economics and Political Science, 1967: 374 - 388.

[145] Guimaraes P., Figueiredo O., Woodward D. Agglomeration and the location of foreign direct investment in Portugal [J]. Journal of Urban Economics, 2000, 47 (1): 115 - 135.

[146] Guimaraes P., Figueirdo O., Woodward D. A tractable approach to the firm location decision problem [J]. Review of Economics and Statistics, 2003, 85 (1): 201 - 204.

[147] Haines M R., Margo R A. Railroads and local economic development: The United States in the 1850s [R]. National Bureau of Economic Research, 2006.

[148] Hansen W G. How accessibility shapes land use [J]. Journal of the American Institute of planners, 1959, 25 (2): 73 - 76.

[149] Hanson G H. Scale economies and the geographic concentration of industry [J]. Journal of Economic Geography, 2001, 1 (3): 255 - 276.

[150] Harris C D. The Market as a Factor in the Localization of Industry in the United States [J]. Annals of the Association of American Geographers, 1954, 44 (4): 315 - 348.

[151] Haughwout A F. Regional fiscal cooperation in metropolitan areas: an exploration [J]. Journal of Policy Analysis and Management, 1999, 18 (4): 579 - 600.

[152] Head K., Ries J., Swenson D. Agglomeration benefits and location choice: Evidence from Japanese manufacturing Investments in the United States [J]. Journal of International Economics, 1995, 38 (3): 223 - 247.

[153] Head K., Mayer T. Market potential and the location of Japanese investment in the European Union [J]. Review of Economics and Statistics, 2004, 86 (4): 959 - 972.

[154] Henderson J V. The sizes and types of cities [J]. The American Economic Review, 1974, 64 (4): 640 - 656.

[155] Henderson J V., Kuncoro A., Turner M. Industrial Development in Cities [J]. Journal of Political Economy, 1995, 103 (5): 1067 - 1090.

[156] Hering L., Poncet S. Market Access Impact on Individual Wage: Evidence from China [R]. CEPII Research Center, 2006.

[157] Holl A. Manufacturing location and impacts of road transport infrastructure: empirical evidence from Spain [J]. Regional Science and Urban Economics, 2004a, 34 (3): 341 - 363.

[158] Holl A. Start-ups and relocations: Manufacturing plant location in Portugal [J]. Papers in Regional Science, 2004b, 83 (4): 649 - 668.

[159] Holl A. Transport Infrastructure, Agglomeration Economies, and Firm Birth: Empirical Evidence from Portugal [J]. Journal of Regional Science, 2004c, 44 (4): 693 - 712.

[160] Holmes T J., Stevens J J. Geographic concentration and establishment scale [J]. Review of Economics and Statistics, 2002, 84 (4): 682 - 690.

[161] Holtz - Eakin D., Schwartz A E. Infrastructure in a structural model of economic growth [J]. Regional Science and Urban Economics, 1995, 25 (2): 131 - 151.

[162] Horst T., Moore A. Industrial diversity, economic development, and highway investment in Louisiana [J]. Transportation Research Record: Journal of

the Transportation Research Board, 2003 (1839): 136 - 141.

[163] Hsu W T., Zhang H. The fundamental law of highway congestion revisited: Evidence from national expressways in Japan [J]. Journal of Urban Economics, 2014, 81: 65 - 76.

[164] Hu D. Trade, rural-urban migration, and regional income disparity in developing countries: a spatial general equilibrium model inspired by the case of China [J]. Regional Science and Urban Economics, 2002, 32 (3): 311 - 338.

[165] Ihara R. Factor distribution, capital intensity and spatial agglomeration [J]. The Annals of Regional Science, 2005, 39 (1): 107 - 120.

[166] Imbs J., Wacziarg R. Stages of diversification [J]. American Economic Review, 2003: 63 - 86.

[167] Isard W. Location and space-economy [J]. Cambridge, MA: MIT Press, 1956.

[168] Kim S. Expansion of markets and the geographic distribution of economic activities: the trends in US regional manufacturing structure, 1860 - 1987 [J]. The Quarterly Journal of Economics, 1995: 881 - 908.

[169] Krugman P. Increasing Returns and Economic Geography [J]. The Journal of Political Economy, 1991, 99 (3): 483 - 499.

[170] Krugman P., Venables A J. Integration, specialization, and adjustment [J]. European Economic Review, 1996, 40 (3 - 5): 959 - 967.

[171] Krugman P., Elizondo R L. Trade policy and the third world metropolis [J]. Journal of development Economics, 1996, 49 (1): 137 - 150.

[172] List J A., McHone W W. Measuring the effects of air quality regulations on "dirty" firm births: evidence from the neo-and mature-regulatory periods [J]. Papers in Regional Science, 2000, 79 (2): 177 - 190.

[173] Liu., C., C. L. Xu., and L. Zhou. Access to Transportation Infrastructure and Urban - Rural Income Inequality in China. Working Paper, 2012

[174] Marcon E., Puech F. Measures of the geographic concentration of industries: improving distance-based methods [J]. Journal of Economic Geography, 2010, 10 (5): 745 - 762.

[175] Marshall. , A. Principles of Economics [M]. London: Macmillan, 1920.

[176] Martin. , P. , G. Ottaviano. Growing Locations: Industry in a Model of Endogenous Growth [J]. European Economic Review, 1999, 43: 281 -302.

[177] Mayer. T. , Trevien. C. Urban Public Transportation and Firm Location Choice Evidence from the Regional Express Rail of Paris Metropolitan Area [J]. Working Paper, 2015.

[178] Mcfadden D. Conditional Logit Analysis of Qualitative Choice Behavior [J]. 1974: 105 -142.

[179] Melo P. , Graham D. , Noland R. Impact of Transport Infrastructure on Firm Formation: Evidence from Portuguese Municipalities [J]. Transportation Research Record: Journal of the Transportation Research Board, 2010 (2163): 133 -143.

[180] Michaels G. The effect of trade on the demand for skill: Evidence from the interstate highway system [J]. The Review of Economics and Statistics, 2008, 90 (4): 683 -701.

[181] Michaels G. , Rauch F. , Redding S J. Urbanization and Structural Transformation [J]. The Quarterly Journal of Economics, 2012, 127 (2): 535 -586.

[182] Monfort P. , Nicolini R. Regional convergence and international integration [J]. Journal of Urban Economics, 2000, 48 (2): 286 -306.

[183] Mora T. , Moreno R. The role of network access on regional specialization in manufacturing across Europe [J]. Regional Studies, 2013, 47 (6): 950 -962.

[184] Munnell A H. , Cook L M. How does public infrastructure affect regional economic performance? [J]. New England Economic Review, 1990 (Sep): 11 -33.

[185] Munnell A H. Policy watch: infrastructure investment and economic growth [J]. The Journal of Economic Perspectives, 1992, 6 (4): 189 -198.

[186] Ohlin B G. Interregional and international trade [J]. 1933.

[187] Overman H G. , Redding S J. , Venables A J. The location of European industry [M]. European Commission, Directorate General for Economic and Fi-

nancial Affairs, 2000.

[188] Ozbay K., Ozmen - Ertekin D., Berechman J. Contribution of transportation investments to county output [J]. Transport Policy, 2007, 14 (4): 317 - 329.

[189] Paluzie E., Pons J., Tirado D A. Regional integration and specialization patterns in Spain [J]. Regional Studies, 2001, 35 (4): 285 - 296.

[190] Melo P., Graham D J., Noland R B. Firm Formation and Transport Infrastructure: A Study of Portugal [C] //Transportation Research Board 87th Annual Meeting. 2008 (08 - 0447).

[191] Rice P., Venables A J., Patacchini E. Spatial determinants of productivity: analysis for the regions of Great Britain [J]. Regional Science and Urban Economics, 2006, 36 (6): 727 - 752.

[192] Prager J C., Thisse J F. Economic Geography and the Unequal Development of Regions [M]. Routledge, 2012.

[193] Puga D. The rise and fall of regional inequalities [J]. European economic review, 1999, 43 (2): 303 - 334.

[194] Puga D., Venables A J. The Spread of Industry: Spatial Agglomeration in Economic Development [J]. Journal of The Japanese and International Economies, 1996, 4 (10): 440 - 464.

[195] Rajan R G., Zingales L. Which capitalism? Lessons form the east Asian crisis [J]. Journal of Applied Corporate Finance, 1998, 11 (3): 40 - 48.

[196] Redding S J., Turner M A. Transportation Costs and the Spatial Organization of Economic Activity [J]. NBER Working Paper Series, 2014: 20235.

[197] Redding S., Venables A J. Economic geography and international inequality [J]. Journal of International Economics, 2004, 62 (1): 53 - 82.

[198] Rephann T., Isserman A. New highways as economic development tools: An evaluation using quasi-experimental matching methods [J]. Regional Science and Urban Economics, 1994, 24 (6): 723 - 751.

[199] Rosenthal S S., Strange W C. Evidence on the nature and sources of agglomeration economies [J]. Handbook of regional and urban economics, 2004,

4: 2119 -2171.

[200] Rosenthal S S., Strange W C. The determinants of agglomeration [J]. Journal of Urban Economics, 2001, 50 (2): 191 -229.

[201] Rothenberg A D. Transport Infrastructure and Firm Location Choice in Equilibrium: Evidence from Indonesia's Highways [J]. Working Paper, 2013.

[202] Schmidheiny K., Brülhart M. On the equivalence of location choice models: Conditional logit, nested logit and Poisson [J]. Journal of Urban Economics, 2011, 69 (2): 214 -222.

[203] Scitovsky T. Two concepts of external economies [J]. The Journal of Political Economy, 1954: 143 -151.

[204] Sloboda B W., Yao V W. Interstate spillovers of private capital and public spending [J]. The Annals of Regional Science, 2008, 42 (3): 505 -518.

[205] Spulber D F. Global competitive strategy [M]. Cambridge University Press, 2007.

[206] Stirböck C. A spatial econometric analysis of regional specialisation patterns across EU regions [J]. ZEW - Centre for European Economic Research Discussion Paper, 2004 (04 -044).

[207] Tatom J. Public capital and private sector performance [J]. Federal Reserve Bank of St. Louis Review, 1991 (5): 3 -15.

[208] Tobler W. A computer movie simulating urban growth in the detroit region. Ecomomic Geography [J]. 1970, 46 (2): 234 -240.

[209] Venables A J. Evaluating urban transport improvements: cost-benefit analysis in the presence of agglomeration and income taxation [J]. Journal of Transport Economics and Policy, 2007: 173 -188.

[210] Venables A J. Equilibrium locations of vertically linked industries [J]. International Economic Review, 1996: 341 -359.

[211] Villar O A. Spatial distribution of production and international trade: a note [J]. Regional Science and Urban Economics, 1999, 29 (3): 371 -380.

[212] Young A. The Razor's Edge: Distortions and Incremental Reform in the People's Republic of China [J]. Quarterly Journal of Economics, 2000, 115 (4).

后　记

这本专著是在我博士论文的基础上修改和完善的，她的问世可谓一波三折。本预计两年前就要完成，后因工作事务繁杂且去上级部门挂职锻炼一年而耽搁，现重新捡起，自然也多了一些思考。作为初入研究领域的“菜鸟”，回顾近几年简短且丰富的研究与工作，心中充满着感恩之情。首先，感谢我的博士生导师王珺教授，王老师虚怀若谷的胸襟、严谨的治学品格，令人折服。感谢所有对我博士论文及成书贡献力量的专家学者、同门师兄师姐，衷心感谢他们无私地贡献自己的智慧。感谢我的父亲母亲，他们永远坚定站在我身后，默默支持着我勇往直前。感谢我的岳父岳母，无微不至地帮我操持家务，解除我生活上的后顾之忧。感谢我的妻子罗婷，对我的工作给予毫无保留的支持，并给我们的小家带来无限欢乐。感谢工作单位——广东省社会科学院对本专著出版给予的慷慨资助。同时，还要特别感谢经济科学出版社的刘莎女士等，她们的热心帮助和细致工作使本书得以顺利问世。

非常庆幸自己成长在波澜壮阔的改革开放时代，能有机会亲历创造过“中国速度”和“中国模式”的交通发展大潮。但本人囿于认知能力和研究水平的局限，对中国交通事业与制造业发展的相关研究只是做了初步探索和尝试。因此，书中的观点肯定存在错谬和肤浅之处，敬请方家批评指正。

曹佳斌

2018 年 6 月于广州